기업가정신

– 이론과 실제

성태경

정독
DEEP READING

ENTREPRENEURSHIP

머리말

일찍이 슘페터(J. Schumpeter)가 "경제성장의 원동력은 기술혁신이며, 기술혁신을 수행하는 주체가 바로 기업가"라고 갈파했듯이, 기업가정신(entrepreneurship)은 경제성장과 기술혁신의 핵심 요인으로 부각되고 있다. 이를 반영하여 우리나라에서도 최근 창업 열풍이 불고 기업가정신 및 창업에 관한 관심이 커지면서 기업가정신에 관한 책들이 경쟁적으로 발간되고 있다.

하지만 외국은 물론 국내에서도 시중에 나와 있는 책들은 '기업가정신', '기업가정신과 창업', '벤처창업과 기업가정신' 등의 책명을 가지고 있지만, 주요 내용을 보면 기업가정신 자체보다도 기회분석, 사업계획서 작성, 창업실무, 창업기업의 성장전략, 회수 등 기업가적 과정(entrepreneurial process)에 대한 설명으로 이루어져 있다. 이 점에 착안하여 저자는 평소에 기업가정신 자체에 초점을 맞춘 책을 집필하려는 생각을 가지고 있었다. 마침 창업 및 벤처경영 분야에 주력하여 책을 발간하고 있는 『도서출판 정독』에서도 창업 분야의 기초로서 기업가정신에 초점을 맞춘 한 학기용 저서가 필요하다는 의견을 주었다. 따라서 이 책은 저자의 평소의 생각과 출판시장에서의 니즈가 일치하여 집필된 결과물이라고 할 수 있다.

본서는 『기업가정신: 이론과 실제(Entrepreneurship: Theory and Practice)』라는 책명에서 알 수 있듯이 기업가정신에 초점을 맞추고자 하였다. 이에 따라 기존의 책들과는 달리 기회분석, 창업실무 등 기업가적 과정에 관한 내용을 최소화하고, 기업가정신에 관한 경영학적인 관점, 경제학적인 관점, 그리고 사회심리학적인 관점을 포괄적으로 다루었다. 구체적으로 예를 들면 경영학적 관점에서 기회분석, 창업 등 기업가적 과정을 간단히 다루는 한편, 프랑스 경제학자 깡띠옹(R. Cantillon)으로부터 시작된 기업가 경제이론을 체계적으로 다루고 사회심리적 관점에서 기업가 정체성 문제와 기업가 번아웃(burn-out) 현상도 소개하였다.

본서는 다음과 같이 활용될 수 있을 것이다. 첫째, 대학에서 개설되는 기업가정신 과목의 교재로 활용할 수 있다. 특히 경영학을 전공하는 학생의 경우 벤처경영론, 창업경영론, 창업실무 등의 과목을 수강하게 되는데, 본서를 통해 이들 과목에 대한 기초를 쌓을 수 있다. 둘째, 창업과 기업가정신에 관심을 가지는 일반시민 혹은 타전공 학생들에게 교양서로도 읽혀질 수 있다. 일반 독자들을 위해서는 흥미로운 사례를 쉽게 소개하려고 하였다. 셋째, 현재 정부에서는 창업을 활성화하려는 각종 정책을 추진하고 있는데, 본서를 기업가정신 함양을 위한 정책의 수립 및 집행을 위한 자료로 활용할 수 있다.

이 책이 엮어지기까지 많은 분들의 도움이 있었다. 먼저 서강대학교 경제학과 학부 및 대학원 시절 은사님이셨던 김덕중 교수님(아주대 총장, 교육부 장관 역임)께 감사드린다. 교수님께서는 경제학자로서는 드물게 한국경제의 고도성장 요인으로 기업가정신의 중요성을 강조하시면서 국내외적으로 활발한 학술활동을 하셨고, 실제로 기업가로서 대우그룹의 주력사인 ㈜대우실업 대표이사(CEO)를 역임하셨다. 당시 조교였던 저자는 교수님의 연구실에서 카슨(M. Casson)의 '*The Entrepreneur: An Economic Theory*'(1982)라는 책을 접하면서 기업가정신에 관심을 가지게 되었다.

미국 Case Western Reserve University(CWRU) 경제학과 Bo Carlsson 교수님의 도움도 빼놓을 수 없다. 교수님께서는 2000-2001년 기간 동안 저자가 CWRU 방문교수로서 기업가정신에 대해 연구할 수 있는 기회를 주셨다. 기업가정신을 경제학 관점에서 접근한 '제3장 기업가의 역할과 자질'은 그 당시 CWRU 도서관

자료들을 토대로 집필한 결과물이다. 현재 Bo 교수님은 명예교수로 은퇴하셨지만, CWRU는 Scott Shane 교수 등을 중심으로 기업가정신에 특화된 대학으로 알려져 있다.

이번에 연세대에서 학위를 받은 성기정 박사(목회상담·코칭학 전공, 성기정상담클리닉 대표)와 중앙대 행정대학원 이성규 조교(융·복합표준정책학과 석사과정)는 원고를 꼼꼼히 읽고 귀중한 조언을 주었다. 특히 성기정 박사는 사회심리학의 관점에서 집필된 기업가 정체성과 기업가 번아웃 현상 집필에 도움을 주었다. 이 책의 발간을 제안하여 주신 『도서출판 정독』의 김중용 대표님과 심혈을 기울여 책을 잘 만들어 준 편집부에도 감사드린다.

본서가 본래 목적한 대로 기업가와 기업가정신을 이해하는 데 좋은 안내서가 되었으면 한다.

2022년 8월

성태경 씀

차례

Chapter 01

서론

Entrepreneurship: Theory and Practice

이 장에서는 기업가정신의 정의 문제를 언급하고 기업가정신이 개인, 조직, 그리고 사회에 주는 이득을 알아본다. 기업가정신에 대한 다양한 접근방법을 소개한 다음, 본 저서의 구성에 대해서도 언급한다.

기업가정신, 코끼리인가? 1.1

우리나라에서 최근 창업 열풍이 불면서 기업가정신(entrepreneurship)에 대한 관심이 고조되고 있다. 이에 따라 사회 각계각층에서 기업가정신에 대해서 말한다. 그렇다면 기업가정신이란 무엇인가? 어떻게 정의할 수 있는가? 쉬운 질문 같지만, 바로 정확히 대답하기 어려운 질문이기도 하다. TV나 신문 지상에서 성공한 기업가를 영웅으로 묘사한다. 우리는 참신한 아이디어를 가지고 창업을 통해서 엄청난 돈을 번 기업가들을 알고 있다. 예를 들어 이동통신 전화기와 컴퓨터를 결합하는 아이디어로 아이폰을 만들어 엄청난 돈을 번 스티브 잡스(Steve Jobs)의 이야기는 대부분 알고 있다. 그리고 우리는 창업을 통해서 돈을 버는 것을 막연히 기업가정신이라고 생각하는 경향이 있다. 하지만 기업가정신은 기업이라는 조직을 창업하는 활동 이상의 개념이다. 기업가정신은 다양한 상황에서 발생하는 복잡한 현상에 관한 것이다.

그렇다면 기업가정신을 어떻게 정의할 수 있는가? 이 질문에는 하나의 답은 없다. 왜냐하면 기업가정신은 광범위한 개념이고, 다양한 측면을 가지고 있으며, 관심의 초점에 따라서, 범위에 따라서, 그리고 패러다임에 따라서 다양한 기업가정신의 정의가 가능하기 때문이다. 특히 기업가정신은 경제학, 경영학, 심

[그림 1-1] 기업가정신, 코끼리인가?

리학, 사회학 등 다양한 학문 분야에서 다루어지고 있다는 점에서 다양한 기업가정신의 개념이 존재한다. 이뿐만 아니라 저자들에 따라서도 기업가정신을 다르게 정의하기도 한다. Gartner(2001)는 이를 반영하여 '기업가정신에도 코끼리가 존재하는가?'라는 질문을 던지고 있다. 즉 기업가정신을 코끼리에 비유한다면 〈그림 1-1〉처럼 사람들의 눈을 가리고 코끼리를 만지게 할 경우, 만진 일부만 가지고 코끼리를 정의하듯이 각자 자신의 관점에서 기업가정신을 정의하고 있다는 것이다.

1.2 기업가정신, 왜 중요한가?

기업가정신의 중요성은 개인적 차원, 조직적 차원, 사회적 차원에서 각각 찾아볼 수 있다.

1) 개인적 차원

각 개인은 취업의 대안으로서 기업가가 될 수 있으며, 이를 통해서 이득을 얻을 수 있다. 기업가가 되면 무엇보다도 돈을 벌 수 있으며, 이러한 이윤 동기가 기업가가 되도록 하는 요인으로 작용한다. 이뿐만 아니라 기업가가 되어 기업을 경영하게 되면, 독립 욕구와 성취감을 채울 수 있다.

사실 과거에는 개인 차원에서 기업가가 되기가 쉽지 않았다. 하지만 최근 기술이 급속하게 발전되고, 직장 간의 이동이 빈번하며, 독립적이고 자유로운 전문가를 동경하는 상황 속에서 진로와 관련하여 기업가 혹은 창업을 하나의 대안으로 보게 되었다. 특히 Down(2006)이 "우리는 모두 자기 자신의 기업가(We are entrepreneurs of the self)"라고 갈파하였듯이 기업가정신은 젊은 세대가 미래에 대해 도전할 수 있는 분야로 부각되고 있다.

2) 조직적 차원

기업가정신은 기존의 기업조직에도 이득을 줄 수 있다. 기술진보가 가속화되고 글로벌화가 진행되면서 기업들도 차별화하지 못하고 혁신하지 못하면 생존이 불가능하게 되었다. 대표적인 예로 노키아를 들 수 있다. 노키아는 2010년까지 이동통신 분야의 세계적 선두주자였으나, 스티브 잡스라는 기업가가 아이폰을 개발하면서 바로 무너져 버렸다. 기업 간 경쟁이 더욱 심화되고 속도에 제한이 없는 상황에서 기술발전은 기존 제품과 서비스를 빨리 진부화시키고 있다. 따라서 기업들도 스스로를 혁신해야 하며 제품과 기술을 개발해야 한다. 이에 대한 답이 바로 기업가정신이라고 할 수 있다.

기존 기업의 차별화 및 혁신은 새로운 기회의 발견 혹은 창출을 필요로 한다. 이에 따라 기존 기업들도 관리 능력에 초점을 맞춘 전통적 인재를 찾기보다는 기업가적이고 혁신적이며 창의적인 사람을 채용하기를 원한다. 그러므로 기업가정신은 기존 기업에 취업을 원하는 사람들에게도 이득을 가져다줄 수 있다.

3) 사회적 혹은 국민경제적 차원

기업가정신이 사회 혹은 국민경제에 가져다주는 이득도 매우 크다. 첫째, 기업가정신은 경제성장과 고용증대의 수단으로서 부각되고 있다. 종전에는 노동력과 자본설비가 증대되거나 기술진보가 이루어지면 경제성장은 자연히 달성되며, 경제성장은 다시 고용을 증대시키는 것으로 보았다. 그러나 슘페터는 "기업가정신이 경제성장의 원동력"이라고 갈파했듯이 이 과정에서 새로운 아이디어의 창출 혹은 생산요소의 조정자로서의 기업가의 역할을 감안하지 않으면, 경제성장 및 고용증대라는 정책목표를 달성할 수 없는 상황이 되었다. 예를 들어 1990년대 이후 정보화 사회가 도래하면서 한국, 일본 등 대부분의 나라들이 저성장하에서 구조조정의 과정을 겪었으나. 이와 대조적으로 미국에서는 왕성한 기업가정신을 토대로 하여 지속적인 경제성장을 이어 갔다. 예를 들면 실리콘밸리를 중심으로 벤처기업들이 활발하게 창업되면서 새로운 부가가치와 고용을 창출하였다.

둘째, 기업가정신은 경쟁을 촉진시킴으로써 경제력의 집중화를 방지한다. 기업가가 새로운 벤처기업을 조직하면, 그 기업은 중소기업이다. 기업가정신이 활발하여 중소기업들이 성장하게 되면 대기업들의 힘이 너무 커지는 것을 방지할 수 있다.

셋째, 기업가정신은 국민경제 차원에서 소득분배의 형평성도 가져다줄 수 있다. 새로운 벤처기업은 중소기업이며 중소기업의 발전은 대기업에 의한 소득의 집중을 견제할 수 있다.

넷째, 최근의 경영환경을 보면, 수요가 다양화 및 고급화되고 있으며 컴퓨터의 등장으로 유연생산체제, 인공지능, 사물인터넷, 빅데이터의 활용 등이 가능하게 되었다. 이에 따라 과거의 규모의 경제(economies of scale)도 여전히 중요하지만, 범위의 경제(economies of scope)의 중요성이 상대적으로 매우 커졌다. 바로 이러한 범위의 경제를 실현하기에 적정한 기업형태가 소규모의 벤처기업들이다. 따라서 제4차 산업혁명의 시대에 기업가정신이 가져다 줄 이득은 매우 클 것으로 전망할 수 있다.

1.3 기업가정신에 대한 접근방법

무에서 유를 창조하기란 매우 어렵다. 기업가정신도 예외는 아니다. 기업가정신에 대해서 최근에 관심이 고조되고 있지만, 기업가정신 이론의 뿌리는 깊다. 본 절에서는 기업가정신에 대한 이론의 전개 과정을 경제학, 경영학, 그리고 사회심리학 측면에서 각각 살펴본다.

1) 경제학에서의 기업가정신

아담 스미스(A. Smith)로부터 시작되는 고전학파 경제학이 발전한 18세기는 봉건제도가 무너지고 산업혁명이 진행되던 시기였다. 이 당시에 이미 근대적인 형태의 기업이 형성되어 발전하기 시작하였고, 은행시스템이 나타났으며, 기술혁신을 보호하기 위한 특허제도가 정립되었다. 이 과정에서 도제, 숙련기술자, 장인으로 구성된 길드제도(Guilds system)의 기반이 무너지고 수많은 혁신적인 기업가들이 등장하였다. 그럼에도 불구하고 고전학파 경제학에서는 기업가의 역할 및 기업가정신을 분석에서 제외시켰다. 스미스, 리카르도(D. Ricardo), 밀(J.S. Mill) 등 고전학파 경제학자의 주요 관심사는 '가치의 역설' 논쟁에서 알 수 있듯이 자연가격 혹은 균형가격의 결정문제였으며, 기술혁신을 이끄는 기업가적 과정은 설명 불가능한 것으로 간주하였다(Murphy et al., 2006).

기업가의 역할을 경제분석에서 제외한 고전학파 경제학의 전통은 19세기 말과 20세기에 걸쳐서 발전되어온 신고전학파 경제학에서도 그대로 이어졌다. 신고전학파 경제학의 대표격인 마샬(A. Marshall)의 주요 관심사는 시장에서 균형가격의 결정문제였다. 즉 한계효용체감의 법칙으로 인해서 우하향하는 수요곡선과 한계생산체감의 법칙으로 인해서 우상향하는 공급곡선이 교차하는 점에서 균형가격이 결정된다는 것이다. 이러한 Marshall(1890)의 경제모형하에서 기업가의 역할은 수동적인 활동에 그치고 있다. 즉 기업가는 한계효용체감의 법칙에 따라 자원배분에 대한 의사결정을 수행하며, 시장에서 결정되는 가격에 따라 움직이며, 가격 차이에 의해서만 사업기회를 포착한다는 것이다(Murphy et al., 2006).

이와 같이 신고전학파 경제학에서도 기업가의 역할 및 기업가정신을 다루지 않는 이유는 다음과 같다(Baumol, 1968; Ricketts, 1994; Casson, 2010). 첫째, 신고전학파 경제이론에서는 정보는 완전하고, 누구에게나 접근 가능한 것으로 가정하기 때문에 의사결정의 문제를 최적화를 위한 수학적인 응용의 문제로만 다룬다. 이에 따라 경제활동주체의 의사결정의 문제는 별로 중요하지 않게 된다.

특히 제한된 정보하에서 다양한 의사결정을 수행하는 기업가의 역할은 분석에서 제외될 수밖에 없었다. 둘째, 신고전학파는 시장메커니즘을 비인격화된 과정으로 분석한다. 다만 소비자들에 대해서는 선호라는 개인적인 특성을 고려하고, 시장조정이 왈라스적 경매자(Wallrasian auctioneer)에 의해서 이루어진다고 보는 정도이다. 반면에 생산활동의 주체로서의 기업가를 얼굴 없는 존재로 취급하고 있다. 따라서 신고전학파 경제학에서는 아담 스미스의 '보이지 않는 손'과 기업가라는 '보이는 손' 간의 갭, 다시 말하면 현실 속의 기업가와 가상적인 경매자 간의 갭이 존재한다. 신고전학파 경제학은 현실 속에서 시장을 조직하고, 시장상황에 반응하는 기업가에 대해서 다루지 못하고 있다. 셋째, 신고전학파 경제학은 정태적 균형모델들로 구성되어 있어서 변화의 문제를 소홀히 다룬다. 이에 따라 경제분석에서 변화를 추구하는 혁신적인 기업가는 제외되어 왔다. 이 점은 기업가를 이윤추구를 위해서 균형상태를 깨는 직업으로 묘사한 슘페터(J. Schumpeter)에 의해서 지적된 바 있다.

하지만 경제학의 역사적 측면에서 기업가에 대한 뿌리는 매우 깊다. 주류경제학, 즉 고전학파 경제학(Classical economics)과 신고전학파 경제학(Neo-classical economics)에서는 기업가를 분석에서 제외시켰으나, 이미 17세기에 프랑스에서는 기업가 이론이 전개되었다. 프랑스의 경제학자 깡띠옹(R. Cantillon)은 처음으로 'Entrepreneur'라는 용어를 소개하였으며, 경제학에서 '세이의 법칙(Say's law)'으로 잘 알려진 프랑스 경제학자 세이(J. B. Say)도 기업가에 대해서 나름대로의 이론을 전개하였다. 20세기에 들어와서 마샬(A. Marshall), 나이트(F. Knight) 등도 기업가에 대해서 언급하였지만 어느 누구보다도 기업가의 경제적 역할에 대해서 명시적으로 다룬 사람은 슘페터(J. Schumpeter)였다. 슘페터는 경제성장의 원동력을 기술혁신이라고 보았으며, 기술혁신의 담당자가 바로 기업가라고 설명하였다. 즉 기업가가 경제성장의 원동력이라는 주장이다. 이들의 기업가 이론에 대해서는 제3장에서 자세히 다룬다.

2) 경영학에서의 기업가정신

경영학에서 기업가정신은 두 가지 관점에서 전개되어왔다. 하나는 조직 관점(organization view)이고 다른 하나는 기회 관점(opportunity view)이다.

조직 관점(organization view)이란 기업가정신을 새로운 조직, 즉 벤처기업의 창업과 관련된 행동으로 보는 것이다. 예를 들어 현대 경영학의 아버지로 불리는 피터 드러커(Peter Drucker)가 1980~90년대 일본 사람들의 기업가정신을 극찬한 바 있는데, 그 이유는 일본 사람들은 어떤 새로운 사업기회가 생기면 먼저 팀 혹은 조직을 만들어서 일을 추진하기 때문이라는 것이다. 기업가정신을 조직 관점에서 보는 것은 전통적인 조직행동 이론과 다르다. 전통적 조직행동 이론은 새로운 창업 조직이 틀을 갖추어 조직형성이 마무리되는 시점에서부터 출발하기 때문이다(Katz & Gatner, 1988). 즉 조직 관점의 기업가정신은 새로운 조직, 즉 벤처기업의 형성 과정에 초점을 맞추지만, 전통적 조직이론은 이미 창업되어 성장하고 있는 기업에서 어떤 일이 일어나는지에 대해서만 관심을 갖는다. 조직 관점의 기업가정신 이론은 창업 과정에서 기업가들이 어떻게 행동하는지에 초점을 둔다는 점에서 기본적으로 행동이론에 속한다. 예를 들어 Carter et al.(1996)은 71명을 기업가들이 창업 과정에서 어떻게 행동했는지에 대해서 구체적으로 보고하고 있다.

기회 관점(opportunity view)은 기업가정신을 기회의 포착, 평가 및 활용의 관점에서 바라보는 접근방법이다. 기업가정신 이론에서 기회가 핵심 요인으로서 기업가의 행동, 새로운 조직, 그리고 성과는 기회에서 출발한다는 것이다. 이러한 관점에서 보면 기업가정신은 새로운 조직의 창출뿐만 아니라 기존의 기업조직, 비영리단체, 더 나아가서 공공기관에까지 확장하여 다루어질 수 있다. 기회 관점에서 보면 기업가정신은 '혁신적인 어떤 것(something innovative)'을 다루는 것이라고 할 수 있으며, 따라서 기업가적 활동은 기존의 경제적 여건을 변화시킬 수 있는 잠재력을 가진 창의성(creativity)을 포함한다. 여하튼 기회 관점에서 보는 기업가정신의 핵심은 기회이며, 기회는 "어떤 사람이 이윤 창출 가능성을 가진 새로운 사업아이디어를 개발 혹은 활용할 수 있는 상황"이라고 정의되고 있다(Baron and Shane, 2008). 기업가정신에 관한 기존의 책들은 대부분 기회 관점에서 기업가적 과정, 즉 기회의 인식, 분석, 활용 등의 문제를 다루고 있다.

3) 사회심리학에서의 기업가정신

전통적인 경제학, 즉 고전학파 경제학 및 신고전학파 경제학과 대조적으로 행동이론, 심리학, 사회학 등 다른 사회과학 분야에서는 나름대로의 기업가이론을 전개해 왔다(Casson, 2003). 특히 1960년대에서 1980년에 걸쳐서 사회심리학 분야에서는 기업가정신을 심리적 정신 문제의 관점에서 다루었다. 대표적인 예로 맥클랜드((McClelland)는 *The Achieving Society*(1961)라는 저서에서 기업가정신 이론을 '성취'라는 개념을 중심으로 전개하였으며, 기업가의 위험감수 동기 및 정보가공 능력의 문제 등도 다루고 있다. 구체적으로 왜 어떤 사람들은 경제적 활동에 전념하는 반면에 다른 사람들은 그렇지 않은지? 어떤 사람들은 경제적으로 성공하는 반면에 다른 사람들은 그렇지 못한지? 동일한 여건하에서도 어떤 사회는 경제적으로 번영하는 반면에 다른 사회는 그렇지 못한지? 등의 질문을 기업가의 개인적인 특성들과 연결지어 설명하고자 하였다.

사회심리학 분야에서 또 하나의 중요한 연구문제는 기업가와 비기업가 간의 심리적 차이가 있는지를 살펴보는 것이었다(Carland, 1984). Hornaday & Bunker(1970)는 기업가와 비기업가의 심리적 차이 요인으로 '신뢰', '리더가 되고자 하는 욕구', '적극적인 참여 활동', '성취욕구' 등을 들고 있다.

그러나 사회심리적 관점이 개인 특성을 너무 광범위하게 다루다 보니, '모든 사람(Everyman)'을 기업가로 정의하게 되는 경향을 보였고, 외부적 요인이 기업가적 행동에 미치는 역할을 설명하지 못함에 따라서 기업가정신에 대한 연구활동이 크게 위축되었다. 다만 사회학적인 측면을 보완하여 기업가 개인보다는 다른 사람들과의 관계 혹은 그룹 차원에서 기업가정신을 다루고 있는 정도이다(Aldrich, 1999).

본서의 구성 1.4

앞에서 언급한 바와 같이 기업가 및 기업가정신은 경제학, 경영학, 심리학, 사회학, 행동이론 등 다양한 분야에서 다루어지고 있으며, 기업가정신에 대한 다양한 이론적 기반 및 적용 분야는 〈그림 1 - 2〉와 같이 표현할 수 있다. 그림에서 보는 바와 같이 맨 아래에 위치한 경제학은 기업가정신의 기초적인 이론을 제공하며, 심리학, 사회학, 행동이론 등은 학제적인(disciplinary) 기반을 제공한다. 경영학에서는 기업가정신을 기회인식, 자금조달, 창업 등으로 이어지는 기업가적 과정으로 파악한다.

최근 외국은 물론 국내에서도 기업가정신에 대한 경영학적인 관점, 특히 기회 관점에서 집필된 책들이 대부분이다. 그러다 보니 '기업가정신', '기업가정신과 창업', '벤처창업과 기업가정신'이라는 책명을 가지고 있지만, 주요 내용은 기회분석, 사업계획서 작성, 창업실무, 창업기업의 성장전략, 회수 등 기업가적 과정에 대한 설명으로 이루어져 있다. 하지만 본서는 기업가정신 자체에 초점을 맞추어, 경제학적인 관점, 사회심리학적인 관점, 그리고 경영학적인 관점을 포괄적으로 다루고자 한다.

[그림 1 - 2] 기업가정신 이론의 체계

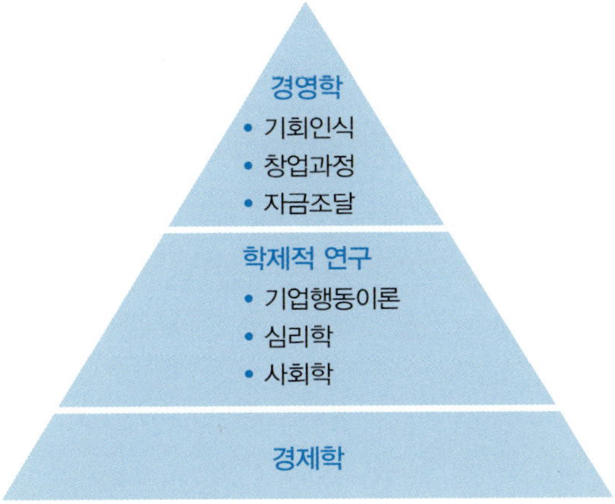

본서는 『기업가정신: 이론과 실제』라는 책명에서 알 수 있듯이 기업가정신에 자체에 초점을 맞추어 구성된다. 본서는 모두 13개 장으로 구성된다.

제1장 서론에 이어 제2장에서는 기업가 및 기업가정신에 대한 개념 및 정의 문제를 다룬다. 제3장에서는 기존의 기업가정신 이론에서 언급된 기업가의 역할을 추출하고, 이를 위해서는 어떠한 자질을 필요로 하는가를 분석한다. 제4장에서는 기업가정신의 환경적 결정요인으로서 경제적 요인, 사회문화적 요인, 제도적 요인, 그리고 정책적 요인을 분석한다. 제5장에서는 기업가정신의 수준을 측정하고 주요 국가들 간 비교한다.

제6장에서는 기업가 행동을 분석한다. 기업가 행동을 유형화하고 지대추구 행동, 기업가적 학습, 기업가 정체성, 기업가 번아웃 문제 등을 다룬다. 제7장에서는 경영학의 관점에서 기업가적 과정을 설명한다. 즉 기회의 인식, 착수, 자원조달, 창업, 성장 및 관리, 회수 등을 차례로 다룬다. 제8장에서는 최근 크게 부각되고 있는 사회적 기업가정신을 설명한다. 제9장에서는 기술기반 기업가정신을 다룬다. 특히 기업가정신과 기술혁신의 연관성을 밝힌다. 제10장에서는 기업가정신이 경제성장에 미치는 효과를 분석한다.

제11장에서는 국제화 및 정보화가 급속히 진전되는 상황을 반영하여 글로벌 기업가정신의 문제를 다룬다. 제12장에서는 사내기업가정신을 분석한다. 즉 기존 기업이 수행하는 새로운 벤처기업의 창업, 전략적 쇄신, 기술혁신 등 기업가정신과 관련된 문제들을 다룬다. 마지막으로 제13장에서는 기업가정신의 발현 및 행위를 촉진시키기 위한 기업가정신 정책을 정의하고, 기업가정신 정책이 필요한 이유, 정책수립의 원칙, 정부의 정책수단들을 순서대로 설명한다.

Chapter 02

개념 및 정의

Entrepreneurship: Theory and Practice

지금까지 우리는 기업가와 기업가정신에 대해서 정확한 의미를 말하지 않고 사용해 왔다. 이 장에서는 기업가정신과 관련된 개념을 자세하게 다룬다.

기업가 2.1

1) 기업가의 정의

기업가를 의미하는 'Entrepreneur'라는 용어는 18C 프랑스의 깡띠옹(Cantillon)에 의해 처음으로 소개되었고, 역시 프랑스 경제학자인 세이(J. B. Say)에 의해서 널리 사용되었다. 'Entrepreneur'는 프랑스어로서 영어로는 상인(merchant), 모험가(adventurer), 고용주(employer) 등으로 다양하게 번역되었다. 하지만 원래의 정확한 의미는 프로젝트의 착수자(undertaker of a project)였다. 영국의 경제학자 밀(J. S. Mill)은 이 용어를 영국에 유행시켰는데, 20C 이후에는 경제이론 분야에서 거의 사라졌다. 이는 이미 설명한 바와 같이 신고전학파의 정태적인 분석방법에서는 기업가와 같이 동태적인 성격을 가지는 변수는 수용하지 않았기 때문이었다. 예를 들어 마샬(A. Marshall)은 기업이론을 전개함에 있어서 기업가의 혁신적인 활동보다는 경영 혹은 감독과 같은 관례적인 활동에 초점을 두었다.

그렇다면 기업가는 어떻게 정의될 수 있는가? 결론적으로 말해서 다양한 견해들이 제시되어 왔기 때문에 한마디로 정의 내리기 어렵다. 실제로 경제이론에서 기업가를 다루지 못한 이유 중의 하나가 기업가의 정의에 대해 학자들 간 의견의 일치가 이루어지지 않았기 때문이라는 주장도 있다(Casson, 2010). 이하에서는 기업가의 정의 문제에 대해서 살펴본다.

① 지위에 따른 정의

통상적으로 기업가는 지위에 따라 정의된다. 구체적으로 기업가는 "성장잠재력이 큰 중소기업(Small and Medium-sized Enterprises: SMEs)의 창업자 혹은 소유경영자"로 정의된다(Casson, 2010). 여기서 몇 가지 표현에 유의할 필요가 있다.

첫째는 '소유경영자'라는 표현이다. 이에 의하면 실업이나 취업 대신에 창업을 통해서 자가 고용된 사람(self-employed) 혹은 소규모 기업의 고용주(small-scale employer)도 기업가로 볼 수 있다(Blanchflower and Oswald, 1998). 예를 들어 철물점 업계에서는 자영업자가 대부분인데, 사업이 커지든 그렇지 않든 간에 이들은 기업가로 불린다. 그렇다면 성장하는 기업의 전문경영인(Chief Executive Officers: CEOs)은 어떠한가? 이들은 회사에서 봉급을 받고, 기업의 소유권을 갖지 않으므로 아무리 고기술·고성장 기업에 종사하더라도 기업가라고 볼 수 없다. 즉 전문경영인(CEO)은 자가고용과 기업소유라는 지위 기준에서 보면 기업가의 범주에 속하지 않는다.

기업가의 지위와 관련하여 최근 자주 언급되는 기업가의 유형은 '초도기업가(nascent entrepreneur)'이다. 초도기업가는 "실제로 사업에 착수하지는 않았으나, 사업을 고려하거나 계획을 세우고 있는 개인"이다. 초도기업가는 자가고용 기업가나 소유경영자와 조직의 지위 측면에서 정의되고 있지만 이들과 달리 법적인 지위를 가지지 않는다.

둘째는 '중소기업(SMEs)'이라는 표현이다. 이에 의하면 일단 대기업의 경영자들은 기업가에서 제외된다. 기업가의 범주를 중소기업에 한정시킨 것은 기존 대기업보다는 중소기업의 경영자들이 더 혁신적으로 활동한다는 Schumpeter (1911)의 생각에 근거한 것이다. 실제로 기업가정신에 대한 실증연구에서 기업규모를 기준으로 하여 많은 연구가 진행되고 있다(Audretsch, 2012).

셋째는 '창업자'라는 표현이다. 이는 기업이 창업단계에 있으며, 따라서 기업의 나이(age)가 적어야 한다는 것이다. 다시 말해서 기존의 성숙단계에 있는 오래된 기업은 기업가의 정의에서 제외된다. 이 역시 새로운 기업이 '창조적인 파괴(creative destruction)'의 주역이 되면서 기존의 오래된 기업을 대체한다는 슘페터의 주장에 근거하고 있다(Audretsch, 2012).

② 기능에 따른 정의

기업가는 기업가가 하는 일이 무엇이냐에 따라서 정의되기도 한다. 즉 "기업가란 기업가가 하는 일 자체(Entrepreneur is what an entrepreneur does)"라는 것이다. 만약 기업가의 기능이 기술혁신 활동이라면, 기술혁신을 수행하는 그 누구도 지위에 관계없이 기업가가 될 수 있다. 또 기업가의 역할이 위험감수라고 하면, 위험을 감수하는 그 누구도 기업가로 불릴 수 있다.

2) 조직으로서의 기업가

앞에서 소개한 지위 혹은 기능에 따른 기업가의 정의는 암묵적으로 한 '개인' 혹은 '사람'을 전제로 하고 있다. 그렇다면 조직 혹은 기관은 기업가가 될 수 없는가?

이에 대해서 가장 먼저 답을 제공한 경제학자는 스타우스(J. H. Stauss)였다. Stauss(1944)는 기업조직 그 자체가 기업가라고 주장하였다. 그는 소유와 경영이 분리되는 현대적 기업의 형성과정을 보면서, 기업가의 역할이 한 개인 의해서 수행되는 것이 아니라 바로 기업에 의해서 수행된다고 하였다. 예를 들어 기업가의 역할이 위험감수(risk-taking)라면, 이는 특정 개인 혹은 계층에 의해서 우선적으로 수행되기보다는 기업조직에 의해서 수행된다는 것이다. 마찬가지로 기업가의 역할이 기술혁신이라면, '새로운 조합(new combination)'을 창출하는 기능은 특정한 의사결정 권한을 가진 개별구성원들의 총합을 통해서 사업을 영위하는 기업에 의해 수행된다고 한다(Stauss, 1944). 하지만 기업의 의사결정 단위와 과정에 대해서 자세히 설명하지 못하면서, 지난 50여 년간 스타우스(J. H. Stauss)의 주장을 발전시킨 연구를 찾아볼 수 없게 되었다(Hebert and Link, 2009).

그럼에도 불구하고 최근 기업가는 개인이 아닌 제도 혹은 시스템이 될 수 있음을 암묵적으로 주장하는 연구가 나오고 있다. 예를 들어, Hansen et al.(2000)의 'Networked Incubator'(NI)의 개념이다. NI는 관련 기업, 금융기관 등 제도적 하부구조, 인적자원, 그리고 기술능력을 이미 갖추고 신생기업(incubatee)—주로 중소기업—들에게 창업에 관련된 서비스를 제공하는 하나의 시스템이다(성태경, 2000). NI의 대표적인 예는 미국의 SBVC(Softbank Venture Capital)에 의해 설립된 Hotbank로, 여기서 이루어진 활발한 조정과 네트워크의 활동을 통해 자동차 관련 인터넷 서비스업체인 Model E 등의 신생기업을 탄생시켰다. NI로 간주되기 위한 조건은, 첫째, 기업가정신을 가지고, 둘째, 규모의 경제효과를 제공하며, 셋째, 네트워크 서비스를 제공해야 한다는 것이다. 여기서 흥미로운 것은 하나의 시스템 혹은 조직이 기업가정신을 가지고 기업가적 역할을 수행한다는 것이다.[1)]

3) 사회적 기업가

이상에서 정의된 기업가는 기본적으로 자신만의 이윤을 추구하는 사적 기업가(private entrepreneur)이다. 그런데 최근 사회적 기업가(social entrepreneur)라는 용어가 등장하고 있다. 사회적 기업가는 “사회적 이득을 추구하는 기업가”라고 정의할 수 있다. 대표적인 예로는 미국의 벤자민 프랭클린(Benjamin Franklin, 1706~1790)을 들 수 있다. 그는 인쇄소를 경영하였지만 순수하게 사회적 기여의 관점에서 피뢰침, 다초점 안경 등을 발명하였고, 우편제도, 교육제도 등 사회전반적인 혁신을 주도하였다.

하지만 사회적 기업가라는 용어가 등장한 것은 최근의 일이다. 이 용어는 아쇼카(Ashoka)[2)]의 설립자겸 대표인 드레이튼(W. Drayton)이 1972년 처음 사용하면서 확산되었다. 그에 의하면 사회적 기업가는 사회가 당면하는 문제(예: 환경, 의료복지)를 혁신적으로 푸는 개인들로 정의된다.

문제는 사회적 기업가가 창업하는 사회적 벤처기업들은 비영리조직이어야만 하는 것이다. 물론 사회적 기업가는 자발적 조직 혹은 비영리조직과 연관되어 있지만 최근 이윤을 추구하는 비즈니스 모델을 채용하는 많은 사회적 기업들이 나타나고 있다.

참고로 최근 ‘생산적 기업가(productive entrepreneur)’, ‘비생산적 기업가(unproductive entrepreneur)’, 그리고 ‘파괴적 기업가(destructive entrepreneur)’라는 용어

---

1) 더 나아가서 정부도 기업가로서 간주되는 경우도 있다. 일본이 제2차 세계대전 후 잿더미에서 경제발전을 이룩하자, 통산성을 중심으로 한 정부의 역할은 가히 ‘기업가적(entrepreneurial)’인 것으로 평가되고 있다. 또한 Link and Link는 2009년 *Government as Entrepreneur*라는 책을 출간하였는데, 이 역시 정부라는 조직을 하나의 기업가로 보는 사례라고 할 수 있다.

2) 아쇼카는 전 세계적으로 사회적 기업가를 발굴하여 지원하는 비영리조직이다.

가 등장하고 있는데, 이는 각각 사회적 수익률이 (+), (0), (-)인 경우를 말한다. 당연히 사회적 기업가의 사회적 수익률은 보통의 사적 기업가에 비해서 매우 높을 것이다.

4) 선천적 기업가 대 후천적 기업가

기업가는 어디로부터 오는가? 이에 대해서는 두 가지 의견으로 양분된다. 하나는 기업가는 선천적으로 자질이나 특성을 가지고 태어난 사람만이 기업가가 될 수 있다는 관점이고, 다른 하나는 후천적으로 만들어질 수 있다는 관점이다.

먼저 선천적 기업가를 주장하는 사람들 중 슘페터(J. Schumpeter)가 가장 대표적이다. 그는 기업가를 변화와 혁신을 추구하고 실행하는 개인으로 보았는데, 그러한 사람은 평범한 일반 사람들과는 다른, 그리고 후천적으로 형성하기 어려운 특성을 가진다고 주장하였다. 그는 기업가는 개인적인 왕국을 건설하려는 욕망, 정복하려는 의지, 그리고 창조의 기쁨을 소유하는 개인으로서 이러한 특성을 선천적으로 타고난다고 보았다. 심지어 기업가가 되려면 유전적인 요소를 가지고 있어야 한다는 주장도 있다. 예를 들어 부보가 기업가인 경우 자녀들도 기업가가 되는 경우가 많기 때문에 기업가적 성향은 부모로부터 유전적으로 물려받는다고 생각한다. 일부 학자들은 유전적인 요인이 최소한 간접적으로 영향을 미친다고 본다. 즉 유전적인 요인이 개인의 특성, 인지능력, 활동수준에 영향을 미침으로써 기업가가 될 가능성을 높인다는 것이다(Shane, 2010). 개인적인 특성들, 예를 들어 자기존중감, 위험감수성향, 탐험의지, 외향성, 감정통제, 개방성 등은 기업가가 선천적으로 결정될 확률을 증가시킬 것이다.

이와 달리 현대 경영학의 아버지로 불리는 드러커(P. Drucker)는 기업가는 후천적으로 만들어질 수 있다고 주장하였다. 그는 기업가는 변화를 읽는 사람으로서 변화 속에서 기회를 포착하여 사업화하는 사람이며, 기회인식 및 실행 능력은 교육이나 훈련을 통해서 길러질 수 있다고 하였다. 이러한 의견에 따르면 모든 사람이 잠재적으로 기업가가 될 수 있고, 개인의 내적 특성보다는 외부적인 요인에 의해서 기업가가 되려고 하며, 일련의 과정을 통해서 기업가는 만들어질 수 있다. 가트너(W. Gartner) 같은 학자도 기업가는 선천적으로 타고난다는 주장에 대해서 비판하고 있다. 그는 기업가가 가지고 태어나는 선천적인 특성들을 너무 강조한 결과로 기업가에 대한 정의를 제대로 내릴 수 없었고, 또한 기업가정신 현상을 이해하기 어렵게 만들었다고 주장하였다(Gartner, 1988).

5) 토의 및 종합

이상에서 살펴본 바와 같이 기업가는 여러 가지 기준에 다양하게 정의되고 있다. 이러한 정의들은 연구목적 혹은 활용 분야에 따라서 다르게 사용된다. 먼저 지위를 기준으로 한 정의는 통상적으로 경영학 분야에서 많이 쓰인다. 그러나 자가 고용된 사람을 기업가로 정의하는 것은 문제가 있다. 왜냐하면 기업가는 혁신을 통해서 경제를 변혁시키는 사람인데, 자가 고용된 사람은 철물점의 예에서처럼 혁신적인 역할을 수행하지 않을 수도 있기 때문이다. 또한 기존 기업의 전문경영자를 소유권이 없다는 이유로 기업가로 보지 않았으나, 일부 전문경영자들은 상당히 혁신적일 수 있기 때문이다. 따라서 자가 고용된 사람은 기업가를 정의함에 있어서 필요조건도 충분조건도 아니다(Henrekson and Stenkula, 2010).

기업가정신 연구 분야에서 '기회에 의한 기업가(opportunity entrepreneur)'와 '필요에 의한 기업가(necessity entrepreneur)'를 구분하는 경우를 볼 수 있는데, 필요에 의한 기업가는 다른 대안이 없거나 만족스럽지 못할 경우 창업하는 기업가이다. 따라서 필요에 의해서 자가 고용된 사람은 진정한 의미에서 기업가라고 보기 어렵다(Reynolds et al., 2002).[3] 한편 기능에 따른 정의는 경제학, 행동이론, 심리학, 사회학 등의 이론 분야에서 많이 선호되고 있다.

이 책은 기업가정신에 초점을 맞추고 있다. 따라서 경제학, 경영학, 사회심리학 등 한 측면에서 기업가를 정의하지 않고, 통합적인 관점에서 기업가를 정의

---

3) '필요에 의한 기업가'와 '기회에 의한 기업가'에 대응하여 각각 '견인효과(pull effect)'와 '추동효과(push effect)'라는 용어도 종종 사용된다.

한다. 즉 기업가는 기업가적인 역할(예: 위험감수, 기술혁신)을 수행하는 주체로서 개인도 될 수 있고 조직이 될 수도 있으며, 소유경영자가 될 수도 있고 전문경영자가 될 수도 있다. 물론 자가 고용된 사람도 기업가적인 역할을 수행한다면 기업가로 볼 수 있다. 마지막으로 기업가적 자질은 선천적으로 가지고 태어나기도 하지만 교육과 훈련을 통해서 후천적으로 길러질 수 있다고 본다.

기업가정신 2.2

흔히 신사(gentleman)는 태도가 바르고 부드러운 사람으로, 신사적일수록, 즉 태도가 바르고 부드러울수록 신사도(gentlemanship)가 강하다고 한다. 따라서 신사도는 신사가 될 수 있는 자질을 말한다.

기업가와 기업가정신의 관계도 이와 마찬가지이다. 기업가정신은 기업가가 될 수 있는 자질, 특성 및 행동이다. 만약 기업가가 사업기회를 잘 포착하여 이를 상업화함으로써 경제적 이득을 얻는 사람이라면, 기회포착 능력과 사업화 능력, 그리고 실제적 행동 및 과정이 기업가정신을 구성한다. 실제로 기업가정신은 "전에 존재하지 않은 노력을 통해서 기술혁신을 달성하기 위해서 기회를 발견하고, 평가하며, 활용하는 활동"으로 정의된다(Venkataraman, 1997; Shane and Venkataraman, 2000; Shane, 2003).

한편 기업가정신은 성과 측면에서도 정의될 수 있다(Audretch, 2012). 즉 개인, 조직, 기업의 유형에 관계없이 고성과를 낼수록 '기업가적(entrepreneurial)'이라는 것이다. 이러한 성과기준에 의하면 새로운 혁신성과 혹은 기업성과를 달성한 기업가는 기업가정신이 충일한 사람이라고 할 수 있다. 그렇다면 우리가 주변에서 흔히 보는 창업자들의 기업가정신은 어떠한가? 이들도 자신이나 가족들을 위해서 가치를 창출하고 소비자잉여를 제공한다는 측면에서 기업가정신을 가지고 있다. 그러나 신약을 개발하여 새로운 바이오기업을 설립하는 기업가에 비해서는 덜 '기업가적(entrepreneurial)'이라고 평가할 수는 있다.

2.3 기업가적 과정

기업가, 기업가정신 등과 함께 실무적인 측면에서 많이 사용되는 용어가 '기업가적 과정(entrepreneurial process)'이다. 기업가적 과정은 창업과정이라는 용어와 동의어로 쓰이기도 하지만, 창업 후의 활동도 포함하는 보다 광범위한 개념이다.

다행히 기업가적 과정에 대해서는 학자들 간에 의견의 일치를 보이고 있다. 〈그림 2-1〉은 기업가적 과정을 단계별로 잘 보여주고 있다. 즉 기업가적 과정은 기회의 인식단계 → 착수단계 → 소요자원조달단계 → 창업단계 → 성장단계 → 성과회수단계 등 6단계로 이어진다. 그림에서 보는 바와 같이 각 단계는 개인

[그림 2-1] **기업가적 과정**

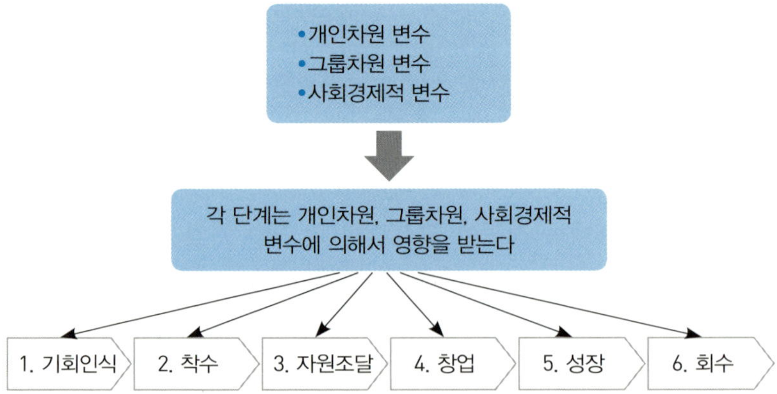

자료: Baron and Shane(2008), p.16.

차원의 변수(예: 동기, 기능, 기업가특성), 그룹차원의 변수(예: 아이디어, 생산요소, 고객), 그리고 사회경제적 변수(예: 정부정책, 경제여건, 기술)에 의해서 영향을 받는다.

기업가정신을 경영학적 측면에서 분석하는 책들은 대부분 이러한 기업가적 과정에 따라서 내용을 전개하고 있다. 본서는 기업가정신을 통합적 관점에서 다루기 때문에 기업가적 과정 혹은 활동단계는 핵심골자만 소개한다.

2.4 기업가적 기회

기업가적 기회(entrepreneurial opportunity)란 정확히 무엇을 말하는가? 사전에서 기회의 일반적 의미를 찾아보면, '어떠한 일을 하는 데 적절한 시기나 경우'이다. 따라서 기업가적 기회는 '사업을 함에 있어서 적절한 시기나 경우'라고 할 수 있다. 즉 "어떤 사람이 이윤창출 가능성을 가진 새로운 사업아이디어를 개발 혹은 활용할 수 있는 상황"이라고 정의할 수 있다(Baron and Shane, 2008).

기업가적 기회는 미래의 재화 및 서비스를 창조할 수 있는 아이디어, 신념, 그리고 행동으로 구성된다. 예를 들어 스티브 잡스가 창안했던 스마트폰의 경우 기업가적 기회는 (a) 휴대전화와 컴퓨터의 결합이라는 아이디어; (b) 이 아이디어가 상업화될 수 있다는 신념; (c) 그리고 강력한 추진력 등을 포함한다.

기업가적 기회는 일반적으로 새로운 제품이나 서비스 창출의 형태로 나타난다. 이외에도 새로운 생산공정의 도입, 새로운 시장의 확대, 또는 새로운 공급원의 발견 등을 통해서 활용될 수 있다. 예를 들어 내연기관의 발명은 자동차라는 제품과 관련된 사업기회를 가져왔고, 인터넷은 어떤 특정한 제품보다는 e-tailing이라는 새로운 비즈니스 과정을 통해서 엄청난 기회를 만들고 있다.

2.5 기업가에 대한 보수: 이윤

생산과정에서 생산요소 공급자들은 대가를 받는다. 즉 노동에 대해서는 임금, 자본에 대해서는 이자, 그리고 토지에 대해서는 지대를 받는다. 물론 기업 입장에서는 임금, 이자, 지대는 생산비용이다.

그렇다면 이윤(profit)은 무엇인가? 이윤은 기업가에 대한 보수이다. 따라서 이윤율은 기업가적 활동에 대한 가격이라고 할 수 있다. 이윤은 총수입에서 총비용을 뺀 나머지이므로 비용을 어떻게 보느냐에 따라서 이윤의 개념이 달라지므로 먼저 비용에 대해서 알아보자.

1) 기회비용

경제학에서 말하는 비용의 개념은 기회비용이다. 즉 특정 재화의 생산에 요소를 투입하면, 다른 재화의 생산 기회가 포기된다는 사실에 근거하여 비용을 정의한다. 기회비용의 관점에서 기업의 생산비용은 다음과 같이 정의 내릴 수 있다.

> X재라는 재화의 생산비용은 기업이 고용하는 요소공급자(노동자, 기계소유자, 토지소유자)들이 X재의 생산에 전념하게끔 지불해야만 하는 화폐액(임금, 이자, 지대)이다.

여기서 말하는 화폐액은 명시적 비용(explicit cost)뿐만 아니라 암묵적 비용(implicit cost)도 포함한다. 명시적 비용이란 기업이 소유하지 않은 요소에 대해 지불하는 돈이다. 명시적 비용은 흔히 회계사나 경리직원이 사용하는 개념이다. 즉 회계학에서는 비용을 단순히 기업 외부에서 노동, 원재료, 연료, 전력 등을 제공하는 요소소유자에게 기업이 그 대가로 지불하는 금액으로 보고 있다.

그러나 기업은 생산을 위해 직접 요소를 소유하며, 이에 대해서도 비용이 발생한다. 왜냐하면 기회비용이란 생산요소를 누가 소유 또는 고용하고 있느냐에 관계없이 발생하기 때문이다. 바로 기업이 내부적으로 보유하고 있는 요소에 대해서 발생하는 비용이 암묵적 비용으로, 기업에 있어서 암묵적 비용은 자가 고용된 요소가 다른 용도로 사용되었을 때 얻을 수 있는 화폐액이다. 예를 들어 갑이라는 사람이 동네에서 자기소유의 점포와 자본금을 가지고 식품점을 부인과 함께 운영하고 있다고 하자. 그는 명시적인 임대료나 임금은 지불하지 않지만 암묵적인 임대료와 임금은 발생하고 있다. 왜냐하면 자기소유의 건물을 식품점으로 이용함으로써 갑은 타인에게 임대했을 경우 얻을 수 있었던 임대료—예를 들어 월 100만원—를 희생하고 있으며, 이와 마찬가지로 그와 부인의 노동력과 자본을 자신의 식품점에 투입함으로써, 만일 그와 부인이 다른 회사에 고용되거나 그의 자본을 타인에게 대여했더라면 얻을 수 있는 임금과 이자를 희생하고 있는 것이다. 뿐만 아니라 갑은 그 자신의 기업경영능력을 식품점 경영에만 전념시킴으로써 그렇지 않으면 다른 회사에서 발휘하여 얻을 수 있었던 소득도 포기하고 있는 것이다. 이와 같이 생산요소를 고용한 대가로 기업 외부에 돈을 지급하지는 않았지만 마땅히 생산비용에 넣어야 할 비용을 경제학에서는 암묵적 비용이라 한다. 이상을 요약하면 다음의 관계가 성립한다.

기회비용(경제적 비용) = 명시적 비용(회계적 비용) + 암묵적 비용

2) 정상이윤

앞의 예에서 기업가로서의 능력과 재능을 식품점 경영에 투입하고 있는데, 이와 같이 기업가능력이 어떤 용처—앞의 예에서는 식품점—에 계속 투입되도록 하기 위해 지급되어야 하는 최소한의 보수를 정상이윤(normal profit)이라고 한다. 혹시 일부 독자들은 정상이윤이 말 그대로 이윤이지 왜 비용개념에 포함되느냐고 물을 수도 있다. 그러나 경영능력도 자기소유의 요소이므로 암묵적 임금이나 암묵적 이자와 마찬가지로 암묵적 비용이다. 만일 기업가가 이러한 최소한도

의 이윤을 얻지 못한다면 그의 기업가로서의 능력을 다른 재화의 생산으로 돌리거나, 혹은 개인에 따라서는 사업을 포기하고 고용살이를 희망할 것이다. 요컨대 경제학에서 말하는 비용은 재화의 생산과정에서 고용되는 모든 생산요소에 대해서 지급되는 일체의 지급액을 말하는 것으로서, 명시적 비용은 물론이고 정상이윤을 포함하는 암묵적 비용까지 포함하는 개념이다.

3) 경제적 이윤(순수이윤)

앞의 비용분석을 통해 독자들은 이윤에 대해서 경제학과 회계학에서 각기 그 해석을 달리하고 있음을 짐작할 수 있었을 것이다. 〈그림 2-2〉에서 보는 바와 같이 회계학에서 말하는 이윤은 총수입에서 명시적 비용만을 뺀 잔여분이라고 보나, 경제학에서는 총수입에서 기회비용을 뺀 것이다. 기회비용은 명시적 비용과 암묵적 비용(정상이윤 포함)을 뺀 잔여분을 말한다.

그러므로 경제학자가 "A 기업은 비용을 보상받고 있다"라고 말할 경우, 그가 의미하는 것은 모든 명시적 비용과 암묵적 비용이 '커버'되고 있으며, 따라서 A 기업의 경영자는 기존재화의 생산에 그의 경영능력을 계속 투입하기에 충분한 수입을 얻고 있다는 것이다. 만약 기업의 총수입이 기회비용을 초과할 경우 잔여

[그림 2-2] 경제적 이윤과 회계적 이윤

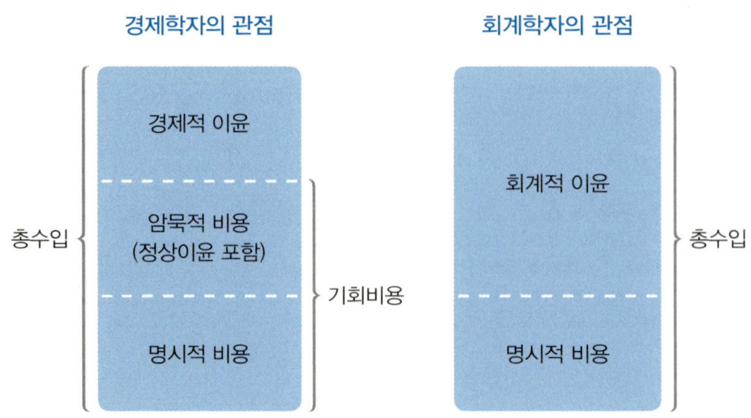

분은 기업가에게 귀속되는데, 이 잔여분을 경제적 이윤(economic profit) 혹은 순수이윤(pure profit)이라고 부른다. 즉,

경제적 이윤(순수이윤)=총비용 - 경제적 비용(기회비용)

순수이윤은 기업가로 하여금 특정 재화 생산에 계속 종사하도록 하는 데 필요한 정상이윤을 초과하는 수입이기 때문에 비용이 아니다.

4) 이윤의 역할

기업가적 활동에 대한 대가인 이윤은 자본주의(혹은 시장) 경제체제를 움직이는 '힘'이라 할 수 있다. 이윤은 생산요소의 고용수준은 물론이고 생산요소의 사용처 간 배분에도 영향을 미친다. 혁신의 유인은 이윤 혹은 이윤에 대한 기대이며, 혁신은 다시 투자를 촉진하여 소득 및 고용수준을 증대시킨다. 혁신은 경제성장 과정에서 필수적인 것이며, 대부분의 경우 혁신의 배후에는 이윤추구 동기가 개입되어 있다.

한편 이윤은 자원의 효율적 배분을 가능하게 한다. 기업가는 이윤을 추구하는 동시에 손실을 회피하며, 경제적 이윤의 발생은 곧 사회가 이윤이 발생된 산업의 확장을 원하고 있다는 신호가 된다. 사실상 이윤은 생산 확장의 유인에만 그치는 것이 아니라, 기업설비 확장의 재원이 된다. 반대로 손실은 그 생산이 축소되어야 한다는 신호가 된다.

Chapter 03

기업가의 역할 및 자질

Entrepreneurship: Theory and Practice

“

이 장에서는 경제학에서 발전되어온 기존의 기업가 이론을 바탕으로 기업가의 역할 및 자질 그리고 기업가에 대한 보수의 본질을 분석한다.

”

제1장에서 우리는 경제학에서는 고전학파와 신고전학파를 막론하고 기업가 및 기업가정신을 제대로 다루지 못하였으나, 18세기 프랑스의 깡띠옹(R. Cantillon)이 처음으로 기업가 이론을 전개하기 시작하였다고 언급한 바 있다. 그 이후 산발적이기는 하나 기업가에 대한 경제이론이 축적되어 오고 있다.

기존의 기업가 이론들은 기업가의 기능 측면에서 다음 다섯 가지 접근방법으로 구분해 볼 수 있다. 첫째는 소득의 분배 측면으로, 이윤의 본질을 논의하는 과정에서 제기된 위험감수자(risk-bearer)로서의 기업가의 역할이다. 이 관점은 프랑스의 경제학자인 깡띠옹(R. Cantillon)에 의해 시작되었다.

둘째는 시장과정에 초점을 맞추는 접근방법으로 기업가를 거래중재자(arbitrageur)로 본다. 이는 오스트리아학파에 의해 전개된 이론으로 완전경쟁시장에 대한 왈라스적(Walrasian) 정태적 개념을 비판하는 과정에서 제기된 동태적인 접근방법이다. 이는 최근에 커즈너(I. Kirzner)에 의해서 정교화되었다.

셋째는 기업가를 생산요소의 조정자(coordinator)로 보는 세이(J. B. Say)의 관점이다. 세이는 깡띠옹의 이론을 확장시키는 한편, 오스트리아학파에 의한 동태적 분석의 실마리를 제공하였다.

넷째는 기업가를 기술혁신자로서의 보는 슘페터적(Schupeterian) 관점이다. 슘페터(J. Schumpeter)는 기술혁신을 경제발전의 원동력으로 보고, 기술혁신의 수행자로서 기업가의 역할을 강조하였다.

다섯째는 기업가를 의사결정자로 보는 관점으로, 나이트(F.H. Knight)에 의해 제기되어 카슨(M. Casson)에 의해서 이론이 구체화되었다. 이와 같은 기준에 의해 각 경제학자가 주장한 기업가의 정의, 행동유형, 시장 및 생산과정에서의 역할, 그리고 기업가에 대한 보수로서의 이윤의 본질에 대해서 살펴보고자 한다.

3.1 위험감수자

기업가를 불확실성 혹은 위험의 감수자로 보는 관점은 생산요소별 소득분배를 논의하는 과정에서 도출되었다. 경제학에서 이윤은 소득 중 임금, 이자, 지대를 지급한 후에 남는 잉여로 정의되므로 완전한 정보, 자유로운 진입 및 퇴출, 동질적 제품 등의 조건이 만족되는 완전경쟁시장에서는 장기적으로 정상이윤만 얻게 되고 경제적 이윤은 0이 될 것이다. 이 경우에는 기업가에 대한 논의가 전혀 필요하지 않게 된다. 그러나 현실적으로 불확실성이 존재하며, 이를 감수한 대가가 이윤이라는 생각이 대두되었다. 이와 관련된 기업가의 역할은 세 가지로 구분될 수 있다. 즉 투기자로서의 기업가, 불확실성의 판단자로서의 기업가, 그리고 소유자로서의 기업가 등이다.

1) 투기자로서의 기업가

경제활동에서 처음으로 불확실성의 중요성을 강조함으로써 투기자로서의 기업가의 역할을 언급한 사람은 프랑스 경제학자이자 투기자였던 깡띠옹이었다. 그는 상품을 구입하여 판매하는 투기적인 중간상인(middleman)은 미래시점에서의 시장상황에 대해서 완전한 정보를 가지지 못한다고 전제한다. 그러나 중간상인은 현재시점에서 미래상황에 관계없이 제품공급자에게 정해진 확실한 가격을 지불해야하므로, 중간상인은 불확실성을 감수하는 전문가가 될 수밖에 없다고 주장하였다. 그는 다음과 같이 기술하고 있다.

> 중간상인은 구입하는 농산물에 대해서 농부에게 고정된 가격, 즉 구입하는 시점에서의 시장가격을 지불해야만 한다. 그가 이 일에 착수하는 것은 농산물을 판매하는 미래시점에서 불확실한 가격이 수송비용을 지불하고도 이윤을 가져다 줄 것으로 기대하기 때문이다. 그러나 농산물 가격의 수시적인 변동은—비록 큰 폭이 아닐지라도—이윤을 불확실하게 만든다(Cantillon, 1755, p.49).

이 점은 생산자에게도 마찬가지이다. 즉 생산자도 제품의 판매에 대해서 확실한 계약 없이 자원을 동원해야 하므로 불확실성이 가져다주는 비용을 감수해야 한다.

깡띠옹의 이러한 주장에 의하면 모든 경제주체는 크게 두 그룹으로 구분된다. 하나는 고정된 소득을 받는 그룹이고, 다른 하나는 자신의 소득은 미래에 불확실할지라도 고정된 소득을 지불하기로 약속하는 그룹이다. 미래에 소득이 불확실하게 되는 이유는 고정된 소득을 받는 사람들이 안정적이고 예측 가능한 규칙에 따라서 제품을 구입하기보다는 필요한 경우에 약간의 제품만을 구입하는 경향이 있기 때문이다. 깡띠옹은 이와 같이 불확실한 소득에 의존하는 사람은 그가 노동자이든, 지주든, 자본가이든, 농부이든 상관없이 기업가라고 보았으며, 고정된 소득에 의존하는 사람들을 종업원으로 정의하였다.

요컨대 깡띠옹의 소득분배이론은 얻게 되는 소득의 유형에 초점을 맞추고 있으며, 불확실한 소득을 받는지의 여부가 기업가의 정의에 있어서 핵심적인 요인이 된다. 즉 지출은 확실하지만 소득이 불확실한 상황에서 경제활동을 영위하는 사람은 어떤 개인도 기업가가 될 수 있다고 보았다.

2) 불확실성의 판단자로서의 기업가

Knight(1921)는 기업가를 불확실성의 비용을 감수하도록 준비된 전문가로 정의하고, 이에 대한 대가로서 경제적 이윤을 수취한다고 보았다. 기업가의 역할은 불확실한 미래에 대해서 판단을 하는 것이고, 이러한 기능과 연관된 보상, 즉 위험감수에 대한 대가가 바로 이윤이라는 것이다. 더 나아가서 그는 위험과 불확실성을 구분함으로써 이러한 생각을 보다 발전시켰다. 나이트는 불확실성을 사전적으로 혹은 통계적인 추정에 의해서 상이한 결과가 발생할 확률이 결정될 수 없는 상황으로 정의한다. 반면에 위험은 반복되는 관찰에 의해서 상이한 결과가 발생하는 상대적인 빈도를 추정하는 것이 가능한 상황과 관련되어 있으며, 전반적인 위험은 보험에 의해서 감소될 수 있다고 보았다.

그는 순수이윤이 발생하는 근거는 측정 가능한 위험에 있는 것이 아니라 측정 불가능한 불확실성에 있다고 주장한다. 불확실성은 전례가 없거나 혹은 유사한 사례가 평가될 수 없는 독특한 상황에서 발생한다. 거꾸로 말하면 위험은 상당 폭의 기업가치의 변동을 초래하는 충격을 유발하지 않는다. 즉 특정한 형태의 위험상황이 정규적으로 발생하더라도, 이는 기업의 이윤흐름의 변동에 측정 가능한 효과를 갖는다. 그러나 불확실한 상황이 발생하면, 기업가치는 재평가될 필요가 있을 정도로 변화되고, 이러한 기대하지 않은 충격은 기업가에게 이윤, 즉 기대하지 않은 이득을 가져다준다는 것이다.

그는 불확실성의 상황하에서 기업가의 일차적 역할은 기업활동을 수행하는 것이 아니라 무엇을, 어떻게 할 것인가를 결정하는 것이라고 보았다(Knight, 1921, p.268). 즉 다양한 목표가 어떻게 달성되며, 어떠한 목표가 가치 있는 것인가를 결정하는 일이 바로 기업가의 역할이라는 것이다. 이때 요구되는 기업가의 자질은 예견력(foresight)과 자신감(confidence)이라고 한다.[1)] 개인마다 예견력이 다르며, 시장경쟁은 다른 사람에 비해 예견력이 큰 사람을 생산의사결정에 전문화하게 만든다고 보았다.

3) 소유자로서의 기업가

미국의 경제학자인 호울리(F. B. Hawley)는 1907년에 집필한 「기업과 생산과정」이라는 저서를 통하여 기업가를 불확실한 상황하에서 소유권을 통해 책임을 지는 사람으로 보았다. 기업가는 생산의 동인(動因) 혹은 목적으로 노동, 자본, 토지 등 생산수단을 통제하는 역할을 수행하는데, 자신의 의사결정 하에 생산수단을 임의로 사용하기 위해서는 생산수단에 대한 소유권을 가져야 한다는 것이다. 물론 생산되는 산출물의 소유권도 기업가가 갖게 된다. 즉 기업가는 소유권

---

1) 나이트는 예견력 있고 자신감 넘치는 사람은 기업가로서 위험을 전제하고, 소심하고 의심 많은 사람들에게 특정한 소득을 보장함으로써 위험을 회피하게 해준다고 주장한다(Knight, 1921). 그렇다고 하여 예견력 있고 자신감 넘치는 기업가가 항상 소심하고 의심 많은 사람을 고용하거나, 기업가는 하나의 기업을 소유하거나 조직해야 한다는 것은 아니다.

을 가짐으로써 생산수단과 산출물을 통제한다. 이때 문제는 기업가가 불확실한 상황에서 이러한 활동을 수행한다는 것이다. 만약 산출물이 파손되거나, 경쟁기업이 보다 좋은 제품을 생산하여 고객을 빼앗거나, 기타 다른 불확실한 사건이 기업가를 파멸시킨다면, 그 부담은 결국 책임 있는 소유자로서의 기업가가 지게 될 것이다.

호울리는 기업가는 소득분배의 주체로서 수요공급의 원리에 따라서 노동에 대해서는 임금을, 자본에 대해서는 이자를, 토지에 대해서는 지대를 각각 지불하고, '불확실한 남는 소득'을 이윤으로 가지게 된다고 보았다. 바로 이러한 이윤은 불확실한 상황하에서 소유에 대한 대가라고 하였다. 더 나아가서 이윤이 모든 인간의 생각 및 행동의 유일한 원천으로, 이러한 이윤을 얻는 기업가는 단순한 생산요소가 아니라 불확실성의 감수자이며, 활동의 동기부여자라고 주장하였다.

중개자 3.2

기업가를 동태적인 시장과정에서 중개자로 보는 관점은 오스트리아학파에 의해서 발전되었다. 오스트리아학파의 창시자인 멩거(C. Menger)는 기업가의 가장 중요한 역할은 계속되는 불균형의 상태하에서 자원배분을 지시하고 수정하는 일이라고 보았다. 그는 위계적 생산관계 속에서 기업가는 투입자원의 배분 및 산출물의 유형을 결정하는 역할을 수행하므로 가장 높은 위계에 있는 생산요소라고 보았다. 또한 자원배분을 올바로 수행하기 위해서는 기업가는 정보가 필요하고, 그것을 분석할 능력을 가져야 함을 강조하였다.

이러한 생각은 하이에크(F. A. Hayek)로 이어졌다. 하이에크는 신고전학파 경제이론이 정태적인 시장균형의 개념에 바탕을 두고 있기 때문에 기업가에 대한 분석이 결여될 수밖에 없다고 주장한 최초의 경제학자이다. 그에 의하면, 균형을 전제하는 것은 완전한 정보를 가정하는 것이나 마찬가지인데, 경제현실은 하나의 균형을 향한 조정과정이며, 이 과정은 지식의 획득과 교류를 포함한다고 보았다. 그는 다음과 같이 기술하고 있다.

> 어떠한 조건들하에서 사회의 상이한 구성원들의 지식과 의도는 한 곳으로 점차 수렴해 가며, 구체화되어 갈 것이다. 사람들의 기대, 특히 기업가들의 기대는 올바른 것으로 판명되어질 것이다. 단지 문제가 있다면 그것은 우리가 아직도 (a) 이러한 현상이 진행되는 조건들과 (b) 개인들의 지식이 변화되는 과정의 본질에 대해서 모르고 있다는 점이다(Hayek, 1949, p.45).

이러한 문제 제기에 대해서 그는 가격기구에 바탕을 둔 자발적인 교환의 분권화된 과정, 즉 시장과정을 답으로 제시하였다. 그는 현실세계를 획기적인 발명(혹은 지식)보다는 특정시대와 장소에서 개인의 요구에 따른 기술변화, 즉 점진적인 기술진보가 진행되는 과정으로 보고, 시장이 개인들로 하여금 자신들의 기술지식을 다른 사람에게 전하게 할 뿐만 아니라 다른 사람이 이룩한 기술진보를 배우게 한다고 하였다. 그리고 이것이 개인들로 하여금 그들의 의사결정을 조정하게 하고, 그럼으로써 균형상태로 움직인다고 보았다.

이와 같은 시장과정 및 기업가의 역할에 관한 오스트리아학파의 견해에 대해서 Kirzner(1979)는 보다 정교한 분석을 제공하였다. 그에 의하면 바로 가격조정, 즉 시장이 균형으로 향하도록 하는 동인(動因)이 기업가이다. 이때 기업가에게 요구되는 유일한 자질은 기회포착능력(alertness to opportunity)이다. 다시 말하면 기회에 대해서 경각심을 갖는 사람의 집단을 기업가로 정의하였다.[2)] 그에 있어서 기업가는 생산과정에서 조정기능이나 관리기능 등의 특정한 능력을 가진 존재도 아니다. 그는 다음과 같이 기술하고 있다.

---

2) 이와는 달리 커즈너의 스승이었던 미제스(L. von Mises)는 모든 사람은 기업가적인 자질, 즉 기회포착 능력을 가지고 있다고 보았다.

> 기업가가 필요로 하는 것은 단지 구매자가 '너무' 많이 지불하는 곳이 어디인지와 판매자가 '너무' 적게 받는 곳이 어디인지를 찾아서, 그 상품을 좀 더 비싸게 구매하여 좀더 싸게 판매하겠다고 제안함으로써 양자의 갭을 메워주는 것이다. 이러한 활용되지 않은 기회를 발견하는데는 경각심이 요구된다. 계산, 최적화, 효율 등은 이러한 지식에 도움이 되지 못할 것이다(Kirzner, 1973, p.41).

기업가에 대한 커즈너의 접근방법은 교환으로부터 이득 중 소진되지 않은 이득을 생각하고 있다는 것이다. 시장의 불균형은 무지(無知)에 연유하며, 무지가 이윤창출가능성의 직접적인 요인이다. 기대는 환경에 대한 인식의 오류 때문에 실현되지 않는다. 이 상황에서 커즈너는 기업가를 학습능력이 있는 사람으로 보았다. 즉 기업가는 새로운 정보의 관점에서 과거의 의사결정을 재평가할 능력을 가지고 있는 것이다. 위의 인용문에서 언급한 바와 같이 기업가는 시장중개자의 역할을 수행함으로써 이윤을 얻을 수 있다. 점차적으로 기업가 간의 경쟁이 심해지면 가격이 조정되면서 시장은 균형으로 수렴하게 된다.

커즈너에 있어서 기업가는 생산요소가 아니므로 임금, 지대, 이자 등과 같이 취급되지 않으며, 기업가의 수입은 시장중개인의 역할에 대한 보수이다. 즉 기업가가 받는 순수이윤은 구입가격과 판매가격의 차이이다(Kirzner, 1973, p.48). 어떤 수입이 기업가가 인식한 기회에 근거하여 행한 의사결정에 연유한 것이라면 그것은 이윤이 되지만, 단순히 자산의 판매에 의한 것이라면 이윤이 아니라는 것이다. 이러한 이윤에 대한 기대가 기업가를 행동에 착수하게 하는 동인이며, 기업가는 시장과정의 동인이 된다는 것이 그의 이론의 핵심이다.

한편 드러커(P. Drucker)는 변화에 초점을 맞춤으로써 커즈너의 기업가와 궤를 같이 하는 기업가 이론을 전개하였다. 그는 기업경영의 관점에서 다음과 같이 기술하고 있다.

> 기업가는 변화를 일상적이고 바람직한 것으로 본다. 통상적으로 그들은 스스로 변화를 유발하지는 않는다. 그러나 기업가는 항상 변화를 추구하고, 변화에

> 반응하며, 변화를 기회로서 활용한다. 바로 변화가 기업가 및 기업가정신을 규정한다(Drucker, 1986, p.42).

즉 기업내부에서 초점은 비교 정태적인 것보다는 동태적인 것에 두어져야 하며, 새로운 기회를 활용하여 이를 자본화할 수 있는 기업가정신이 개발되어야 함을 강조하고 있다. 특히 드러커는 기업가정신이 개인들로 구성된 하나의 그룹에 국한되지 않는다고 주장하였다. 기업가는 특정한 자질을 가지고 태어난 사람이 아니며, 기업가적 행동은 경쟁우위를 획득하기 위하여 기존의 기업조직에 속해 있는 개인들 간에 발전되어진다고 보았다.

3.3 생산의 조정자

프랑스의 경제학자이자 자신이 직접 사업을 경영했던 세이는 깡띠옹의 영향을 받아 기업가에 관한 비교적 명확한 이론을 전개하였다. 그는 기업가를 깡띠옹과 마찬가지로 불확실성의 감수자로 보았다. 그는 불확실성에 대해서 다음과 같은 관점을 가지고 있었다.

> 복잡한 경영활동의 과정에서 극복되어야 할 장애, 억제되어야 할 걱정, 보상받아야 할 재난, 그리고 고안되어야 할 임시조치가 수없이 기다리고 있다(Say, 1803, p.285).

세이에 의하면 기업가는 기대되지 않은 문제들을 해결하는 전문가로 간주된다. 그러나 기업가에 대한 그의 관점은 불확실성의 감수자로서보다는 조정자로서의 기업가의 역할에 초점이 맞추어져 있다. 그는 다음과 같이 기술하고 있다.

> (기업가는) 사업뿐만 아니라 세상물정에 관한 지식, 판단, 그리고 인내력을 갖추어야 한다. 그는 상당한 정도의 정확도를 가지고 특정제품의 중요성, 잠재수요량, 그리고 생산을 위한 수단들에 대해서 일괄적으로 추정해야 한다. 그는 다수의 종업원을 고용해야 하며, 한편으로는 원재료를 구매하고, 소비자를 찾아 나서며, 경제 및 질서에 대해 부단한 관심을 기울여야 한다. 요컨대 그는 관리 및 감독의 기술을 소유해야 한다(Say, 1803, p.285).

이상과 같이 그는 기업가를 생산요소를 결합·조정하는 능력을 갖춘 특이한 존재로 정의하였다. 특히 깡띠옹이 상정했던 단순한 거래상황에서와는 달리 기업가는 다양한 상품 및 생산요소시장에서의 이윤창출가능성에 대해서 계산을 한다고 보았다. 따라서 기업경영이 성공하려면, 기업가는 요구되는 모든 자질을 갖추어야 한다고 주장하였다.

더 나아가서 세이에게 있어서 기업가는 시장경제를 작동시키는 주체였다. 그의 생산 및 분배이론에 의하면, 생산요소는 인적자원, 자본, 그리고 자연자원으로 구분되고, 다시 인적자원은 다시 이론가, 기업가, 노동자 등으로 구성되는데, 그는 기본적으로 인적자원이 자본과 자연자원을 '통제(command)'하며, 인적자원 중에서는 기업가가 이론가의 이론을 현실에 적용하여 노동자에게 구체적인 일을 지시하는 가장 중요한 역할을 수행한다고 보았다. 그리고 생산의 조정자인 기업가에게 돌아가는 임금이 바로 이윤이라고 보았다.

따라서 세이에 있어서 기업가의 활동은 기본적으로 시장과정과 연관을 맺고 있다. 즉 기업가가 행동을 취하지 않고는 시장과정은 결코 변하지 않는다. 그러므로 조정과정에서의 기업가의 역할, 즉 불균형상태하에서 시장과정을 조정하는 기업가를 상정할 수 있다. 이러한 생각은 앞에서 살펴본 오스트리아학파의 이론의 바탕이 되었다.

최근에는 라이벤스타인(H. Leibenstein)이 기업가이론과 관련하여 세이의 주장과 궤를 같이 하고 있다. 그는 X-비효율이론을 전개함으로써 세이와 마찬가지로 다양하고도 상이한 시장으로부터 생산요소를 효율적으로 조합하기 위해서는 성공적인 기업가가 요구됨을 강조한다.

> 어떤 한 기업이 판매 가능한 제품을 만드는데 여섯 가지의 생산요소가 필요하다면, 그들 중 다섯 가지만 조달하는 것은 소용없는 일이 될 것이다. 이러한 격차를 메우고, 생산요소를 완벽하게 조달하는 능력은 기업가의 독특한 자질이다(Leibenstein, 1968).

즉 라이벤스타인은 기업가의 역할을 요소조합의 격차메우기(gap-filling)와 요소조합의 완성(input completion)이라고 보았다. 격차메우기는 커즈너에 의해 강조된 중개자의 역할과 유사하고(Casson, 1982, p.366), 요소조합의 완성은 기존생산방법의 효율을 개선시키고 새로운 생산방법의 도입을 부추기기 위하여 가용한 생산요소를 조정하는 활동을 포함한다. 그러므로 그에 있어서 기업가정신이란 X-비효율을 최소화하기 위한 창의적인 노력으로 해석된다. 즉 기업가가 필요한 이유는 현실적으로 최선의 노력을 하지 않는 많은 사람들이 존재하고, 이들을 고용하는 조직에서는 비효율이 발생하기 때문인데, 기업가적인 활동은 비효율적인 조직에 경쟁적인 압력 혹은 위협으로 작용한다는 것이다.

3.4 기술혁신자

어느 누구보다도 기업가의 경제적 역할에 대해서 명시적으로 다룬 사람은 슘페터였다. 그는 기업가를 기술혁신의 주체 또는 '새로운 조합(new combinations)'의 수행자로서 자본주의 경제의 엔진으로 보았다. 그에 있어서 기업가적인 활동은 경제발전과 경기변동의 궁극적인 요인이다. 따라서 슘페터의 기업가이론은 경제발전의 과정을 언급함으로써 이해할 수 있다. 그는 경제발전을 정태적인 경제상태와 대비시키면서 급격한 교란의 관점에서 다음과 같이 정의하고 있다.

> 기존의 균형상태를 영원히 변화시키는 것은 균형의 교란, 즉 경제순환의 경로에서의 불연속적이고 충동적인 변화이다. 나의 경제발전이론은 이러한 현상과 과정을 다루는 것에 불과하다(Schumpeter, 1934, p.64).

잘 알려진 바와 같이 그에 있어서 경제발전은 신제품의 소개, 신생산공정의 소개, 신시장의 개척, 새로운 원자재 공급원의 개척, 그리고 신산업조직의 창출 등 다양한 내부적인 변화로 인해 가능하다(Schumpeter, 1934, p.66). 즉 경제발전은 내생적(endogenous)인 변화로 정의되며, 인구나 부의 증가로 인한 '단순한 성장(mere growth)'은 경제발전이 아니다.

슘페터에 있어서 기업가는 시장경제에서 위와 같은 변화를 유발시키는 역할을 하는 사람이다. 이러한 기능을 수행하는 사람은 그가 독립적인 사업가이든 전문경영인이든 상관없이 기업가라고 보았다. 그리고 사회 속에서 기업가를 희소한 자원으로 믿었다. 즉 기업가는 상상 불가능한 사건을 가져오는 비상한 사람이며, 혁명적이며, 기존의 상식을 뒤집는 혁신가로 새로운 것을 창출하는 사람이라고 보았다. 여기서 참신성이란 규모가 아니라 기술적인 견지에서이다. 예를 들어 철도나 전력 등은 물론이고 소시지나 칫솔 같은 것도 참신한 것이다. 그는 기업가는 경각심, 전문성 등 자질 면에서가 아니라 심리적인 관점에서 희소하다고 보았다. 그는 심리적인 관점에서 기업가의 동기유발요인을 다음과 같이 기술하고 있다.

> 무엇보다도 개인적 왕국을 건설하려는 꿈과 의지이다. 현대사회에서 이러한 지위는 존재하지 않지만, 상업적인 성공을 통해서 얻어지는 지위는 중세 영주의 지위에 견줄 수 있다. 이러한 탐닉은 사회적인 명예를 달성할 다른 방도를 가지지 못한 사람들에게 특히 강하다. (중략) 다음은 정복하려는 의지이다. 싸우려는 충동, 다른 사람보다 내가 더 우월하다는 것을 증명하려는 충동, 성공의 결실보다는 성공 자체를 위해서 성공하려는 충동 등이다. 이러한 관점에서 경제적 행동은 스포츠에 비유할 수 있다. (중략) 마지막으로 창조의 즐거움, 성취감, 또는 단순히 자신의 에너지와 독창력을 발휘하는 것이다(Schumpeter, 1934, pp.93~94).

이뿐만 아니라 기업가 활동을 위축시키는 일련의 장애들이 존재하며, 이들 역시 기업가를 희소하게 만드는 요인으로 작용한다고 보았다. 첫째, 기업가는 결과가 알려지지 않은 상태에서 어떤 지침도 없이 행동해야 하고, 둘째, 인간의 기본 속성은 변화가 특정한 어려움을 수반하지 않는다고 하더라도 새로운 것에 대해서 거부감을 가지며, 셋째, 기업가가 속한 사회 역시 어떤 변화에 대해서도 꺼려한다는 것이다(Schumpeter, 1934).

그러므로 슘페터에 있어서 기업가는 단순히 위험을 감수하려는 사람도 아닐 뿐만 아니라, 기업을 관리, 감독, 조정하는 사람도 아니며, 발명가와도 구분되며, 사회적 계급의 관점에서도 정의될 수 없는 존재이다. 그에 의하면 위험부담은 생산수단 혹은 화폐자본의 소유자의 몫이다(Schumpeter, 1934). 또한 발명은 혁신에 우선하지만, 기업가의 역할을 구분지어 주는 것은 '새로운 조합'의 실행 여부이다.

이상과 같은 경제발전과 기업가의 개념 하에서 경제의 동태적 움직임을 이해할 수 있다. 기업가에 의한 기술혁신을 가장 잘 유발할 수 있는 상태는 경제가 하나의 균형에 접근하고 있을 경우이다. 가장 유능한 기업가들에 의해서 시작된 초기의 기술혁신이 성공적인 것으로 판명되면, 이는 이들보다 덜 유능한 기업가들을 따라오도록 자극한다. 후발 기업가들은 선발 기업가들이 개척자로서 이미 시행했던 아이디어를 활용하기 때문에, 후발 기업가들을 후원하는 자본가가 감수하는 위험의 정도는 낮다. 일련의 기술혁신의 파고가 뒤따르고, 소진된다. 요컨대 기업가가 경제발전의 궁극적 요인이라는 것이 슘페터가 전개한 동태이론의 핵심이다.

슘페터는 기업가적인 이윤에 대해서도 분명한 이론을 전개하였다. 먼저 그는 정태적 경제순환하에서는 이윤이 존재하지 않는다고 보았다. 바꾸어 말하면 기술혁신에 의해 발전하는 경제에서만 이윤이 발생한다는 것이다. 물론 그도 비용을 초과하는 잉여, 즉 수입과 지출의 차이를 이윤으로 보았다(Schumpeter, 1934). 즉 일반적으로 기술혁신은 제품의 평균비용의 감소를 초래하므로 현재의 균형가격과 낮아진 평균비용의 격차가 발생한다는 것이다. 이러한 이윤은 일시적으로 존재할지라도[3] 순이득이며, 다른 생산요소비용으로 흡수되지 않는다(Schumpeter, 1939). 자연히 이윤은 새로운 요소의 조합을 도입한 사람, 즉 기업가에게 귀속된다.

의사결정자 3.5

기업가를 의사결정자로 보는 견해는 기본적으로 나이트에 근거하고 있다. 앞에서 언급한 바와 같이 나이트는 기업가를 위험의 감수자로 보았는데, 효율적인 시스템하에서는 어떤 한 의사결정으로 인한 금전적 결과에 대한 책임은 그 의사결정에 대한 책임문제와 분리될 수 없다고 하였다. 즉 그는 불확실한 상황뿐만 아니라 그러한 상황에서 책임 있는 의사결정자로서의 기능에도 초점을 맞추었다.

이러한 나이트의 생각을 이어받은 사람은 카슨(M. Casson)이었다. 카슨은 기존의 기업가 이론들을 통합하는 과정에서 의사결정자(decision-maker)로서의 기업가의 역할을 강조하였다. 그에 의하면 기업가는 "희소한 자원의 조정에 관한 '판단적 의사결정(judgemental decisions)'에 전문화하는 사람"이다(Casson, 1982, p.23).

이러한 정의에서 핵심적 개념은 '판단적 의사결정'이라는 용어이다. 그는 판단적 의사결정을 '상이한 여러 사람들이 동일한 목적을 가지고 동일한 여건하에서 행동하나 상이한 의사결정을 하는 것'이라고 정의한다. 이러한 차이는 '상황에 대한 상이한 인식에 기인하는데, 이는 정보에 대한 상이한 접근 혹은 해석 때문에 발생한다'고 보고, 의사결정들 간의 차이는 의사결정에 소요되는 비용이나

3) 기술혁신가에 의한 초기이윤은 모방자들에게는 정상이윤(normal profit) 이상의 이득이 가능할 수 있음을 보여주는 일종의 신호등이다. 이 신호등을 보고 진입과 경쟁이 진행되면, 초기이윤은 소진되고 새로운 균형점이 달성된다.

자원 등 정량적인 데 있는 것이 아니라 의사결정 자체의 정성적인 차이에 있다고 설명하였다(Casson, 1982, p.24). 그러므로 카슨에 있어서 기업가는 다른 사람보다 더 나은 판단능력을 가지고, 복잡한 문제나 해결이 어려운 문제를 다룰 수 있는 사람이다. 물론 어느 누구도 더 다른 사람에 비해서 우월한 판단능력을 갖고 있다고 확신하기는 어려우나, 일부 사람들은 그러한 능력이 있다는 확신 속에서 행동한다고 한다. 예를 들면 자신이 다른 사람은 가지고 있지 못한 정보를 가지고 있다고 믿는 사람이다.

기업은 바로 이러한 사람들에 의해서 정보가 제시하는 효율적인 방법으로 자원을 재분배하는 기구로서 설립된다. 즉 기업가는 다른 사람들이 모르는 정보를 가지고 '희소한 자원을 조정'한다는 것이다. 따라서 카슨은 커즈너와 마찬가지로 기업가를 시장중개인으로 보고 있는 것으로도 해석할 수 있다. 기업가는 자원을 배분하는 사람으로, 이를 달성하기 위하여 소유권을 거래해야 하며 기업을 조직 혹은 재조직한다. 기업가는 하나의 기업이 조직되면 이윤이 창출될 수 있을 것이라고 보는 사람, 기업을 구입하는 사람, 경영방식을 바꾸는 사람, 그리고 이익을 위해서 그것을 파는 사람, 현재는 독립적으로 일하고 있는 일련의 사람들이 팀으로 모이면 더 효과적일 것이라고 생각하는 사람, 기존의 소득에 걸맞는 임금을 지급함으로써 사람을 고용하고 팀을 만드는 사람, 그럼으로써 팀의 노력을 통해서 생산성을 향유하는 사람이다.[4)]

카슨은 기업가에 대한 기대보수는 임금의 성격을 갖는다고 해석한다. 장기에서의 기대보수는 단순히 시간과 노력, 즉 의사결정의 문제를 규정하고 실행하는 데 쓰여지는 시간과 노력에 대한 대가이다. 반면에 단기에서 기업가에 대한 보수는 우월한 정보에 대한 보수라고 본다. 이는 일종의 독점이윤이다.

---

4) 카슨은 기업가를 기본적으로 팀, 위원회, 조직 등으로 보지 않고, 개별적인 사람으로 보고 있다.

토의 및 종합 3.6

기업가를 역할 측면에서 정의한다면, "기업가란 기업가가 하는 일 자체(an individual entrepreneur is what he or she does)"라고 할 수 있다. 따라서 만약 기업가의 역할이 기술혁신 활동이라고 본다면, 기술혁신을 수행하는 그 어느 누구도 지위에 관계없이 기업가가 될 수 있으며, 새로운 조합에 대한 실행동기가 중요한 자질이라고 할 수 있다. 그리고 그가 얻는 이윤은 기술혁신에 대한 대가이다.

그렇다면 이상의 다양한 기업가정신 이론 중에서 어떤 이론이 가장 타당하다고 볼 수 있겠는가? 이는 매우 어려운 질문이다. 왜냐하면 각 기업가정신 이론은 당시의 사회·경제적 배경하에서 성립된 것으로서 나름대로의 근거를 가지고 있기 때문이다. 다만 다양한 이론들에 공통되는 요소를 찾는다면, 그것은 '새로운 가치창출'이라고 할 수 있다. 위험감수, 기회포착, 조정, 기술혁신, 의사결정 등은 결국 '가치창출'로 귀결될 수 있기 때문이다. 이를 반영하여 최근에는 통합적인 관점에서 기업가를 가치창출자(value creator)로 정의하는 연구들도 나타나고 있다(Bruyat and Julien, 2001). 이러한 관점에서 기업가정신을 "전에 존재하지 않은 노력을 통해서 기술혁신을 달성하기 위해서 기회를 발견하고, 평가하며, 활용하는 활동"으로 정의하는 Shane and Venkataraman(2000), Shane(2003) 등의 연구는 매우 시사적이다.

적용사례: 한국경제에서 기업가의 역할 및 자질 3.7

역사적으로 볼 때 우리나라는 유교적 전통하에서 '사농공상(士農工商)'의 가치체계가 근저에 깔려있었기 때문에 기업가정신이 뿌리를 내리기 어려웠다. 물론 기업가정신이 발현된 사례가 전혀 없는 것은 아니다. 세종대왕의 한글 창제,

거상 임상옥, 정약용을 중심으로 한 실학사상, 조선 말기의 개화사상 등이 대표적인 사례이다. '개성상인(송상)', '의주상인(만상)' 등이 말해주듯이 지역적 특성을 가지는 기업가정신을 지칭하는 말들도 있었다. 하지만 나라가 일본의 지배하에 들어가면서 기업활동 자체가 많은 제약을 받게 되었다. 일제 강점기 36년 동안 일본은 한국 사람들의 정상적인 기업활동을 허용하지 않았다.

우리나라에서 기업활동이 활발해지고 기업가정신이 발현되기 시작한 것은 경제개발계획이 시작된 1960년대 초반 이후이다. 정부는 공업 중심의 수출주도형 경제성장 정책을 시행하였고, 이에 호응하는 많은 기업가들이 활발하게 기업활동을 수행하였다. 이 과정에서 대표적인 기업가가 삼성의 이병철, 현대의 정주영, 대우의 김우중 등으로 자신들이 일군 기업을 토대로 한국의 경제발전에 이바지하였다. 현대경영학의 아버지로 불리는 피터 드러커(Peter Drucker)는 이러한 한국경제의 발전상을 보면서 한국의 기업가정신이 세계에서 가장 높은 수준이라고 평가하기도 하였다(Drucker, 2002).

이와 같이 한국경제의 고도성장 과정에서 기업가의 역할이 분명 있었고, 당시 상황에 적합한 바람직한 기업가의 자질이 요구되었다. 1960년대와 1970년대에 걸쳐 우리나라의 성공적인 창업자들에 대해 설문조사한 Jones and Sakong(1980)[5)]은 기업가의 주요 자질로서 노력(hard work), 인재의 운용기술(skill in handling people) 등을 들었다. 위험감수의지(willingness to take risks)는 별로 중요하지 않은 요인으로 지적되었으나, 1963년 이전에 기업을 설립한 창업자들은 1968년 이후에 기업을 설립한 창업자들에 비해서는 위험감수의지가 더 컸던 것으로 분석되었다. 또한 상식을 초월한 의사결정의지(willingness to make unpopular decisions)가 영향력 있는 요인으로 나타나, 당시 기업가들은 새로운 목적을 추구하여 기존의 사회규범을 무시하는 일종의 사회적 변종(social deviants)이었다고 해석하였다. 이러한 연구결과를 앞에서 설명한 기업가의 역할 측면에서 보면, 소위 '개발연대'에 있어서 요구되었던 기업가적 자질은 세이와 라이벤스타인이 주장한

5) 이 연구는 기업의 성공요인을 창업자 자신이 평가하였다는 한계를 가지고 있다.

조정자로서의 역할이었다고 할 수 있다. 또한 당시에 기업들이 기술개발보다는 기술도입에 의존하는 상황에서 실질적으로 발명활동을 하거나 기술개발을 지휘하는 활동에 전념하지 못했지만, '상식을 초월한 의사결정의지'는 슘페터의 혁신가로서의 역할과 연결지을 수 있다. 여기에 하나 덧붙인다면, 수출주도 경제성장을 추진하는 과정에서 시장중개인으로서의 역할을 수행한 기업가들의 공헌을 지적할 수 있을 것이다. 이들은 세계시장에서의 기회포착능력을 통하여 자신의 기업 발전은 물론 국가경제에도 도움을 주었다.

비교적 최근의 상황을 반영하는 박영배·윤창석(2000)의 연구에서는 창업자의 성취욕구, 모호함에 대한 인내성향, 위험감수성향 등 심리적 특성과 창업동기의 명확성, 창업동기의 차별성, 카리스마적 리더십, 위험대처노력 등 행위적 특성 중 성취욕구와 창업동기의 명확성만이 경영성과에 정(+)의 영향을 미치는 것으로 분석되었다. 따라서 이 연구는 벤처기업의 성공요인 중 '자신의 왕국을 건설하려는 꿈과 의지' 혹은 '성공하려는 충동' 등 슘페터의 동기유발요인의 중요성을 부각시켜 준다고 하겠다.

그러나 기술혁신이 가속화되고 정보혁명이 심화될 미래의 신경제(new economy)에서는 단순한 성취감이나 생산의 조정능력만 가지고는 창업을 성공시키는 데는 한계가 있을 것이다. 신경제는 지식기반경제(knowledge-based economy)로서 컴퓨터와 통신기술을 근간으로 하는 네트워크경제이다. 먼저 지식기반경제에서 가장 요구되는 기업가의 역할은 카슨의 의사결정자로서의 기능으로 여겨진다. 즉 정보보유 및 이를 근거로 한 판단능력이 기업가의 중요한 자질이 될 것이다. 이는 정보가 노동, 자본, 토지, 경영 등 전통적인 생산요소와 함께 새로운 생산요소로서 그 중요성을 더해 가기 때문이다.

급속한 기술혁신과 관련하여서는 슘페터의 기술혁신가로서의 기능이 필요할 것이다. 자신이 직접 새로운 조합의 실행동기를 갖추고, 혁신적 아이디어를 창출할 뿐만 아니라 종업원과 연구조직으로 하여금 그러한 활동에 전념하게끔 하는 기업가의 자질이다. 특히 단순한 시장개척이나 조직혁신이 아닌 신제품 및 신공정의 개발을 추진할 수 있는 기업가적 능력이 요구된다. 최근에는 기술내용이 복잡화·융합화되는 추세이므로 기술에 관한 전문적인 지식도 요구된다. 따라서 경영 전공자로서 시장과 재무 측면에만 관심을 가지는 사람보다는 공학도로서 경영마인드를 가진 사람, 혹은 경영 전공자이지만 기술적 지식을 보유한 사람이 기업가로서 더 적합할 것이다. 이러한 바탕 위에서 슘페터가 강조한 지위상승욕, 성취욕, 정복욕, 독창력 등 동기유발요인도 갖추어야 함은 물론이다.

더 알아보기 3.1 독자는 기업가적 특성 및 자질을 가지고 있는가?

이상에서 기업가적 특성과 자질에 대해서 공부하였다. 그렇다면 독자 자신의 기업가적 특성은 어떠한가? 다음의 질문들에 대해서 답을 해보면 어느 정도 기업가적 특성을 가늠해 볼 수 있다. 결과에 대해서는 너무 심각하게 받아들이지 않기 바란다. 독자의 응답결과가 독자가 기업가로 성공할 수 있는지, 아니면 실패할 것인지에 대해서 결정해 주지 않는다. 다만 기업가로서 자신이 적합한지에 대해서 간단히 점검해 볼 수 있을 뿐이다. 질문지 뒤에 기존 기업가들이 일반적으로 대답한 결과를 보여줄 것이다.

1. 당신은:
   ① 기혼인가? (　　)
   ② 미혼인가? (　　)
   ③ 결혼 후 혼자 사는 여성인가? (　　)
   ④ 이혼했는가? (　　)

2. 당신의 성별은:
   ① 남성 (　　)
   ② 여성 (　　)

3. 왜 창업하기를 원하는가?
   ① 돈을 벌기 위해서 (　　)
   ② 독립하기 위해서 (　　)

③ 직업을 갖기 위해서 (　　)
④ 권력을 갖기 위해서 (　　)
⑤ 유명해지기 위해서 (　　)

4. 당신은 불확실성에 대해서 어떻게 생각하는가?
① 익숙하고 매우 편안하다. (　　)
② 어느 정도 불안함을 느낀다. (　　)
③ 불안하다. (　　)

5. 당신이 기업가로서 성공하기 위해서 무엇이 가장 필요하다고 보는가?
① 자금 (　　)
② 행운 (　　)
③ 열심히 일하는 것 (　　)
④ 좋은 아이디어 (　　)
⑤ 이상의 모두 (　　)

6. 위험에 대한 당신의 태도는?
① 위험감수자 (　　)
② 어느 정도의 위험감수자 (　　)
③ 위험기피자 (　　)

답

1. ① 기혼
대부분의 기업가들은 기혼이라고 답한다. 물론 이는 모든 기업가들이 벤처기업을 창업할 때 또는 기업을 운영하는 동안에 기혼상태를 유지한다는 것은 아니다. 일반적으로 많은 기업가들이 창업할 즈음에 기혼상태에 있다. 왜냐하면 그들이 창업에 소요되는 시간과 돈을 위험을 감수하고 투자하는 동안 배우자가 지속적인 소득을 벌 수 있기 때문이다. 하지만 최근에는 독신기업가들이 젊은 나이에 창업하는 사례(특히 dot-com 벤처기업)가 늘어가는 추세이다.

2. ① 남성
아직은 여성보다는 남성들이 창업하는 경향이 강하다. 그러나 변화가 일어나고 있다. 여성기업가들의 증가율이 남성기업가의 증가율에 비해서 커지고 있다. 특히 결혼해서 가정을 이루기 전인 20대와 결혼 후 아이들이 다 자란 후의 여성들의 창업이 활발하다.

3. ② 독립하기 위해서

가장 많은 답이 "독립하기 위해서"이다. 대부분의 기업가들은 자신이 창업한 기업에서 열심히 일하다 보면 "돈"은 부수적으로 따라온다고 생각한다. 그러나 특정 계층의 기업가들은 부의 축적을 창업의 가장 큰 이유로 본다. 매스컴에서 dot.com을 창업해서 어마어마한 돈을 번 사람들(예: 마윈)을 소개할 때 전자상거래가 큰돈을 쉽게 버는 방법이라고 잘못 생각하기도 한다. 하지만 창업을 통한 일확천금의 꿈은 허황된 것이다. 왜냐하면 창업에 자금을 대주는 모험자본가들은 약 3년의 기간에 걸쳐 가치를 창출하여 이윤을 실현하는 기술창업기업들에게 중점적으로 투자하기 때문이다.

4. ① 익숙하고 매우 편안하다.

대부분의 기업가들은 불확실성에 대해서 편안하게 생각한다. 왜냐하면 불확실성이 기회를 가져온다고 생각하기 때문이다. 하지만 일반적으로 생활 속에서 예측을 해야만 하는 사람들은 기업가의 세계에 대해서 불안하다고 생각한다.

5. ⑤ 이상의 모두

대부분의 기업가들은 기업가로서 성공하기 위해서는 자금, 행운, 노력, 좋은 아이디어 모두가 약간씩 필요하다고 말한다. 그러나 그들은 계산된 위험을 감수하고 거래 네트워크를 구축함으로써 행운을 얻는다고 생각한다.

6. ② 어느 정도의 위험감수자

기업가들은 극단적인 위험감수자도 위험기피자도 아니다. 그들은 적정한 혹은 계산된 위험수준을 감수할 뿐이다. 그들은 성공의 기회라고 믿는 것을 바탕으로 위험을 관리하고 의사결정을 한다. 기업을 창업하여 경영한다는 일은 본질적으로 위험한 일이다. 그러나 자동차를 운전하는 일 등을 포함하여 우리 주변의 많은 삶 역시도 위험을 내포하고 있다. 기업가들은 위험을 보다 잘 판단하고 그것을 관리하는 방법을 찾는 사람들일 뿐이다.

사례 | 한국의 대표적인 기업가들

앞에서 살펴본 바와 같이 한국의 경제성장 과정에서 기업가들의 역할은 매우 컸다. 이하에서는 이들의 대표 격인 삼성의 이병철, 현대의 정주영, 대우의 김우중의 기업가정신을 각각 소개한다.

1. 삼성의 이병철

이병철(1910~1987) 삼성그룹 창업자는 1910년 경남 의령에서 2남 1녀 중 막내로 천석꾼의 집안에서 태어났다. 어린 시절 서당에서 공부하다가 당시 보통학교와 중학교를 들어갔으나 공부에 취미를 붙이지 못했다. 16세에 결혼한 뒤 일본으로 건너가 와세다대학에 입학했으나 건강상의 이유로 학업을 중단하고 귀국하였다.

27세 되던 1936년에는 부친으로부터 상속받은 쌀 3백 석을 밑천으로 하여 경남 마산에서 정미업을 시작으로 운수업, 부동산업 등 사업을 펼쳤다. 그러나 성공하지 못했다. 1938년에는 다시 자기 돈 3만원과 은행자금 20만원으로 '삼성상회'라는 무역회사를 설립하였다. 이 회사는 국수, 청과물, 건어물을 국내에 판매하고 만주에까지 수출하는 기업이었다. 해방 후 1948년에 서울 종로에서 현재 삼성물산의 모태인 '삼성물산공사'를 창업하였다. 이어 1953년 '제일제당', 1954년 '제일모직' 등 소비재 산업에 진출하였고, 1969년 삼성전자를 필두로 석유화학, 건설, 중공입 등으로 사업을 확장하였다.

이병철 삼성그룹의 창업자는 합리주의, 원칙주의, 일등주의를 강조한 것으로 알려져 있다. 예를 들어 '제일', '삼성', '중앙' 등의 상호명을 사용한 것으로부터 그가 일등주의를 추구하였음을 짐작할 수 있다.

1936년부터 1987년까지 약 50여 년 동안 그는 기업가적 생애를 통해서 많은 업적을 남겼지만, 가장 중요한 역할은 1977년 반도체 사업에 진출하기로 한 의사결정과 1983년에 반도체 산업에 집중 투자하기로 한 의사결정이었다고 할 수 있다. 당시 일본 업체들이 세계 반도체시장을 장악하고 있던 상황에서 '무모한 짓' 혹은 '달걀로 바위치기'라는 주위의 만류에도 불구하고 미래를 내다보는 예견력을 바탕으로 한 그의 대규모 투자결정(이른바 '2·8 도쿄선언')은 삼성전자의 성장과 한국경제에 가장 큰 영향을 미친 대표적인 순간으로 꼽힌다. 만약 그러한 의사결정이 없었더라면 오늘날 세계 최고의 IT 기업인 삼성전자의 출현은 불가능했을 것이다.

1983년 '2·8 도쿄선언' 이후 삼성은 반도체 분야에서 일본기업들을 추월하게 되었다. 동경대학 오쿠무라 교수는 그 원인에 대해서 다음과 같이 말하고 있다.

"일본이 DRAM 사업에서 강점을 지녔던 1980년대 반도체 투자는 100억 엔에서 200억 엔 수준에 머물러 있었다. 즉 설비투자의 결재권이 아직 사업부에 있었던 시절에는 일본기업도 경쟁력을 유지할 수 있었던 것이다. 불행하게도 설비투자금액이 1,000억 엔이라는 거액에 도달하게 되면서 투자결정권은 사업부로부터 벗어났다. 이에 따라 투자판단의 기동성이 떨어져서 투자 타이밍을 매번 놓치는 결과를 낳았다. 전사적인 합의를 통해 투자결정을 하는 일본기업의 경영체제가 반도체 사업에 필수적인 스피드를 죽여버렸던 것이다."(주간 다이아몬드, 2002. 2. 13)

이상과 같이 당시 반도체 사업은 1조원 이상의 대규모 투자로서 투자결정권이 최고경영자에게 있었으며, 특히 타이밍이 매우 중요한 상황이었다. 이러한 상황에서 이병철 회장의 반도체 사업에 대한 투자결정은 그의 '판단적 의사결정에 전문화하는 자'로서의 기업가적 자질을 극명하게 보여주고 있다. 그는 일본의 반도체 업계의 많은 지인들로부터 반도체 사업에 대한 정보를 얻고 있었으며, 앞으로 반도체가 '산업의 쌀'이 될 것이라는 통찰력과 확신을 가지고 있었다. 그의 의사결정자로서의 기업가적 자질과 역할은 다음과 같은 1977년 신년사에서 잘 나타나고 있다.

"우리들의 일상사는 크든 작든 판단의 연속이다. 사장은 사장으로서, 사원은 사원으로서 맡겨진 판단을 피할 길이 없다. 시작이 반이라는 말이 있지만, 시작보다 더 중요한 반은 바로 이 판단력에 있다."(1977. 1. 1, 신년사)

2. 현대의 정주영

정주영(1915~2001) 현대그룹 창업자는 1915년 강원도 통천군에서 빈농의 6남 2녀 중 장남으로 태어났다. 가난 때문에 보통학교만 다니고 농사에 전념하던 중, 가난에서 벗어나려고 소를 판 돈 70원을 가지고 가출을 하였다.

19세인 1934년부터 서울 소재 '복흥상회'라는 쌀가게 배달원으로 취직하여 일했고, 신뢰를 바탕으로 1937년 주인으로부터 가게를 물려받아 '경일상회'로 이름을 바꾸어 그 가게 주인이 되었다. 하지만 1939년 일본의 전시체제령에 따른 쌀 배급제의 실시로 문을 닫게 되었고, 이어 자동차 정비공장을 인수하여 경영하였으나 실패로 끝났다.

해방 후 1946년 서울 중구 초동에 '현대자동차공업사'라는 상호를 내걸면서 현대그룹 창업의 발을 내디뎠다. 이어 그는 은행에서 건설업자들이 공사대금으로 뭉칫돈을 받아가는 것을 보고 '현대토건사'(현대건설의 모태)를 창업하였다. 특히 그는 1968년 29개월이라는 세계 최단기간으로 429km의 경부고속도로를 건설하였다. 그 후 1973년 '현대중공업', 1975년 '현대미포조선소', 1983년 '현대전자' 등 유수의 기업들을 설립하여 한국경제의 성장을 주도하였다.

정주영 현대그룹 창업자 하면 많은 사람들은 '캔두이즘(Can Do ism)'을 떠올린다. 그는 생전에 항상 "이봐 해보기나 했어?"라는 말을 즐겨 사용했다고 한다. 어떤 문제든지 부딪혀서 최선의 노력을 다하면 해결할 수 있다는 신념을 강조한 것이다. 이는 다음의 사례에서 잘 나타나고 있다.

"현대건설은 1980년대 초반 서해안 서산에서 간척사업을 진행중이었다. 하지만 서산 앞바다는 조수간만의 차가 너무 커서 물막이로 20만 톤 이상의 돌을 투입해야만 매립이 가능한 상황이었다. 이때 어느 누구도 해결책을 내놓지 못하였지만, 정주영 회장은 "이 공사는 현재의 인력으로는 거의 불가능하며 그것이 가능하다고 하더라도 엄청난 비용이 문제"라고 하며, "밀물과 썰물 때의 빠른 물살을 막기 위해 폐유조선을 바다에 빠뜨려 물줄기를 차단하거나 감속시킨 다음 일시에 토사를 대량 투입하면 공사를 완성할 수 있다"고 제안하였다. 기술진이 이 제안을 면밀히 검토한 결과 성공 가능성이 있다고 판단되자, 정주영 회장은 1984년 2월 24일 직접 유조선에 올라서 물막이 공사를 진두지휘했다. 후에 '정주영 공법'이라고 불린 이 방법은 공사 기간을 9개월이나 단축시켰고 공사비도 280억원 정도 절감하였다.

이상의 사례에서 우리는 세이(J. B. Say)가 말한 대로 문제해결자 혹은 조정자로서의 기업가의 역할을 발견할 수 있다. 무엇인가 하나가 결핍된 상황에서 최선의 노력으로 이 갭을 메워주는 역할을 수행한 것이다. 특히 문제해결과 더불어 효율성을 추구하는 정주영 회장의 기업가적 마인드를 엿볼 수 있다. 정주영 회장의 조정자로서의 자질, 즉 일하는 즐거움을 가지고 최선의 노력을 다하겠다는 의지, 그리고 문제를 해결할 수 있다는 긍정적 사고방식은 다음의 연설에서 잘 나타나고 있다.

"내가 평생 새벽에 일찍 일어나는 것은 그날 할 일 생각에 기대와 흥분으로 설레기 때문이다. 나의 아침은 언제나 소학교 소풍날 아침. 밤에는 늘 숙면할 준비를 하고 잔다. 날이 밝으면 즐겁고 힘차게 일하겠다는 생각에서다. 내가 행복을 느끼며 사는 것은 세상을 희망차게 보기 때문이다."

3. 대우의 김우중

김우중(1936~2019) 대우그룹 창업자는 1936년 대구에서 6남매 중 4남으로 태어났다. 6.25전쟁으로 아버지가 납북되자 14세에 홀어머니 아래서 소년 가장으로 가족들의 생계를 도왔다. 휴전 후 상경해 경기중학교와 경기고등학교에 진학하고 1960년 연세대학교 경제학과를 졸업하였다.

대학졸업 후 1966년까지 섬유 수출업체인 한성실업에 근무했고, 1967년 32세에 트리코트 원단생산업체인 '대도섬유'의 도재환과 공동출자해 자본금 500만원으로 '대우실업'을 설립했다. 대우(大宇)는 대도섬유의 대(大)와 김우중의 우(宇)를 따서 만든 것으로 알려졌다. 첫해 싱가포르에 트리코트 원단과 제품을 수출해 58만 달러 규모의 수출실적을 올렸고, 인도네시아, 미국 등지로 시장을 넓혀 성공을 거두었다. 1970년대 초반부터 '대우건설', '대우증권', '대우전자', '대우조선' 등을 창립하며 1974년에 1억 불의 수출탑을 달성하면서 신흥 재벌이 되었다. 1981년에 대우그룹의 회장으로 취임하였고, 1982년 1월에는 '(주)대우'를 출범시키며 재계 4위에 올랐다.

김우중 대우그룹 창업자의 기업가적 자질은 청소년 시절부터 잘 알 수 있다. 그는 대구 피난 시절 아버지는 북한군에 의해 납치되고 형들은 모두 군에 입대하자 14세 소년 가장으로서 신문팔이할 때의 경험담을 다음과 같이 얘기하고 있다.

"내가 신문을 받아서 주로 팔던 곳이 방천시장이었다. 나는 신문을 받아들면 중간에서는 한 장도 팔지 않고 방천시장까지 달려갔다. 방천시장에는 사람이 많은데 중간에 몇 장 파느라고 다른 사람에게 그 좋은 장소를 빼앗기고 싶지 않아서였다. 중간에서 한두 장 파느라 시간을 허비하면 다른 사람이 앞질러서 나보다 먼저 방천시장에 달려가 버리기 때문이었다. 그래서 나는 신문을 파는 사람들 중에 항상 맨 먼저 방천시장에 도착했다. 항상 1등이었다. 그러나 1등으로 도착한다고 해도 그 시장을 독차지 할 수는 없었다. 신문을 한 장 팔면 거스름돈을 주어야 하는데 그렇게 하다 보니까 시간이 많이 걸렸다. 내가 아무리 맨 먼저 도착하여 열심히 신문을 팔더라도 3분의 1쯤 파는 사이에 뒤에 따라온 아이가 나를 앞질러서 팔아 버렸던 것이다.

그러나 하루에 100장을 팔아야 네 식구의 끼니를 해결할 수 있었다. 집에는 어머니와 두 명의 어린 동생이 기다리고 있었다. 궁하면 통한다는 말이 있다. 나는 더 효과적인 방법을 쓰기로 했다. 그것은 거스름돈을 미리 삼각형으로 접어서 주머니에 잔뜩 넣어 가지고 있는 것이었다. 확실히 효과가 있었다. 언제나 1등으로 도착해 신문과 거스름돈을 던져 주고 돈을 받으며 앞으로 나아가니 시간을 상당히 절약할 수 있었다. 그러나 그렇게 해도 그 시장 전체에 내 신문만을 팔 수는 없었다. 한 3분의

2쯤 가다 보면 또 뒤에서 다른 아이가 쫓아와서 앞서 나가기 때문이었다.

마지막으로 내가 생각한 방법은 아예 신문값은 받지 않고 신문만 던져주고 나서 나중에 그 길을 돌아오면서 느긋하게 신문값을 받아내는 것이었다. 그렇게 하니까 이제 아무도 나를 뒤쫓아 올 수가 없게 되었다.

물론 그러다가 신문값을 떼이는 경우도 있었다. 그렇지만 한두 사람에게 떼이더라도 신문을 다 파는 편이 더 이익이라고 나는 계산했다. 당장에 못 받은 신문값도 며칠 후에 만나서 다 받아낼 수 있었다. 몇 달 동안 내가 이런 식으로 신문을 팔자 다른 신문팔이는 그곳에 나타날 생각을 하지 않게 되었다. 그래서 방천시장을 나 혼자 차지하기에 이르렀다."(김우중, 세계는 넓고 할 일은 많다, 김영사, 1989)

김우중 대우그룹 창업자는 「세계는 넓고 할 일은 많다」라는 책으로 널리 알려져 있다. 그는 여기서 대우는 기회의 창이 열린 곳을 개척해 나갔다고 말한다. 미국과 유럽 국가는 물론 당시에 외교 관계조차 없었던 수단, 나이지리아, 리비아, 앙골라, 알제리, 중국, 헝가리, 체코, 소련 등으로 기회를 찾아 나섰다. 국내에서도 북한의 남포지구에 관심을 가졌으며, 사회간접자본이 미약했던 광주, 군산 등 호남지역에 투자하였다.

김우중 대우그룹 창업자는 2019년 고인이 되었지만, 건강이 악화되기 전까지도 베트남 하노이에 거주하면서 젊은이들 교육에 매진하였다. 전직 대우맨들의 모임인 '대우세계경영연구회'을 통해 '글로벌 YBM'(GYBM: Global Young Business Managers) 과정을 베트남에 개설하고 2012년부터 운영하였다. 과거 세계시장을 휘젓고 다닌 대우맨들을 길러낸 것처럼 한국 젊은이들을 동남아에서 뿌리를 내려 글로벌 경영을 제대로 하는 일꾼으로 길러내는 것이 목적이라고 한다.

Chapter 04

기업가정신의 결정요인

Entrepreneurship: Theory and Practice

이 장에서는 기업가정신, 즉 기업가가 되고자 하는 성향, 자질 및 활동의 정도를 결정하는 환경적 요인들을 살펴본다. 경제적 요인, 사회문화적 요인, 제도적 요인, 그리고 정책적 요인으로 나누어 설명한다.

기본 모형 4.1

이 장에서는 기업가정신의 결정요인을 환경적 측면에서 경제적 요인, 사회문화적 요인, 제도적 요인, 그리고 정책적 요인으로 나누어 분석하고자 한다. 이 장의 내용은 다음의 함수관계를 토대로 구성된다.

$$E^{*}=f(EF,\ SF,\ IF,\ PF).$$

위에서 E^{*}는 기업가정신(Entrepreneurship)이고, *EF*는 경제적 요인(Economic Factors), *SF*는 사회문화적 요인(Social and Cultural Factors), *IF*는 제도적 요인(Institutional Factors), *PF*는 정책적 요인(Policy Factors)이다.

기업가정신의 경제적 결정요인으로는 기술혁신, 경기변동, 소득분배, 이자율, 클러스터, 산업특성 등이 있고, 사회문화적 결정요인으로는 인구통계적 여건, 사회적 자본, 가치관, 학교교육, 지역적 요인 등이 있으며, 제도적 결정요인으로는 법, 소유권, 규제, 자유 등이 검토될 수 있다. E^{*}는 기업가가 되려는 성향(the preference to an entrepreneur) 또는 기업가적 활동의 수준으로 볼 수 있다.

[그림 4-1] 기업가정신의 환경적 결정요인

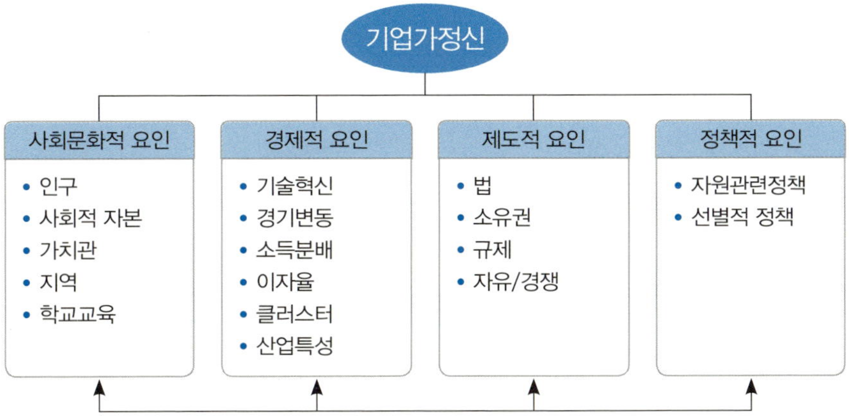

E^*를 기업가가 되려는 성향으로 보는 경우에는 이항변수(binary variable)가 되며, 이 모델을 활용하여 기업가정신 결정요인을 계량경제학적으로 추정할 수도 있다. 위의 함수관계를 모형으로 표현하면 〈그림 4-1〉과 같다.

4.2 경제적 요인

기업가정신의 경제적 결정요인으로는 기술혁신, 경기변동, 소득분배, 이자율, 산업클러스터, 산업특성 등이 있다.

1) 기술혁신

많은 벤처기업들은 신기술을 기반으로 하여 창업된다. 이러한 기업들은 신기술기반기업(New Technology-based Firms: NTBFs)이라고 부른다. 따라서 기술변화 혹은 기술혁신은 기업가정신에 영향을 미친다.

가장 대표적인 예가 컴퓨터의 등장이다. Fairlie(2006)는 미국의 경우 컴퓨터의 사용으로 인해 성인들이 창업을 하여 기업의 소유자가 되는 확률이 커진다는 결과를 발표하였다. 이는 정보기술(Information Technology: IT) 분야뿐만 아니라 전 산업에 걸쳐서 나타났다고 한다. 또한 IT는 기업가들에게 재화 및 서비스를 아웃소싱하거나 다른 기업에 의해서 아웃소싱된 재화 및 서비스를 공급할 수 있게 함으로써 새로운 기회를 열어줄 수 있다. IT로 말미암아 기업규모가 작아질 수 있고, 기존의 수직 통합된 대규모 기업을 분리시킬 수 있으며, 더 나아가서 기존기업을 신생 중소기업의 네트워크로 대체시킬 수 있다. 이는 IT가 기업가적 활동 및 창업을 촉진시킬 수 있다는 의미를 갖는다. 더 나아가서 IT뿐만 아니라 생명공학기술(Biotechnology: BT), 문화기술(Culture Technology: CT) 등 다양한 분야에서의 기술혁신에 의해서 기업가정신은 촉진되고 있다. 예를 들어 유전자기술 등은 연구실로부터 출발하여 특정 연구결과를 바탕으로 비교적 쉽게 창업할 수 있다.

그렇다면 기술혁신과 기업가정신은 국민경제적 차원에서는 어떠한 관계를 보이는 것일까? Acs et al.(1994)은 U자형의 관계를 보인다고 한다. 즉 어떤 한 국가의 경제발전 초기단계에서 기술발전은 농업이나 소규모 제조기업 중심에서 대규모 제조기업 중심의 경제로 전환시키며, 이 과정에서 자영업자들의 비율은 감소한다. 반면에 그 국가가 경제발전의 후기단계에 들어서면 기술혁신은 서비스업 및 자영업비율을 증가시킨다는 주장이다. 그러나 이에 대해서는 보다 체계적인 실증연구에 의해서 확인해 보아야 한다.

2) 경기변동

기업가정신은 GDP의 증감 사이클, 즉 경기변동에 의해서 영향을 받는다. 기업가들은 앞으로의 경제상황을 예측하여 위험을 감수하면서 생산활동을 하기 때문이다.

먼저 기업가정신이 경기변동과 같이 움직인다는 주장이 있다. Rampini (2004)는 위험요인 때문에 기업가의 수가 경기순응적(pro-cyclical)으로 움직인다고 한다. 만약 경제가 호황인 경우라면 생산성과 자산은 증가하며 이는 경제활동주체들로 하여금 위험을 감수하는 기업가가 되려는 동기로 작용한다. 뿐만 아니라 기업가들은 호황 상황에서 더 큰 수익률을 예상하여 기업가적 노력 수준을 높인다. 이와 함께 도덕적 해이의 정도는 감소하고, 자금공급자들은 위험한 투자 프로젝트에 투자하는 현상이 나타난다. 그러나 경제가 불황에 처하게 되면, 이상에서 기술한 현상과 전혀 반대의 과정이 진행된다. 즉 자산과 투자가 감소하며, 이에 따라 기업가정신은 위축된다.

기업가정신이 경기변동에 순응하여 움직이는 또 다른 이유로는 혁신활동에 내재하는 동태적 외부성(dynamic externality)을 들 수 있다. 획기적인 기술혁신이 일어나면 경제활동이 직접적으로 증대되는 한편, 간접적으로는 다른 연속적인 기술혁신의 기회를 창출한다. 더 나아가서 기업가적 기회를 증대시키고 경제활동은 더욱더 활성화된다. 이때 기업가들은 투자 및 기술혁신에 대한 결정을 할 때 이러한 동태적인 외부효과를 내부화시키지 못하기 때문에 혁신과 경제성장의 과도한 변동 혹은 경기순응효과가 초래된다.

미국에 대한 실증적 연구결과들은 최소한 거시경제적 차원에서 신생기업의 창업은 경기순응적인 것으로 보고하고 있다. 즉 벤처기업창업률과 자영업증가율이 호황에는 증가하고 불황에는 감소하는 것으로 나타났다(Audretch and Acs, 1994; Grant, 1996; Carrasco, 1999).

이와 달리 기업가정신과 경기변동은 반대로 움직인다는 주장도 가능하다. 불황은 '청소효과(cleaning effect)'를 가진다는 것이다. 즉 불황 때에는 질 낮은 기업들은 퇴출되고 평균적 질을 가진 기업가들이 운영하는 기업들은 증가한다고 한다(Caballero and Hammour, 1994). 하지만 이에 대해서 Ghatak et al.(2007)은 반론을 제기하였다. 그들은 불황 때에는 임금이 하락함으로써 불황의 청소효과는 상쇄된다고 주장하였다. 즉 임금이 하락하게 되면서 질 낮은 기업군들은 다시 살아나게 되고 평균적인 기업가군들은 다시 감소하게 된다는 것이다.

요약하면 아직은 기업가정신이 경기변동에 대해서 순응적이라는 연구결과가 지배적이다. 하지만 이는 미국 등 일부국가를 대상으로 한 것으로서 보다 명확한 연구결과를 얻기 위해서는 다양한 국가 혹은 기간을 분석대상으로 하는 추가적인 연구가 필요하다.

3) 소득분배

불평등한 소득분배는 기업가정신에 영향을 미친다(Verheul et al., 2001). 먼저 공급측면에서 보면, 낮은 임금을 받는 사람들을 자영업 쪽으로 눈을 돌리게 한다. 왜냐하면 기업가가 되는 기회비용이 낮기 때문이다. 특히 빈곤에 있는 사람들에게는 창업만이 자립하여 살아갈 수 있는 최후의 수단이 될 수 있다. 소득의 상위계층에 있는 부자들도 창업자본을 조달함에 있어서 용이하고 위험을 감수할 수 있기 때문에 창업에 비교적 쉽게 착수할 수 있다.

한편 소득불평등은 시장에서 다양한 재화 및 용역에 대한 수요를 유발한다. 부유한 계층은 기본적으로 필요한 상품뿐만 아니라 사치품을 찾는 반면에 빈곤계층은 생필품을 주로 찾는다. 이를 기업가정신의 수요측면에서 보면, 소득불평등이 다양한 사업기회를 제공함으로써 기업가정신을 촉진시킬 수 있음을 알 수 있다. 20개 OECD회원국에 대해서 연구한 Ilmakunnas et al.(1999)은 소득불평등이 한 국가 내에서 기업가정신에 정(+)의 효과를 가지는 것으로 보고하고 있다. Bosma et al.(2000)도 네덜란드에 대해서 시계열 자료를 사용한 연구에서 소득불평등이 자영업에 대해서 정(+)의 효과가 있음을 밝히고 있다.

이와 같이 소득불평등은 기업가정신을 촉진시키는 측면이 있지만, 반대로 기업가정신의 증대는 소득불평등을 더 크게 만든다. 왜냐하면 부자와 빈자에 의해서 창업된 기업들은 다양할 뿐 아니라 이 기업들 간에 부가가치 면에서 많은 차이가 있기 때문이다. OECD(2000)는 임금소득자들 간의 소득격차보다 자영업자들 간의 소득격차가 더 크다는 실증적 연구결과를 발표하였다.

4) 이자율

하나의 기업을 창업하는데 필수적인 활동이 자금조달이다. 따라서 기업가적 활동의 수준은 창업자금조달의 비용을 결정하는 이자율 수준에 영향을 받는다. 만약 이자율이 높아지면 창업활동이 감소되고 기업도산이 늘어나면서 기업가정신이 위축된다. 그러나 은행들이 고정된 이자율로 장기적으로 대출해 주게 되면 현재기의 이자율에 크게 신경 쓰지 않고 기업가들이 창업활동에 전념할 수 있을 것이다.

미국과 영국의 시계열자료를 통한 연구들에서도 이러한 이자율의 기업가정신에 대한 효과가 확인되고 있다. 즉 이자율은 창업률과 자가고용비율에 대해 각각 부(−)의 효과를 미치는 것으로 나타났다(Evans and Leighton, 1989; Audretsch and Acs, 1994; Parker, 1996; Cullen and Gorden, 2002).

5) 클러스터

기업가정신의 지식파급이론에 따르면, 기업가는 지식을 사업화하는 역할을 수행한다고 한다. 따라서 기업가들은 지식파급의 원천에 가까운 곳에 위치하려는 동기를 가질 것으로 예측할 수 있다. 이러한 측면에서 대학, 기업, 연구소가 위치하여 형성된 클러스터(cluster)는 기업가정신을 촉진시키는 역할을 가질 것이다.

실제로 지식 및 기술 기반 벤처기업들은 대학이나 민간기업연구소가 있는 지역에 위치하는 경향이 있다. 기업 독자적으로 R&D기반이 없더라도 옆에 위치한 대학이나 연구소들로부터 파급되어 나오는 기술을 활용할 수 있는 가능성이 높아지기 때문이다. 미국의 경우 스탠포드대학을 중심으로 하여 실리콘 밸리가 형성되고, MIT공대를 중심으로 Route 128이 형성된 것은 이를 잘 말해주고 있다. 대학, 기업, 연구소들이 밀집된 하나의 클러스터로서의 실리콘밸리와 Route 128에서는 많은 신생 벤처기업들이 창업되어 성공적인 기업으로 성장한 것은 널리 알려진 사실이다.

기업가정신의 지식파급이론은 산업 혹은 지역적 차원에서도 의미를 가진다. 즉 산업클러스터와 지역클러스터는 기업가정신을 증가시킨다는 예측이다. 일찍이 산업클러스터는 Marshall(1920)에 의해 제기되어 Porter(1990)에 의해서 정립된 개념이다. M. Porter는 산업클러스터를 "특정분야에서 경쟁 또는 협력관계인 기업, 전문공급업체, 용역업체, 관련 산업의 기관들이 지리적으로 인접하고 있는 결집체"로 정의하였다. 그리고 이러한 산업클러스터가 어떤 한 국가에서 특정산업에서 국제경쟁력을 가지는데 있어서 매우 중요한 역할을 담당한다고 주장하였다. 그는 산업클러스터와 기업가정신을 직접적으로 연결시키지는 않았지만 산업클러스터 내에서의 지식파급의 역할을 암묵적으로 강조한 것으로 볼 수 있다.

한편 Rocha and Sterberg(2005)는 클러스터(clusters)와 산업복합체(industrial agglomeration)를 구분하여 양자가 기업가정신에 미치는 효과를 분석하여 흥미롭다. 이 연구에서 클러스터는 지역적인 근접성뿐만 아니라 활동주체 간 상호작용을 가지는 개념으로 상호작용은 〈그림 4 - 2〉에서 보는 바와 같이 기업 간 네트워크와 기관 간 네트워크를 통해서 이루어진다. 이러한 네트워크를 통한 상호작용은 가격신호등뿐만 아니라 클러스터 내에 있는 사람과 기업 간의 개인적 관계를 기반으로 한다. 반면에 산업복합체는 단순히 동일 산업 혹은 밀접히 연관된 산업에 속하는 기업그룹들이 지역적 내에 근접되어 있는 상태를 말한다. 산업복합체에도 활동주체 간 상호작용이 일어날 수 있지만 사회적 관계나 관례 등을 통해서라기보다는 가격신호등에 의한 시장거래에 기반을 둔 수요자 - 공급자 관계를 기반으로 한다. 기업가정신은 새로운 기업의 창업으로 나타내었다. 연구결과, 클러스터는 기업가정신에 대해 정(+)의 유의한 효과를 보인 반면에 산업복합체는 기업가정신에 영향을 미치지 않는 것으로 나타났다. 이는 기업가정신은 단순히 경제활동주체 간 지역적 근접성에 의해서 촉진되는 것이 아니고 경제활동주체 간 상호작용, 즉 지식의 이전 및 파급에 의해서 촉진된다는 것을 확인시켜주는 것이다.

[그림 4 - 2] 클러스터와 기업가정신의 연관성

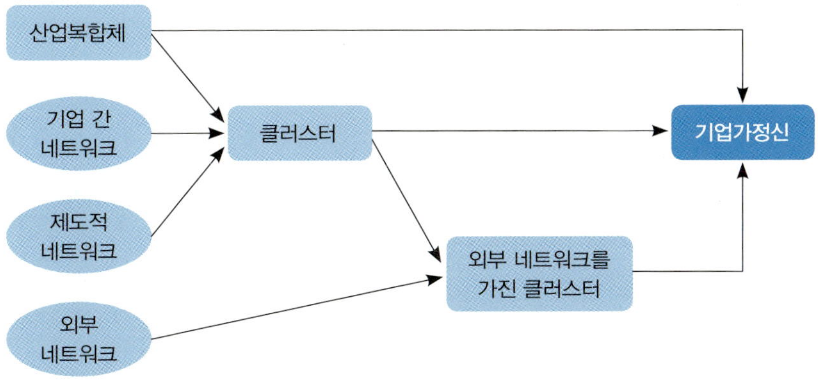

자료: Rocha and Sternberg(2005), p.269.

6) 산업특성

어떤 산업 혹은 직업에서는 기업가들이 많이 존재하는 반면에 다른 어떤 산업에서는 기업가들을 찾아보기 어렵다. 이는 기업가정신은 산업특성에 따라서 영향을 다르게 받기 때문이다.

기업가정신에 영향을 미치는 가장 중요한 산업특성은 진입장벽(entry barriers)이다. 즉 다른 사정이 일정하다면, 진입장벽이 낮은 산업에서는 기업가적 활동수준이 높게 나타날 것이다. 또한 퇴출 시 매몰비용(sunk cost), 즉 회수할 수 없는 비용이 적은 산업에서 기업가적 활동이 그렇지 않은 산업에 비해서 활발할 것이다. 이러한 이유로 제조업보다는 서비스산업에서 기업가정신의 수준이 높게 나타나고 있다(Bhide, 2000; van Stel et al., 2007). 서비스산업은 제조업에 비해서 일반적으로 진입장벽이 낮고 작은 규모로도 시작할 수 있기 때문에 성공적으로 진입할 수 있다. 진입장벽으로서의 소요자본의 크기도 중요한 역할을 한다. 개인으로서의 기업가들은 자본집약적 대규모 기업이 지배하는 산업에서 창업하려 하지 않을 것이다. 자신들에 비해서 대기업들은 자본을 조달함에서 있어서 상대적으로는 물론 절대적으로 유리한 위치에 있기 때문이다. 실제로 제조업에서도 자본소요량이 크거나 자본집약적인 산업에서는 소기업들의 비중 혹은 소기업의 진입률이 매우 낮은 것으로 나타나고 있다(White, 1982; Acs and Audretsch, 1989).

시장구조 및 기업 간 경쟁환경도 기업가정신에 영향을 미친다. 기업가들은 시장규모가 큰 산업에 들어가려고 하겠지만, 이러한 산업이 경쟁이 너무 심하다면 들어가기를 꺼려할 것이다(Nocke, 2006). 반대로 독점도가 너무 높은 시장에도 들어가려고 하지 않는다(Shane, 2003).

산업발전단계도 하나의 요인이다. 제품생애주기는 도입기 → 성장기 → 성숙기 → 쇠퇴기로 구분되는데, 도입기나 성장기에 시장에 진입하는 기업가들이 많이 출현할 것이다. 컴퓨터산업이 막 출현하여 발전하는 시기에 많은 기업가들(예: 빌 게이츠, 스티브 잡스, 래리 앨리슨 등)이 등장한 것이나, 최근 바이오산업이 성장하면서 많은 기업가들 혹은 소규모 기업들이 출현하는 것을 볼 수 있다. 이러한 측면에서 산업구조의 동태적인 변화가 기업가적 활동 변화의 중요한 동인이 된다. 예를 들어 산업혁명 시대에서 정보화 시대로 접어들면서 산업 간 부침이 있었고, 이 과정에서 산업에 따라서 기업가적 활동 수준이 달랐을 것이다.

직종의 특성도 중요하다. 예를 들어 상담, 법률, 사교육 등 노동집약적인 일대일 서비스의 경우에는 자영업 형태의 기업이 많을 것이다. 이러한 서비스의 경우에는 대기업들이 조직을 만들기에는 많은 비용이 들고 독립적인 전문가들에 의해서 쉽게 문제가 해결될 수 있다.

마지막으로 특정한 산업에서 요구되는 기능의 성격이다. 예를 들어 기업가들이 균형감각을 갖춘 팔방미인이라면, 디자인이나 산업미술 같이 예술적인 감각과 경영능력이 분리된 사람을 필요로 하는 산업보다는 보험 등과 같이 서로 비슷한 기술을 필요로 하는 사업에서 기업가들이 더 많이 나타날 것이다(Lazear, 2005).

사회문화적 요인 4.3

기업가정신의 수준을 결정하는 사회문화적 요인으로는 인구, 사회적 자본, 가치관, 지역적 요인 등을 검토할 수 있다.

1) 인구

① 인구증가

일반적으로 인구증가는 사업기회를 확대시킴으로써 기업가적 활동을 증대시킬 것으로 예측할 수 있다. 실제로 인구증가를 경험하는 국가들에서는 그렇지 않은 국가들에서보다 전체 경제활동인구 중 기업가들의 비중이 더 높은 것으로 나타나고 있다(ILO, 1990).

인구증가는 기업가정신에 대해서 간접적인 영향도 미친다. 첫째, 이민유입에 의해서 인구가 증가하는 경우에는 창업활동이 증가한다(Storey, 1994). 둘째, 인구증가는 임금을 하락시키는 요인으로써 창업의 기회비용을 낮춘다(Verheul et al., 2001). 셋째, 인구증가는 소비재에 대한 수요를 증가시킴으로써 새로운 제품 및 서비스에 대한 시장 및 창업기회를 증대시킨다.

② 인구밀집도

인구가 밀집된 지역에서는 기업가적 활동에 필요한 중요한 자산들이 존재한다. 우선 사업을 수행하기에 적합한 시장을 제공한다. 소통이 잘되고 교통이 편리한 비교적 작은 지역에서는 다양한 수요가 존재한다. 따라서 상업, 학교, 연구기능 등과 함께 높은 인구밀집도를 가진 도시는 공동효과를 통해서 기업가들을 끌어들일 수 있다. 경제활동주체 간 협력, 외부효과, 그리고 신호등효과를 누릴 수 있기 때문이다. 여기서 신호등효과란 인구가 밀집된 지역에서 창업의 성공가능성이 커지는데, 이미 성공한 기업들을 보고 다른 신규 기업들이 진입을 시도하는 효과를 말한다.

③ 인구이동

기업가정신의 결정요인 중 하나로 인구이동, 특히 이민(immigration)이 지적되고 있다. 이민이 기업가정신에 미치는 효과는 이민자의 학력수준이나 기술능력, 그리고 이민국가의 여건에 따라서 다르게 나타날 수 있다. 가령 이민자가 특정한 기술을 가지고 있고, 언어장벽이 없으며, 이민지역의 법적 및 행정적인 장애가 없다면, 그들은 고용되기보다는 창업을 선호할 가능성이 클 것이다. 물론 반대인 경우에는 기업가정신이 위축될 것이다.

한편 국가적 측면에서는 이민이 기업가정신에 미치는 효과가 긍정적인 것으로 나타나고 있다. Reynold et al.(1994)는 프랑스, 독일, 이탈리아, 스웨덴, 미국, 영국 등 6개국을 대상으로 한 연구에서 1980년대 중반 기간에 기업창업률을 지역별로 조사하였다. 연구결과 6개국 중 5개국에서 어떤 한 지역으로의 이민은 창업율과 정(+)의 상관관계를 가지는 것으로 나타났다.

특히 이민이 창업에 미치는 효과는 문화적인 요인에 의해서 영향을 받는다. 일반적으로 미국에 이민온 아시아계 사람들이 아프리카계 사람들에 비해서 기업가가 되는 비중이 큰 것으로 알려지고 있다.

④ 인구통계학적 특성

연령

젊은 대학생들과 미래에 대해서 얘기하다 보면, "졸업 후 우선은 회사에 취직하고, 회사에서 경험을 쌓은 후 창업을 하여 나름대로 회사를 경영할 계획"이라는 말을 자주 듣는다. 이는 나이에 따라서 기업가적 활동의 수준이 달라질 수 있음을 말해준다.

일반적으로 나이든 사람들이 젊은이들보다 기업가가 될 가능성이 큰 것으로 알려지고 있다. 그 이유는 첫째, 나이든 사람은 젊은 사람에서 비해서 창업자금을 쉽게 조달할 수 있다. 둘째, 나이든 사람들은 임금고용자들이 흔히 경험하는 강제퇴직을 피하기 위해서 자영업을 선택한다. 셋째, 나이든 사람들은 창업에 있어서 중요한 네트워크를 가지고 있다. 넷째, 기업가들은 자신이 투입하는 노력과 시간을 어느 정도 통제할 수 있는데, 건강이 안 좋은 나이든 사람들은 이를 극복하기 위한 방법으로 창업을 한다.

물론 이상의 견해와 달리, 나이든 사람들은 위험을 감수하려는 의지가 약하고, 창업 후에도 장시간 동안 일하기도 어렵다는 이유로 오히려 젊은이들이 더 기업가가 되려 한다는 주장도 있다. 하지만 대부분의 연구들은 연령과 기업가정신은 정(+)의 관계를 보여주고 있다. 즉 나이가 들수록 창업률이 높아진다는 것이다. 보다 구체적으로 Cowling(2000)과 Reynols et al.(2002)은 자영업자들이 중년, 즉 35세와 45세 사이에 집중되어 있을 밝히고 있다. Aronson(1991)도 미국의 경우 성별에 관계없이 기업가들은 임금노동자들에 비해서 연령이 더 높은 것으로 추정하였다.

젠더(성별)

극히 최근까지 기업가정신은 주로 남성에 근거하여 연구되고 평가되어 왔다(Ogbor, 2000). 하지만 1980년대 이후부터 여성들이 기업을 소유하는 비중이 커지면서 여성기업가와 여성기업가정신에 대한 논의가 활발히 진행되어 오고 있다. 물론 아직도 남성기업가들이 지배적이지만 여성기업가들의 비중이 커지는 이유는 무엇일까?

첫째는 많은 여성들이 가정과 일 사이에서 느끼는 부담 때문에 유연하게 노동시간을 관리하기 위해서 자영업을 선택한다. 둘째, 서비스산업이 확대됨에 따라서 서비스업종에 적합한 자질을 가진 여성으로서의 기업가가 필요하게 되었다. 셋째, 정보화 사회로 접어들면서 기술적 하드웨어보다 감성적 창의력과 여성적 특성을 가진 기업가가 경쟁력을 가지게 되었다.

결혼여부

기혼자들은 기업가로 전환할 때 독신자들의 경우보다 기회비용이 더 낮기 때문에 기업가적 활동을 더 활발히 수행할 수 있다(Evans and Leihton, 1989). 그 이유로는 첫째, 배우자가 창업자금을 제공할 수 있다. 둘째, 배우자가 다른 직장에 다니지 않는다면 창업 후에 좋은 조력자가 될 수 있다. 특히 감정적인 측면에서도 도움이 될 수 있다. 셋째, 배우자가 직장에 다니는 경우 소득이 있기 때문에 사업이 잘 안되더라도 안전장치가 될 수 있다. 넷째, 부부로서 세제혜택을 받을 수 있다. 다섯째, 연령과 관련된 요인으로 기업가들은 평균적으로 나이가 든 사람이며, 이들은 대부분 결혼한 사람들이다. 기업가정신에 대한 이상과 같은 결혼의 효과는 결혼이 다음에 다루게 될 사회적 자본(social capital)으로서의 역할을 한다는 주장까지도 나오게 하였다(예: Davidsson and Honig, 2003).

결혼이 기업가정신에 대해 미치는 영향과 관련한 또 하나의 문제는 왜 결혼한 사람들은 부부 모두가 기업가가 되느냐 하는 것이다. 대부분의 연구결과들은 남편이 기업가인 경우 부인도 기업가가 된다는 사실을 보여주고 있다(Brown et al.,

2006; Parker, 2008). 그 이유로는 부부간 지식파급효과를 들 수 있다. 즉 부부간에는 사업에 대한 지식 및 정보의 소통이 쉽고도 효율적으로 이루어진다는 것이다.

2) 사회적 자본

사회적 자본(social capital)은 개인들의 행동을 원활히 하게 하는 사회적 관계에 대해서 붙여진 용어이다. 사회적 자본을 보다 명확하게 정의하면, "사회적 구조, 네트워크, 그리고 관계로부터 편익을 추출해내는 활동주체들의 능력"이다(Davidsson and Honig, 2003). 예를 들면 경제활동주체들 간 신뢰의 정도, 단체 내에서의 네트워크의 질 등은 사회적 자본을 구성한다.

이러한 사회적 자본은 기업가정신 혹은 기업가적 활동을 촉진시킨다. 구체적으로 사회적 자본을 활용하여 기업가들은 노동력과 자본을 손쉽게 구할 수 있고, 고객, 경쟁자, 부품공급자 등에 대한 정보를 얻을 수 있으며, 사업과정에서 유발되는 심리적 스트레스를 완화시킬 수 있다. 심지어 기업이 도산하는 것을 막는 기능도 있다. 따라서 사회적 자본은 창업할 때 인적자본, 금융자본 등과 함께 중요한 역할을 수행한다.

사회적 자본이 기업가정신에 미치는 실증적 연구결과를 보면 긍정적 역할과 부정적 역할이 혼재되어 나타나고 있다. 먼저 Gomez and Santor(2001)는 자영업자로서 어떤 '클럽'에 가입하여 회원으로 활동하는 경우가 그렇지 않는 경우에 비해서 상당수준 더 많은 이윤을 얻는 것으로 보고하고 있다. 반면에 Kim and Aldrich(2005)는 관계성이 매우 큰 사회적 자본은 신뢰를 돈독하게 하고 지식을 공유하게 하지만, 기업가들에게 편익을 가져다 줄 수 있는 다양한 정보원천들을 막아버리는 역기능도 있다고 보았다.

한편 사회적 자본이 창업에 미치는 정(+)의 효과는 실증연구를 통해서 확인되고 있다. Brüderl and Preisendörfer(1998)은 독일에 대한 연구에서 사회적 자본이 신생벤처의 창업 및 생존 확률을 증가시키는 것으로 분석하였다. 그러나 이러한 몇 개의 연구결과를 가지고 사회적 자본과 창업의 관계를 확정적으로 얘기하기는 어렵다. 따라서 앞으로 이에 대한 실증적 연구가 더 진행될 필요가 있다.

3) 태도, 규범 및 가치관

기업가 공급의 질과 양은 사회문화적 요인에 의해서 영향을 받는데, 이 중 가장 핵심적인 요인은 가치시스템(value system)이다. 예를 들어 '사농공상'이라는 가치체계가 지배하던 조선시대 후기라면, 일부의 혁신적인 사람들(예: 다산 정약용, 거상 임상옥 등)을 제외하고 기업가의 배출에 제한을 받을 것이다. 반대로 생산이나 상거래를 수행하는 사람들을 존경하는 사회에서는 기업가적 활동이 활발하게 이루어질 것이다.

처음으로 가치체계와 기업가적 행위를 연계시켜 생각한 사람은 독일의 사회학자 Max Weber였다. Weber(1930)는 청교도정신이 자본주의 정신의 뿌리가 되었다는 가설을 제시하였다. 그리고 청교도적 직업윤리의식, 즉 경제활동은 청지기로서 신의 소명을 실천하는 행위라는 신념은 서유럽에서 기업가적 활동을 촉진하였다고 주장하였다.

McCelland(1961)은 기업가들의 개인적 특성으로 성취감, 모험정신, 성공과 실패에 대한 책임감, 그리고 위험감수의지 등을 들고 있다. Fagenson(1993)은 미국의 경우 기업가들과 경영자들의 가치우선순위의 차이를 밝히려는 연구에서 기업가들은 활기찬 생활, 성취감, 자유, 그리고 자존감 등에 우선순위를 두는 반면에, 일반 경영자들은 진정한 우정, 지혜, 도움, 즐거움을 중요시 여기는 것으로 보고하고 있다.

Licht(2007)는 보다 경제적인 관점에서 가치요소들을 기업가정신에 연결시켰다. 구체적으로 그는 〈표 4－1〉에서 보는 바와 같이 Schwartz(2003)가 제시한 10개의 가치요소들을 활용하고 있다. 그는 기업가들은 기업가가 아닌 사람들에 비해서 자비와 보편타당성의 가치를 낮게 평가하는 반면에 성취감, 자기통제, 그리고 자극을 높게 평가하는 것으로 분석하였다. 더 나아가서 자기통제와 자극과 같은 변화에 대한 개방성은 다양성에 대한 선호를 의미하는데, 이는 왜 사람들이

[표 4-1] Schwartz의 가치요소 정의

가치	정의	가치요소
자기주도	독립적 사고, 행동-선택, 창조, 탐색	창조성, 자유, 자율성, 호기심, 자기 목표 선택
자극	흥미, 새로움, 도전적 삶	용기, 다채로운 삶, 흥미로운 삶
쾌락주의	즐거움, 자신의 감각적 욕구 충족	즐거움, 삶 즐기기
성취	사회적 기준에 따른 능력 발휘를 통한 개인적 성공	성공, 능력, 야심, 영향력
권력	사회적 지위와 명성, 사람과 자원에 대한 통제 또는 지배	사회적 권력, 권위, 부
안전	안전, 조화, 사회의 안정, 관계의 안정, 자기 자신과의 안정	가족의 안전, 국가적 안전, 사회적 질서, 청결, 호의, 상호교환
순응	타인에게 해가 되거나 사회적 기대 또는 규범을 위반할 만한 행동, 성향, 그리고 충동의 억제	자기-통제, 복종, 예의, 부모와 노인 공경
전통	전통적 문화 또는 종교가 제시하는 관습 및 사상에 대한 존중, 헌신, 그리고 수용	삶의 역할 수용, 겸손, 헌신, 전통 존중
선행	교류가 활발한 사람들의 복지 향상 및 보존	돕기, 정직, 용서, 충실성, 책임
보편주의	모든 인간과 자연에 대한 이해, 감사, 관용, 그리고 복지의 보장	넓은 마음, 지혜, 사회적 정의, 평등, 세계평화, 아름다운 세계, 자연과의 일치, 자연 보호

자료: Schwartz(2003)

'팔방미인' 혹은 '만물박사'의 특성을 가지는 기업가가 되려하는지를 설명해 준다고 한다.

4) 지역적 요인

우리나라에서는 전통적으로 '개성상인(송상)', '의주상인(만상)', '수원상인', '강경상인' 등의 용어가 전해 내려오고 있다. 이는 지역에 따라서 기업가정신의 수준 및 특성이 다르다는 사실을 말해 준다. 체계적인 연구에서도 기업가정신의 수준은 지역에 따라서 다르게 나타난다. Georgellis and Wall(2000)은 미국, 영국 등 많은 나라에서 창업률과 자영업비율이 지역에 따라서 확연하게 차이가 나며, 이러한 현상이 상당 기간 지속되는 것으로 보고하고 있다.

그렇다면 왜 지역 간 기업가정신의 수준 및 특성이 다르게 나타나는 것일까? 그 이유로 다음 세 가지를 들 수 있다.

① 지역적 여건

첫 번째 이유로 지역적 여건의 차이를 들 수 있다. 예를 들어 전반적으로 구매력이 낮은 지역, 인적 자원의 수준이 낮은 지역, 자본집약적인 산업이 자리 잡고 있어서 신규기업이 진입이 어려운 지역 등은 그렇지 않은 지역에 비해서 기업가들에게 별로 매력적이지 못할 것이다. 전통도 중요한 요인이다. 창업이 보편화되고, 성공한 기업가들이 많이 나오며, 또 그들이 존경받는 지역에서는 기업가정신이 세대에 걸쳐서 영속적으로 전수된다. 특정지역에서 성공적인 기업가들이 집중적으로 배출되는 것은 이를 잘 말해주고 있다.

이외에도 지역적 여건에는 다른 많은 요소들이 있다. 예들 들면 이민율, 지역경제성장률, 인구밀집도, 자금조달의 용이성, 지역문화 등이다.

② 외부성

최근 생산요소의 지역 간 이동이 자유롭게 되면서 지역적 여건의 차이는 지역 간 기업가정신의 차이를 설명하는데 한계를 보이고 있다. 따라서 이를 보다 잘 설명하는 다른 이론들이 나오고 있다. 그중 대표적인 이론이 외부성의 개념을 이용한 설명이다. 즉 한 지역 내에서는 기업가적 활동과 관련된 지식, 정보, 관례 등이 잘 전파됨으로써 '스필오버효과(spill-over effect)'를 누릴 수 있기 때문이라는 것이다.

먼저 기업가들은 사회적 네트워크를 통해서 사업기회와 이를 활용하는데 필요한 자원에 대한 정보를 지역 내 잠재적인 기업가들에게 알려줌으로써 정보파급효과를 창출한다. 이러한 정보는 벤처창업에 내재하는 애매모호한 부분을 해결해 줌으로써 위험을 감소시킨다. 또한 기업가 활동에 정당성을 부여하는 사회적 규범을 유지시켜 준다.

지역적 근접성은 암묵적 지식의 전달비용을 감소시킨다. 따라서 기업가들은 한 지역 내에서 지식파급효과를 활용할 수 있다. 이는 본사에서 분사된 기업들이 본사 근처에 위치하는 이유이다.

또한 한 지역에 벤처기업들이 뭉쳐있게 되면 각 기업가들은 평균거래비용을 줄일 수 있다. 이러한 지역에서는 벤처금융, 법률서비스 등 특정한 서비스업이 발전하고, 다시 새로운 기업들이 이 지역에 몰려들게 한다. 신생 창업기업이 필요로 하는 서비스를 지원하는 주체들 역시 하나의 신생기업이 된다. 이를 지역적 승수효과(regional multiplier effect)라고 부른다(Nystrom, 2007).

이상의 스필오버효과가 잘 나타난 사례가 미국의 실리콘 밸리와 보스톤 루트 128, 독일의 바덴-부템버그, 이탈리아의 에밀라-로마그나 등의 지역이다. 이 지역들에서는 각각 하나의 클러스터가 형성됨으로써 기업가 활동이 활발하게 이루어지고 있다.

③ 도시화

기업가정신과 관련된 하나의 지역적 요인으로 도시화를 들 수 있다. 도시지역은 시골지역에 비해서 기업가적 활동이 활발하다(Reynold and White, 1997). 기업가들은 도시지역에서 큰 시장을 통해 규모의 경제를 얻을 수 있고 도시화로 인해 비용을 절감할 수 있는 사업기회들을 활용할 수 있다. 도시지역에서는 창업활동에 필요한 자원, 정보, 특정한 서비스 등이 시골지역에 비해서 더 풍부하다. 물론 시골지역에서 지대나 임금이 낮을 수 있다. 하지만 많은 신생기업들은 시골지역의 장점보다는 도시지역의 장점을 선택하는 것으로 나타나고 있다.

제도적 요인 4.4

제도(institution)는 흔히 기관과 혼동해서 쓰이는 경향이 있으나, 보다 명확하게 정의하면 "제도는 한 사회에 있어서 게임의 룰(rule of game)"이다. 보다 공식적으로 표현하면 "인간의 상호작용을 형성하는 제약으로 인간적으로 고안된 것"이다(North, 1990). 제도는 공식적 제도와 비공식적 제도로 구분할 수 있다. 공식적 제도는 법, 규제, 소유권, 정책, 기타 성문화된 절차 등을 말하고, 비공식적 제도는 문화적 규범, 가치체계, 관례 등에 체화되어 나타난다. 제도는 일반적으로 행동에 대한 지침을 제공하고, 관례를 형성시키며, 불확실성을 감소시킨다(Sautet, 2005).

이와 같은 제도, 즉 공식적 제도와 비공식적 제도는 기업가정신에 영향을 미친다. 비공식적 제도와 관련된 요인은 사회문화적 측면에서 이미 다루었고, 여기서는 공식적 제도를 다루고자 한다.

1) 법

법은 일반적으로 사회적 변화를 가져오게 하는 강력한 수단이다. 이는 기업가정신에 대해서도 예외는 아니다. 법은 어떤 다른 요인보다도 기업의 창업부터 파산에 이르기까지 강하게 영향을 미치는 요인이다.

먼저 합법성(legality) 혹은 법의 규칙(rule of law)이 보장되어야만 기업가정신이 발휘될 수 있다. 합법성이란 공식적인 법을 준수하도록 하는 규범과 기관의 집합이다. 합법성은 시장경제체제가 지탱할 수 있게 하는 바탕이자 기업가정신을 촉진시킨다(Baumol, 1990; Haper, 1998; Smith and Ueda, 2006). 특히 Baumol(1990)은 특정한 제도적 요인의 집합이 어떻게 생산적, 비생산적 혹은 와해적인 기업가적 활동을 초래하는지를 잘 설명하고 있다.

이러한 영향은 중앙집권적 계획경제체제에서 시장경제체제로 전환하는 국가에서 잘 나타난다. 동유럽에 대한 Desai et al.(2003)의 연구에서도 법을 통한 공정성이 높아질수록 기업의 진입률은 증가되는 반면에 파산율은 감소된다는 사실을 발견하였다.

이제 법이 기업가정신에 미치는 효과를 다음의 몇 가지 특정한 사례를 통해서 알아보기로 하자.

① 최저임금법

최저임금법(minimum wage law)은 종업원을 보호하기 위한 법으로, 회사는 종업원에게 법으로 정한 특정 임금수준 이상으로 임금을 지급해야만 하는 제도이다. 이 제도는 기업가정신에 대하여 양면적인 효과를 갖는다. 먼저 최저임금법에 의해서 유발된 임금경직성으로 인해서 임금을 받고 일하는 사람을 제한함으로써 자영업자의 수를 증가시킨다. 이와 반대로 최저임금법은 노동집약적 기술을 사용하는 자영업자에게는 비용상승요인으로 작용하여 소기업들의 경영을 매우 어렵게 만들 수 있다.

② 사회안전망법

기업가적 활동에는 내재적으로 위험이 존재한다. 따라서 위험수준에 영향을 미치는 법적 제도는 기업가정신에 영향을 미칠 수 있다. 구체적으로 실업수당지급법, 고용보호법 등 사회보호법(social protection law)은 개별경제주체의 위험수준에 영향을 미침으로써 궁극적으로 기업가적 활동에 영향을 준다.

고용보호법이 기업가정신에 미치는 효과는 최저임금제와 동일하다. 고용보호법이 존재하면 사람들은 위험이 내재하는 창업보다는 취업을 선택하려 할 것이다. 하지만 기존기업에 대해서는 하나의 제약으로서 고용을 제한함으로써 자영업자의 수를 증가시킨다. 반대로 창업을 하는 신생기업들 역시 고용보호법에 따라야 함으로 경영에 부담으로 작용할 수 있다.

실증적 연구결과를 보면, 스웨덴과 스페인의 경우이기는 하지만 고용보호가 기업가정신을 촉진시킴에 있어서 강력한 장애가 된다는 사실이 보고되고 있다(OECD, 1998). 실업수당을 사회적 보호의 대리변수로 보고, 자영업률을 기업가정신의 대리변수로 본 연구들에서도 양자는 서로 부(-)의 관계가 있는 것으로 나타나고 있다(Ilmakunnas and Kannianinen, 2001; Parker and Robson, 2004). Robson(2010)은 OECD 회원국뿐만 아니라 개발도상국, 그리고 경제체제의 전환기에 있는 국가들(예: 구소련, 동유럽국가, 중국)을 대상으로 한 연구에서 사회적 보호와 기업가정신 간의 부(-)의 관계를 보고하고 있다. 이 연구에서는 기업가정신의 대리변수와 사회적 보호의 대리변수를 보다 정교화시키고 있다는 점에서 주목된다. 기업가정신의 대리변수로 자영업자와 초도기업가를 사용하였으며, 사회적 보호의 대리변수로 고용되지 못한 사람이 받는 수당뿐만 아니라 수당을 받는 사람의 적격성 여부와 수당신청 전에 기다리는 기간까지도 반영하는 지수를 사용하고 있다.

2) 소유권

소유권(property right)은 "재화를 직접적으로 소비하거나 교환을 통해서 간접적으로 소비하는 개인의 능력"으로 정의되고 있다(Barzel, 1997). 경제학자들은 소유권이 잘 정의된 상태에서 시장경제체제가 원활히 운영될 뿐만 아니라 경제성장도 가능하다는 데 대해서 의견이 일치하고 있다. 소유권이 분명하게 정의되어야만 거래가 잘 이루어지며, 궁극적으로 후생이 증가하기 때문이다.

뿐만 아니라 잘 정의된 소유권(well-defined property right)은 기업가정신을 촉진시킬 것이다. 기업가들은 자신의 시간, 노력, 그리고 자산을 투입하는 사람들이다. 따라서 이러한 투입요소들이 잘 보호되는 상황이어야만 기업가적 활동에 전념할 수 있다. 이와 반대로 소유권이 분명하게 정의되지 않으면 기업가들은 지대추구행위를 하거나 다른 기업가들로부터 이윤을 빼어오는 약탈적 형태의 활동을 일삼게 된다. 결과적으로 이는 자신의 기업가적 자질을 활용하려는 기업가들의 의욕을 감퇴시킬 것이다. 이러한 측면에서 Murphy et al.(1993), Boettke and Coyne(2003) 등은 기업가정신을 함양하기 위한 가장 중요한 제도로 잘 정의된 소유권을 꼽고 있다.

Johnson et al.(2000, 2002)은 구소련에서 분리되어 나온 5개국에 대한 연구에서 뇌물, 보호정도, 비효율적 법정 등으로 측정된 소유권의 미비는 기업가정신에 장애요인으로 작용한다고 주장하였다. 전 세계 44개국을 대상으로 한 Chowdhury et al.(2015)에서도 소유권보호의 정도가 커질수록 기업가정신이 더 활발해지는 것으로 보고하고 있다. 구체적으로 소유권보호는 창업활동과 초도기업가 및 신생기업소유에 정(+)의 유의미한 효과를 가지는 것으로 나타났다. 다만 자영업활동에 대해서는 부(-)의 효과를 보여주었는데, 이는 자영업의 경우나 기업가적 활동의 초기단계에서는 여전히 비공식적인 부문에서의 활동에 전념하고 있기 때문에 소유권에 크게 관심이 없는 것으로 해석되고 있다.

3) 규제

법과 마찬가지로 규제 역시 기업의 창업부터 파산에 이르기까지 강하게 영향을 미치는 요인이다. 규제는 거래비용을 증가시키기 때문에 기업가정신에 장애요인이 된다.

① 창업 전 규제

창업은 모든 분야에서 자유롭게 이루어질 수 없다. 법률, 의약, 회계 등과 같이 전문 분야에서는 자격증이 있어야 창업할 수 있다. 건축이나 엔지니어링 분야에서는 정부가 정한 환경 혹은 안전표준을 확보해야만 창업이 가능하다. 개인기업의 창업을 위해서는 일정규모 이상의 자본이 있어야 한다는 규제도 있다. 우리나라의 경우 개인기업을 설립하려면 이에 필요한 최소자본금 규정이 없지만 미국은 1만원, 스위스는 1,200만원 정도가 있어야 한다. 우리나라에서 법인기업을 설립하려면 소기업의 경우 1천만원 이상의 자본금이 필요하다.

② 창업절차

창업절차에 대한 규제도 기업가정신에 영향을 미친다. 창업절차가 까다롭고 복잡하다면 이는 신규기업을 창업하는데 따른 위험을 감수하려는 기업가의 의지를 위축시킬 것이다. 이탈리아에서는 창업하기 위해서 16개의 절차를 거쳐야 하고, 창업비용으로 4,000달러를 지불해야 하며, 허가받는데 62일이 걸리는 반면에, 캐나다에서는 2개의 절차만을 거치고, 280달러가 들며, 창업 신청 후 2일 만에 허가를 받을 수 있다고 한다. 따라서 당연히 이탈리아에서보다는 캐나다에서 기업가정신이 더 활발할 것으로 예측할 수 있다.

실증적 연구결과들도 이를 확인해 주고 있다. Ho and Wang(2007)은 창업절차에 대한 창업관련 규제비용이 클수록 기회활용형(opportunity-driven) 창업활동이 위축된다는 사실을 보고하고 있다. Chowdhury et al.(2015)에서는 창업절차의 단계가 많을수록 신규창업이 줄어드는 것으로 나타났다.

하지만 까다롭고 복잡한 창업절차가 장기적으로는 기업가정신 수준에 정(+)의 효과를 가져 오는 측면도 없지 않다. 왜냐하면 까다롭고 복잡한 창업절차들은 기업가들의 질을 제고시키고 기업의 생존율을 높일 수 있기 때문이다.

③ 파산

기업파산의 경우 모든 책임을 소유주가 지게 되는 제도하에서는 사람들은 창업을 꺼려하게 될 것이다. 이에 따라 많은 국가들은 기업활동을 장려하기 위해서 파산 시에 책임을 개인이 지지 않도록 하는 법인제도를 채용해 오고 있다. 주식회사(Limited: Ltd)가 대표적인 형태이다. 하지만 초기에 창업을 할 때는 법인으로 기업을 설립하기보다는 개인기업 형태로 시작하는 경우가 대부분으로, 파산 시에는 소유자 개인이 무한책임을 지게 된다. 법인으로 설립하는 경우에도 창업자 개인적으로 담보를 제공해야 하므로 파산 시에는 채무에 대해서 무한책임의 상황에 직면하게 된다. 이때 파산 혹은 구조조정을 쉽게 하면서 개인의 책임을 덜어줄 수 있는 제도가 시행된다면 창업활동이 촉진될 것이다(OECD, 2000; Lee et al., 2007; Baumol et al., 2007). 실증적 연구결과들로 이를 확인해 주고 있다. 미국의 경우 개인의 책임을 면제해 주는 정도가 큰 주에 사는 사람들의 창업활동이 활발한 것으로 나타나고 있다(Fan and White, 2003; Armour and Cumming, 2005).[1)]

이러한 제도가 바로 파산선고제도이다. 즉 실패한 기업가가 과거에 진 부채

1) 이러한 결과는 책임면제가 하나의 보험으로서 도덕적 해이를 가져오지 않는다는 전제하에서 가능하다는 주장이 있다. 만약 기업가들이 기회주의적 태도를 취한다면 책임면제제도는 비효율적이라는 것이다(Akyol and Athreya, 2005). 실증연구에서도 책임면제수준이 높은 주에서는 자금대여자들은 소기업을 꺼려하는 것으로 보고하고 있다(Berkowitz and White, 2004).

에 대해서 현재 혹은 미래 소득으로 변제할 의무가 없게 하거나, 부채상환을 연기할 수 있는 제도이다.[2)] 현실에서는 일시적인 모라토리엄(moratorium), 즉 채무지불유예가 많이 활용되고 있다.

흔히 기업활동에 있어서 파산을 부정적인 측면에서 바라보는 경향이 있다. 하지만 파산은 다음 두 가지의 긍정적인 측면도 있다. 하나는 파산경험은 기업가적 학습과 경험의 원천이 된다는 것이다. 다른 하나는 파산은 다른 사람들에게 하나의 신호등 역할을 가진다는 것이다. 파산되는 기업을 보고 다른 경제주체들은 같은 사업기회를 포기하거나 다른 방법으로 사업을 추진하게 된다는 것이다. 따라서 파산은 마지막 종착역이 아니며, 파산 후에 '새 출발(fresh start)'을 할 수 있는 제도적 장치가 기업가정신을 함양하는데 있어서 중요한 역할을 수행할 것이다.

4) 경제적 자유

경제적 자유가 보장되는 체제에서는 기업가 활동이 활발하다. 국민경제 차원에서 보면 과거 명령을 통해 경제문제를 해결하던 중앙집권적 계획경제체제에서 가격이 기능하는 시장경제체제로 전환하는 국가들(예: 중국, 러시아, 헝가리 등)에서는 사업기회가 많이 창출되면서 기업가 활동이 활발하게 이루어지고 있다(McMillan and Woodruff, 2002). 이는 Bjørnskov and Foss(2010)의 연구에서도 확인되고 있다. 그들은 29개국을 대상으로 한 연구에서 정부의 소비, 이전소득, 보조금, 세금 등의 역할이 작아질수록, 즉 민간의 경제적 자유의 정도가 커질수록 기회형 기업가정신(opportunity entrepreneurship)은 촉진되는 것으로 나타나고 있다.[3)]

산업 차원에서도 통신, 철도, 은행 등에서 규제완화로 인해 시장진입이 자유로워지면서 새로운 산업구조가 창출되고 새로운 제품과 시장이 열리고 있다. 이뿐만 아니라 새로운 비즈니스 모델(business model), 즉 수익창출구조가 정립되

---

2) 신용불량자에 대한 파산선고제도는 일반 개인에게 주로 적용되는 제도이나 기업가들도 이를 활용할 수 있다.

3) 반면에 정부의 소비비중이 커질수록, 즉 경제적 자유가 감소될수록 생계형 기업가정신(necessity entrepreneurship)은 촉진되는 것으로 나타났다.

고 있다.

경제적 자유는 경쟁을 의미한다. 경쟁은 시장에 적합한 기업만이 살아남게 만드는 힘이다. 이러한 환경에서는 사람들은 보다 큰 이윤을 창출하기 위해서 자원을 새로운 방법으로 배분하며, 소득도 새로운 방법으로 재분배한다. 이와 같은 경쟁과정에서 기업가정신은 촉진된다.

4.5 정책적 요인

앞에서 언급한 바와 같이 정책적 요인은 일종의 공식적 제도로서 제도적 요인에 포함될 수 있다. 그러나 정책적 요인은 정부가 인위적으로 계획하고 실행한다는 측면에서 하나의 독립적인 요인으로 다룰 수 있다. 특히 정책적 요인은 기업가정신의 다른 결정요인들, 즉 경제적 요인, 사회문화적 요인, 그리고 제도적 요인에 크게 영향을 미친다는 점에서 매우 중요하다.

기업가정신을 촉진하기 위한 정책은 일반적 정책과 선별적 정책으로 나눌 수 있다. 일반적인 정책은 창업 관련 자원을 지원하거나 창업기업의 효율성을 증대시키는 정책이다. 먼저 창업에 소요되는 자금, 인력, 정보 등에 쉽게 접근하도록 도와줄 수 있다. 또한 창업기업이 필요로 하는 교육, 자문, 법률서비스 등을 지원할 수 있다. 한편 선별적 정책은 특정 그룹, 특정 산업, 혹은 특정 지역, 혹은 특정 그룹에서의 기업가정신을 촉진하기 위한 것이다. 예를 들어 특정 그룹의 경우 여성, 청년, 이민자, 실업자 등, 산업의 경우 정보통신산업, 바이오산업, 생활과학산업 등, 그리고 특정 지역의 경우 시골지역, 쇠퇴되는 도시 등으로 각각 구분하여 지원할 수 있다.

기업가정신을 촉진하기 위한 정책적 요인은 이상과 같이 간단히 소개하고, 자세한 내용은 제13장에서 별도로 다룬다.

Chapter 05

기업가정신의 측정 및 비교

Entrepreneurship: Theory and Practice

5.1 기업가정신의 국가별 차이의 원인

5.2 기업가정신의 측정

5.3 우리나라의 기업가정신

5.4 주요 국가 간 기업가정신 비교

5.5 선진국과 후진국 간 기업가정신 비교

기업가정신의 수준은 국가 차원에서 다르게 나타난다. 이 장에서는 기업가정신의 측정 문제를 다루고 GEM의 자료를 토대로 우리나라의 기업가정신 수준을 알아보고 주요국과 비교·분석한다.

기업가정신 수준의 국가별 차이 5.1

기업가정신의 수준은 개인, 기업, 산업, 지역, 국가 등 여러 차원에서 다르게 평가될 수 있다. 특히 국가 차원에서 기업가정신의 수준은 다르게 나타난다. 현대경영학의 아버지로 불리는 드러커(P. Drucker)는 1990년 중반 한 인터뷰에서 한국의 기업가정신이 세계에서 가장 높은 수준이라고 평가하고, 미국의 기업가정신은 대만, 일본, 독일 등에 비해서도 뒤떨어진다고 언급하였다(〈더 알아보기 5-1〉 참조). van Stel(2005), Reynols et al.(2005), Grilio and Thuirk(2006) 등도 국가 차원에서 기업가정신의 수준이 다르다고 보고하고 있다.

그렇다면 기업가정신의 수준은 왜 국가별로 다르게 나타나는가? 국가 간 기업가정신의 차이는 기업가정신의 환경적 결정요인의 차이에 기인한다고 할 수 있다. 즉 기업가정신에 영향을 미치는 경제적 요인, 사회문화적 요인, 제도적 요인, 그리고 정책적 요인이 국가별로 다르기 때문이다. 경제적 요인 중에서는 소득수준이나 경제발전의 단계에 따라서 기업가정신의 수준이 다르게 나타나고 있다. 사회문화적 요인으로는 인구특성이나 국민들의 태도, 규범 및 가치관 등을 들 수 있다. 제도적 요인 중에서는 경제체제의 차이가 중요하다. 특히 기업가 활동의 자유를 토대로 한 시장경제체제와 그렇지 않은 중앙집권적 계획경제체제에서 기업가정신의 수준은 다르게 나타날 것이다.

이하에서는 먼저 기업가정신의 국가별 비교를 위한 객관적인 지표들을 살펴본 다음에 GEM(Global Entrepreneurship Monitor)의 자료를 토대로 우리나라의 기업가정신 수준을 알아보고 미국, 일본, 대만, 중국, 독일 등 주요 국가와 비교한다.

더 알아보기 5.1 국가별 기업가정신의 수준

Peter Drucker는 현대경영학의 아버지로 불리며 기업가정신 연구에 많은 업적을 낸 경영학자이다. 그의 저서인 *The Next Society*에 다음과 같은 인터뷰 장면이 나온다. 1996년 Inc. Magazine 편집장인 George Gendron이 질문하고 Drucker가 답하는 형식으로 진행되었다.

Gendron: 미국이 기업가정신을 가장 잘 실천하고 있는 나라라고 보는 주장에 대해, 그리고 미국이 다른 나라보다 훨씬 더 앞서 있다는 주장에 대해 동의하는지?

Drucker : 전혀 아니다. 그것은 정말 위험한 착각이다. 미국은 신규창업회사들이 가장 많기 때문에 실패하는 비율이 가장 높은 것이 사실이지만 그것뿐이다. 기업가정신을 실천한다는 측면에서 보면 어쩌면 2등도 아니다.

Gendron: 그렇다면 1등은 어느 나라인가?

Drucker : 의심할 나위 없이 한국이다. 약 40년 전만 해도 한국에는 기업이 전혀 없었다. 한국을 몇십 년 동안 지배한 일본이 그것을 허용하지 않았다. 일본은 고등교육도 허용하지 않았으므로 한국에는 실질적으로 교육받은 사람이 없었다. 한국전쟁이 끝날 무렵 남한은 완전히 파괴되었다. 그러나 오늘날 한국은 약 24개 분야의 산업에서 세계 일류 수준이고, 조선과 몇몇 분야에서는 세계 선두주자다.

Gendron: 한국이 1등이라면 미국은 2등인가? 아니면 어느 나라인가?

Drucker : 한국을 바짝 뒤쫓고 있는 나라는 대만이다. 대만 역시 1950년에는 한국과 마찬가지로 미개발 국가였다. 오늘날 대만은 마이크로 칩을 필두로 몇몇 첨단산업분야에서 세계 선두주자다. 그리고 중국을 간과해서는 안 된다. 현재 중국에서는 태평양 연안을 따라 창업이 줄을 잇고 있다.

Gendron: 좋습니다. 그럼 미국은 3등은 되는 것인가?

Drucker : 미국의 성적은 일본이나 독일보다 더 낫다고 할 수 없다. 일본은 40

년 전만 하더라도 대기업들이 존재하지 않았거나 구멍가게 수준의 기업밖에 없었지만, 지금은 세계수준의 거대 기업을 다수 보유하고 있다. (중략) 독일은 제2차 세계대전 후 폐허에서 재기해, 현재의 풍요—세계 제3위의 경제에다 국민 1인당 공산품 수출 1위 국가—를 누리는 까닭은 수많은 새로운 기업들의 창업 또는 기존의 소규모 기업을 세계 수준의 제조업체로, 그리고 산업의 선두주자로 만든 기업가정신의 발흥에 힘입은 바 크다. (중략)

Gendron: 조금 전 미국의 기업가정신은 위험한 착각이라고 했는데, 그 이유는?

Drucker : 미국은 기업가정신이 우월하다는 일반적인 믿음이 단지 사실이 아니라는 것보다 나를 더 언짢게 만드는 것은, 그것이 미국을 위험한 자만심으로 몰고 간다는 사실이다. 이는 1970년대 초 미국의 경영에 대한 자만심과 다르지 않다. 그 당시 우리는 미국의 경영이 최정상에 도달했다고 확신했으나, 일본은 대량생산과 고객 서비스 분야에서 미국보다 몇 갑절 더 잘하고 있었다. 미국의 기업가정신과 혁신에 대한 자만심이 미국을 또다시 일본뿐만 아니라 한국에게마저 뒤지게 하지 않을까 걱정이다.

Gendron: 그런 일이 일어나는 이유는 무엇인가?

Drucker : 대체로 미국에서는 기업가정신이란 큰 아이디어를 창출하는 것이고, 또 혁신이란 주로 R&D, 즉 기술이라고만 생각하는 경향이 여전히 남아있기 때문이다. 물론 (중략) 기업가정신은 새로운 사업을 창출하는 것이다. 분명 기업가정신은 바로 100년 전 토마스 에디슨(Thomas Edison, 1847~1931)을 커다란 성공으로 이끈 요인이다. 그러나 미국의 기업들은 일부 몇몇을 제외하면 여전히 혁신은 체계적인 것도 아니고, 조직되는 것도 아니고, 역동적 원칙도 아닌, "천재의 번뜩이는 재주"로 간주되고 있는 듯하다. 일본 사람들은 혁신을 조직적으로 접근한다. 한국도 마찬가지이다. 그들은 새로운 사업을 확인하고 또 개발하는데 혁신의 원칙을 체계적으로 적용하기 위해, 회사의 뛰어난 사람들로 소집단을 구성한다(이재규 옮김, 2002 중에서).

5.2 기업가정신의 측정

국가별 기업가정신을 비교하기 위해서는 기업가정신 수준의 측정이 필수적이다. 하지만 제3장에서 언급한 바와 같이 기업가의 역할 및 자질은 다양한 관점에서 정의될 수 있기 때문에 기업가정신의 수준을 측정하기는 쉬운 일이 아니다. 기업가를 위험감수자로 보는 관점에서는 기업가는 불확실한 소득을 획득하여 고용한 종업원들에게 안정적으로 지급하는 사람이다. 이 경우에는 위험을 감수하려는 정도를 기업가정신의 측정치로 사용해야 한다. 기업가를 혁신가로 보는 슘페터적인 관점에서는 혁신성 혹은 창의성을 측정치로 사용해야 한다. 기업가를 시장중개인으로 보는 관점에서는 기회포착능력을 기준으로 측정해야 할 것이다.

또 하나의 문제는 기업가정신을 행위 혹은 의도의 관점에서 볼 것인가 아니면 실제로 나타난 결과의 관점에서 볼 것인가의 여부이다. 기업가정신을 행위 혹은 의도의 관점에서 보면 설문조사나 면접 등을 통하여 사전적으로 파악할 수 있을 것이다. 이와 달리 기업가정신을 현시된 행위(revealed behavior)의 관점에서 보면 객관적인 통계자료를 통해서 측정할 수 있다.

그렇다면 기업가정신을 측정하기 위해서 실제로는 어떤 지표들이 사용되고 있는가? 특정한 한 관점 혹은 지표를 사용하기보다는 다양한 관점에서 절충적으로 기업가정신을 측정하고 있다. 지금까지 많이 사용되고 있는 지표는 신규벤처창업, 초도기업가, 중소기업, 자가 고용(혹은 자가 소유) 등이다.

1) 신규벤처창업

기업가 및 기업가정신에 대한 다양한 정의들이 있지만 주로 현실 문제를 다루는 경영학에서는 기업가정신을 기회포착 및 혁신의 관점에서 정의하고 있다(Shane and Venkatraman, 2000). 즉 기업가는 "기회를 인식하고 그것을 추구하기 위해서 새로운 조직을 창출하는 어떤 사람"이다(Bygrave and Hofer, 1991). 따라서 기업가정신의 하나의 현시된 행동으로서 새로운 벤처창업활동은 중요한 측정치가 될 수 있다. GEM에서도 기업가를 이러한 관점에서 정의하고 기업가정신의 수준을 측정하고 있다.[1] GEM은 기업가를 "업력이 42개월 이하인 신규벤처기업을 설립하여 운영하고 있는 성인"으로 구체적으로 정의하고 있다. GEM은 이러한 정의에 따라서 TEA(Total Entrepreneurship Activity)라는 지수를 산정하여 국가간 기업가정신의 수준을 비교하고 있다. TEA는 업력이 42개월 이하인 신규벤처기업을 설립하여 운영하고 있는 성인들이 전체 인구에서 차지하는 비중이다.

하지만 기업가정신을 이와 같이 정의하고 측정할 경우 기회를 포착하여 새로운 조직을 만들지 않는 기업가들이 포함될 수 있다. 이 문제를 해결하기 위하여 GEM은 기업가정신을 생계형 기업가정신(necessity entrepreneurship)과 기회형 기업가정신(opportunity entrepreneurship)으로 구분하고 있다. 생계형 기업가는 기업가가 되는 경우 이외에는 다른 대안이 없는 사람이고, 기회형 기업가는 매력적인 다른 대안이 있음에도 불구하고 자신이 포착한 기회를 추구하는 사람이다. 기술혁신 및 경제성장은 기회형 기업가정신과 연관이 있는 반면에 생계형 기업가정신은 국가의 사회복지정책에 의해서 영향을 받게 된다. GEM에서는 생계형 기업가 대비 기회형 기업가 비율을 동기지수(Motivational Index: MI)로 빌표하고 있다. 하지만 동기지수는 2018년까지만 발표하고 2019년부터는 창업동기를 차별화, 이윤, 가업승계, 생계 등 4가지로 구분하여 TEA 중 각 동기를 가졌다고 동의하는 사람들의 비중을 새로운 지표로 제시하고 있다. 구체적으로 차별화 동기는 "세상에서 차이를 만들기 위해서(To make a difference in the world)", 이윤 동기는 "거대한 부를 축적하거나 엄청난 소득을 얻기 위해서(To build great wealth or very high income)", 가업승계 동기는 "가계의 전통을 계속 이어가기 위해서(To continue a family tradition)", 생계 동기는 "취업이 어렵기 때문에 생활비를 벌기 위해서(To earn a living because jobs are rare)" 등을 의미한다.

---

[1] GEM은 매년 GEM Global Report를 발표하고 있다. 이외에도 OECD Entrepreneurship at a Glance, World Bank Doing Business, Global Entrepreneurship and Development Index, Ernst & Young G20 Entrepreneurship Barometer 등이 있다.

2) 초도기업가

기회포착 및 혁신의 관점에서 기업가정신을 보다 명확하게 측정하기 위해서 초도기업가(nascent entrepreneur)라는 개념을 사용하기도 한다. 초도기업가는 기업가적 과정 중에서 기회인식 → 착수 → 자원조달 → 창업의 단계에 걸쳐서 활동하는 사람(들)이다. GEM에서는 초도기업가를 다음과 같이 추출한다. 먼저 초도기업가는 독립적인 기업의 설립과 잉태의 과정에 있어야 한다. 그리고 다음과 같은 질문에 대해서 '예'라고 답한 사람들이다. 첫째, 당신은 지금 혼자 혹은 다른 동료들과 새로운 기업설립을 추진하고 있습니까? 둘째, 당신은 새로운 기업의 소유자입니까? 셋째, 당신은 지난 12개월 이내에 새로운 기업을 설립하는데 적극적이었습니까? 넷째, 당신의 기업은 3개월 이상 동안 비용을 상쇄하지 못했습니까?

초도기업가 비율은 전체인구 중에서 초도기업가가 차지하는 비중이다. 이 지표는 신규기업의 진입과정을 파악할 수 있다는 점에서 유리하다. 왜냐하면 기업설립을 추진하는 사람들 중에서 약 50% 정도만이 실제로 기업을 설립하고(생존편의), 반대로 실제로 설립된 기업들도 창업을 시도했던 기업가들을 모두 포함하지 않기 때문이다(사후확신편의).

3) 중소기업

1980년대 이전에는 기업가정신의 대리변수로 단순히 한 국민경제 내에서 중소기업이 차지하는 비중을 사용하였다. 이 지표는 각국에서 공식통계로 발표하기 때문에 별도로 측정하지 않아도 된다는 점에서 유리하다. 하지만 기업가정신을 나타내주는 지표로 삼기에는 많은 문제점이 있다. 나라마다 중소기업의 범위가 다르며, 산업별 특성을 반영하기가 쉽지 않다. 모든 중소기업들이 기업가에 의해서 운영되는 것은 아니며, 반대로 모든 기업가들이 중소기업을 운영하지 않는다.

결론적으로 기업가정신을 측정하기 위해서 중소기업의 수를 사용하는 것은 무리가 있다. 중소기업지표는 기업이나 산업, 더 나아가서 국민경제 차원에서는 매우 유용하나, 기업가정신은 개인적인 측면, 특히 기회를 포착하여 신규기업을 설립하는 개인에 관한 것이라는 점에서 적정하지 못하다.

4) 자가 고용

기업가를 위험감수자의 관점에서 보면 자가 고용(self-employment)을 기업가정신의 측정지표로 삼을 수 있다. 자가 고용이란 규칙적으로 임금이나 봉급을 받는 것이 아니라 자신의 전문가적 자질을 사업화하거나 자신이 위험을 감당하면서 사업을 영위함으로써 수익을 얻는 사람이다. 자가 고용된 사람들은 대부분 개인사업체를 운영한다. 이와 같이 기업가들 중 고용주가 아닌 사람들도 있기 때문에 이들을 포함하는 지표라는 점에서 장점이 있다.

하지만 자가 고용을 측정지표로 삼는 경우 다른 기준에서 측정된 지표와는 거리가 멀 수 있다. 예를 들어 GEM에 따르면 초도기업가의 80%가 그들이 창업을 준비할 때 취업상태이거나 다른 사업체를 운영하는 것으로 나타나고 있다.

이상에서 살펴본 바와 같이 기업가정신을 측정하는 지표들은 만족스럽지 못하다. 그러나 하나의 현상을 다른 측면에서 보고 있다는 점에서 각 측정지표는 서로 경쟁적이기보다는 상호보완적이다.

한국의 기업가정신 수준 5.3

제3장에서 언급한 바와 같이 우리나라에서 기업활동이 활발해지고 기업가정신이 발현되기 시작한 것은 경제개발계획이 시작된 1960년대 초반 이후이다.[2] 정부는 공업 중심의 수출주도형 경제성장 정책을 수립하여 시행하였고, 이

---

2) 해방이 되면서 우리나라에서도 기업가군이 형성되기 시작하였다. 하지만 해방 후 약 20여 년 동안 그들은 일본인들이 남긴 적산불하, 해외원조, 장기저리의 외자 등을 놓고 지대추구행동(rent-seeking behavior)에 전념하였다는 지적이 있다(김영록, 1964).

에 호응하는 많은 기업가들이 활발하게 기업활동을 수행하였다. 아마도 드러커(P. Drucker)가 이러한 기업가들의 역할을 보고, 세계에서 가장 기업가정신이 가장 투철한 국가로 한국을 꼽았던 것으로 보인다.

그렇다면 2000년대 이후에 우리나라의 기업가정신의 수준은 어떻게 평가할 수 있는가? 이는 매우 주관적인 작업이지만 다행히 GEM에서 국가별로 기업가정신을 나타내는 지표를 보고하고 있으므로 이를 활용할 수 있다. 우리나라에 대해서는 2002년부터 간헐적으로 자료가 발표되고 있다.

먼저 성인(18~64세) 인구 중 "업력이 42개월 이하인 신규벤처기업을 설립하여 운영하고 있는 성인"의 비중을 나타내는 TEA(Total Early-stage Entrepreneurial Activity)를 보면, 〈그림 5 - 1〉에서 보는 바와 같이 2002년에는 14.5%로 매우 높

[그림 5 - 1] 한국의 기업가정신 수준의 추이

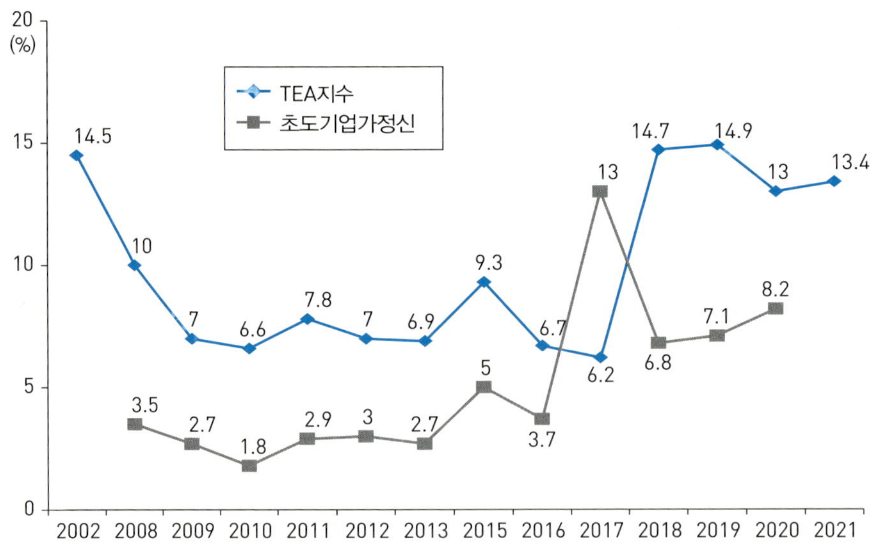

주: 1) TEA는 성인(18~64세) 인구 중 "업력이 42개월 이하인 신규벤처기업을 설립하여 경영하고 있는 성인"의 비중

2) 초도기업가정신(nascent entrepreneurship)은 전체인구 중에서 초도기업가(창업을 고려하는 사람)가 차지하는 비중

자료: GEM이 발간하는 각 년도 보고서에서 발췌하여 작성함

게 나타났으나 계속 하락하여 오다가 2018년 14.7%를 기록한 이후 2021년 현재 13% 선을 유지하고 있다. 전체인구 중 초도기업가의 비중을 나타내는 지표는 2008년 3.5%에서 하락세를 보이다가 2017년 13%로 증가하였다가 2021년 현재 8.2%를 기록하고 있다.

앞에서 언급한 바와 같이 TEA 중에는 기회를 포착하여 새로운 조직을 만든다고 보기 어려운 기업가, 즉 생계형 기업가가 포함되어 있다. 이를 제외한 기회형 기업가의 비중을 보면, 〈그림 5-2〉에서 보는 바와 같이 2002년에는 59%로 매우 높았으나 2011년에는 36.2%로 크게 감소하였다. 하지만 2018년에는 다시 77.7%를 기록하고 있다. 이에 따라 생계형 기업가 대비 기회형 기업가 비율

[그림 5-2] **한국의 동기지수 변화 추이**

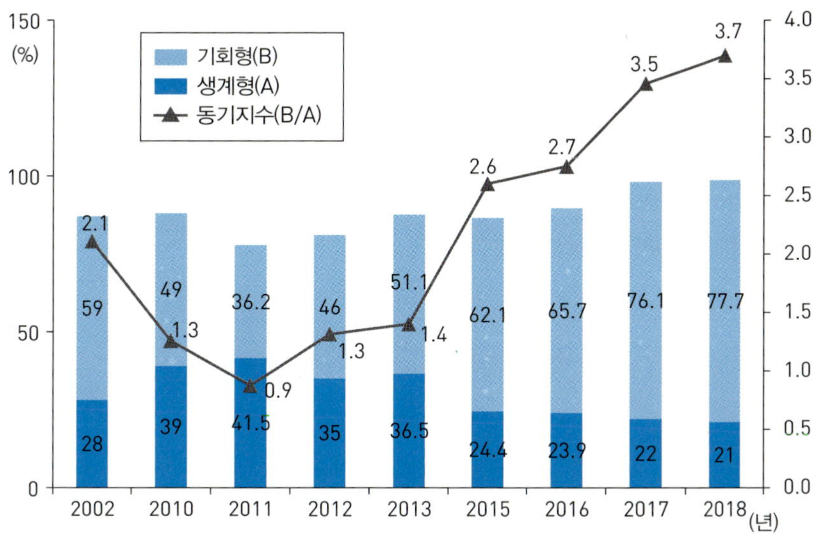

주: 1) 기회형 기업가는 매력적인 다른 대안이 있음에도 불구하고 자신이 포착한 기회를 추구하는 사람이고, 생계형 기업가는 기업가가 되는 경우 이외에는 다른 대안이 없는 사람
2) 동기지수(Motivational Index)는 TEA 중 생계형 기업가수 대비 기회형 기업가수의 비율
3) 2019년부터 동기지수를 발표하지 않고, 대신에 창업동기를 네 가지로 구분하여 각각의 비중을 발표하고 있음

자료: GEM이 발간하는 각 년도 보고서를 토대로 작성함

[그림 5-3] 우리나라의 창업동기 변화추이(2019~2021년)

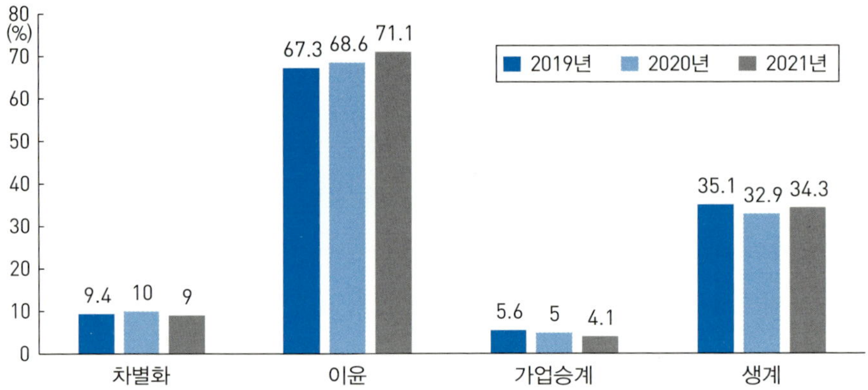

주: 1) 창업동기는 2019년부터 발표되는 자료임
2) 각 동기별 의미는 다음과 같음. 차별화 동기: "세상에서 차이를 만들기 위해서", 이윤 동기: "거대한 부를 축적하거나 엄청난 소득을 얻기 위해서", 가업승계 동기: "가계의 전통을 계속 이어가기 위해서", 생계 동기: "취업이 어렵기 때문에 생활비를 벌기 위해서"

자료: GEM이 발간하는 각 년도 보고서를 토대로 작성함

을 나타내는 동기지수(MI: Motivational Index)는 2002년 2.1에서 2011년 0.9로 떨어졌다가 2018년에는 다시 3.7로 증가하였다.

하지만 앞에서 설명한 바와 같이 GEM은 TEA를 대상으로 2019년부터는 창업동기를 4가지로 구분하여 발표하고 있다. 〈그림 5-3〉에서 보는 바와 같이 우리나라에서 창업하는 이유로 이윤 동기가 가장 큰 것으로 나타나고 있으며, 그 다음으로 생계 동기, 차별화 동기, 가업승계 동기로 이어지고 있다. 2019~21년 추세를 보면 이윤 동기는 증가하는 반면에 차별화, 가업승계, 생계 등의 동기는 약간 감소하는 경향을 보이고 있다.

한편 기업가적 자질을 측정한 지표를 보면, 〈그림 5-4〉에서 보는 바와 같이 2008년에 비해서 2013년에는 그 수준이 감소한 것으로 나타나고 있다. 기회인식의 비중이 2008년 20%였으나 2013년에는 12.7%로 감소한 반면에, 실패에 대한 두려움은 2008년 32%에서 2013년 42.2%로 증가하였다. 하지만 2013년 이

[그림 5-4] 우리나라의 기업가적 자질 변화 추이

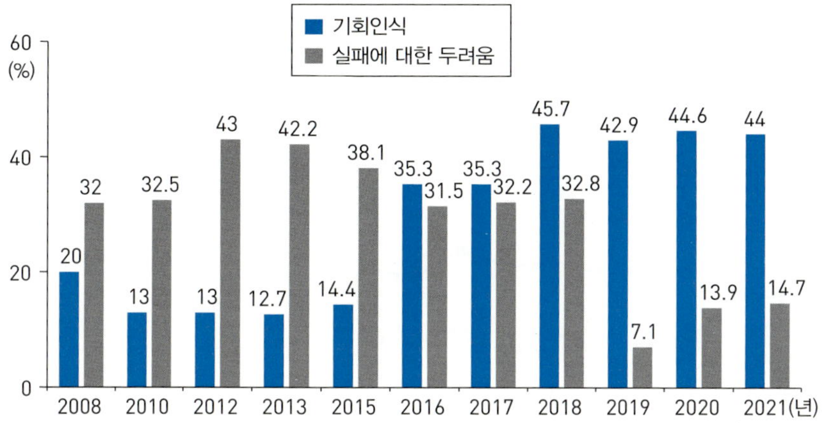

주: 1) 기회인식은 성인(18~64세) 중 새로운 벤처기업을 창업할 기회가 있다고 보는 사람들의 비중임
2) 실패에 대한 두려움은 사업기회가 있다고 보는 성인(18~64세) 대비 실패에 대해서 두려움을 느끼는 사람들의 비율임

자료: GEM이 발간하는 각 년도 보고서에서 발췌하여 작성함

후에는 기회인식의 비중이 높아지면서 2021년에는 44%를 기록하고 있고, 실패에 대한 두려움의 수준은 2013년 이후 계속 감소하여 오다가 2017년과 2018년 주춤하다가 2019년부터는 크게 낮아진 것으로 나타나고 있다. 특히 2019년에는 실패에 대한 두려움 수준이 7.1%로 매우 낮다.

주요 국가 간 기업가정신의 비교 5.4

드러커(P. Drucker)가 1990년대 중반경 매긴 국가별 기업가정신 순위를 보면 한국 1위, 대만 2위, 일본 3위, 독일 4위이고 미국은 기업가정신과 기술혁신에 대한 자만심을 경고하고 있다. 특히 중국의 부상을 예측하였다. 하지만 이러

[그림 5-5] 주요 국가 간 TEA 수준 비교

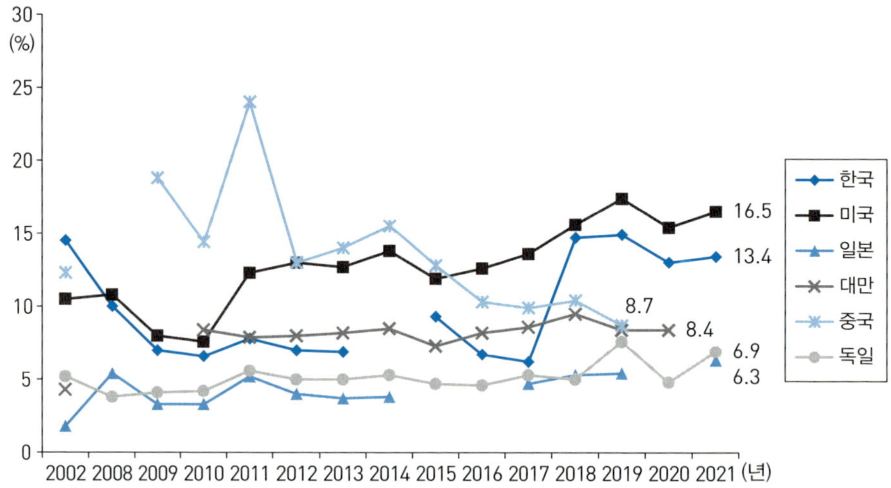

주: 1) TEA는 성인(18~64세) 인구 중 "업력이 42개월 이하인 신규벤처기업을 설립하여 운영하고 있는 성인"의 비중

2) 매년 분석대상 국가가 다르기 때문에 일부 국가의 연도별 자료가 빠진 경우도 있음

자료: GEM이 발간하는 각 년도 보고서에서 발췌하여 작성함

한 드러커(P. Drucker)의 평가는 개인의 주관에 따른 것이었다. 이제 GEM이 발표하는 객관적인 지표들을 통해서 이들 국가 간 기업가정신의 수준을 비교해 보기로 하자.

먼저 성인(18~64세) 인구 중 "업력이 42개월 이하인 신규벤처기업을 설립하여 운영하고 있는 성인"의 비중을 나타내는 TEA(Total Early-stage Entrepreneurial Activity)를 보면, 〈그림 5-5〉에서 보는 바와 같이 2002년에는 한국이 14.5%로 1위에 랭크되어 있다. 그 뒤를 이어서 중국, 미국, 독일, 대만, 일본 순으로 나타나고 있다. 1990년 중반 경 드러커의 예측은 직관에 의한 것이었지만 이와 같은 객관적인 지표와 거의 일치하는 것으로 보인다. 특히 그는 한국의 기업가정신 수준과 중국의 부상을 정확하게 예측하였다.

그 후 약 20년이 지난 2021년 국가별 기업가정신의 순위에는 많은 변화가 있었다. 미국이 1위로 랭크되고, 한국, 중국, 대만, 독일, 일본 순으로 이어지고 있다. 한국의 기업가정신 수준은 2002년 이후 계속 낮아져 왔으나 2018년부터 다시 회복하는 현상을 보이고 있다. 독일의 기업가정신 수준은 과거 10여 년 동안 거의 변동이 없었으나 2021년에는 소폭 증가하였고, 일본의 기업가정신 수준은 2002년 수준에 비해서는 약간 증가하였으나 정체되어 있다.

다음으로 생계형 기업가 대비 기회형 기업가 비율을 나타내는 동기지수(MI)를 보면(〈그림 5-6〉), 2018년 기준으로 미국이 6.4로 가장 높고 독일 4.2, 한국 3.7, 일본 3.4, 대만 3.1 순이며 중국이 2.5로 가장 낮은 수준이다. 이는 중국은 TEA지수는 높지만 주로 생계형 창업의 결과로 인한 것임을 보여준다. 한국의 경우는 2018년 동기지수는 과거에 비해서 높아진 수준이지만 미국에 비해서는 아직도 기회형 기업가보다는 생계형 기업가들의 수가 많은 것으로 나타나고 있다.

[그림 5-6] 주요 국가 간 동기지수 비교(2018년 기준)

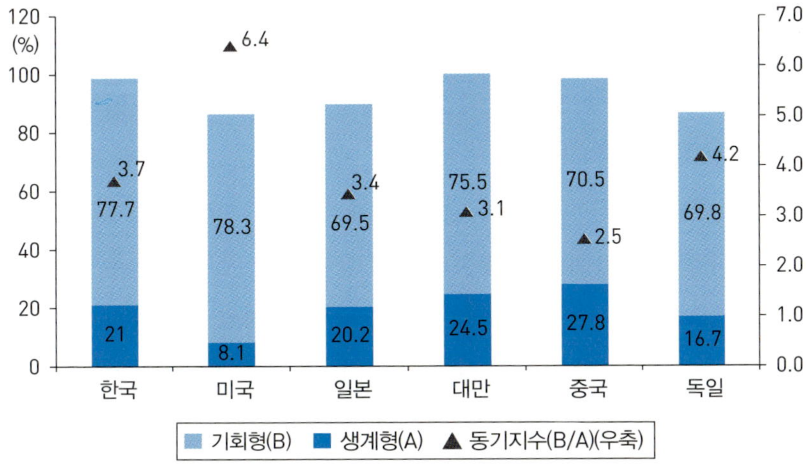

주: 1) 기회형 기업가는 매력적인 다른 대안이 있음에도 불구하고 자신이 포착한 기회를 추구하는 사람이고, 생계형 기업가는 기업가가 되는 경우 이외에는 다른 대안이 없는 사람

2) 동기지수(Motivational Index)는 TEA 중 생계형 기업가수 대비 기회형 기업가수의 비율

자료: GEM, 2018/2019 Report를 토대로 작성함

[그림 5-7] 주요 국가 간 창업동기 비교(2021년)

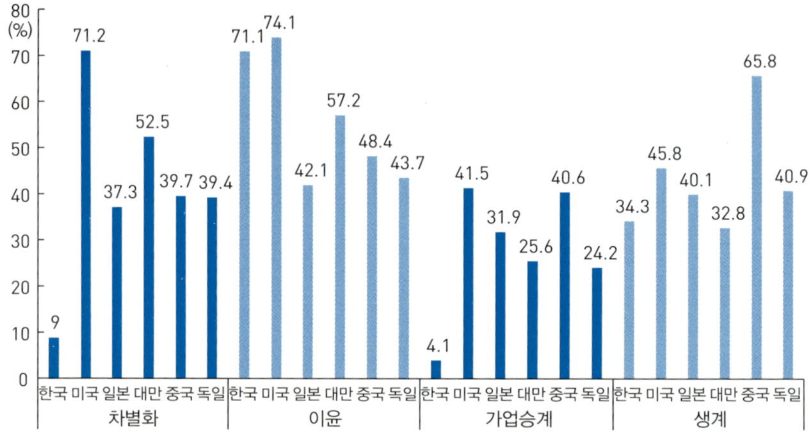

주: 1) 창업동기는 2019년부터 발표되는 자료임

2) 각 동기별 의미는 다음과 같음. 차별화 동기: "세상에서 차이를 만들기 위해서", 이윤 동기: "거대한 부를 축적하거나 엄청난 소득을 얻기 위해서", 가업승계 동기: "가계의 전통을 계속 이어가기 위해서", 생계 동기: "취업이 어렵기 때문에 생활비를 벌기 위해서"

3) 대만은 2020년, 중국은 2019년 자료임

자료: GEM이 발간하는 각 년도 보고서에서 발췌하여 작성함

〈그림 5-7〉에는 2021년도 국가 간 창업동기가 비교되어 있다. 전체적으로 보면 이윤 동기가 가장 크고, 차별화 동기, 생계 동기, 가업승계 동기 순으로 나타나고 있다. 주요 특징은 다음과 같다. 첫째, 한국은 차별화 동기와 가업승계 동기가 다른 나라들에 비해서 절대적으로 낮다. 둘째, 미국과 한국에서 이윤 동기가 70% 이상으로 매우 높다. 셋째, 미국과 중국은 가업승계 동기가 40% 이상으로 매우 높다. 넷째, 중국의 경우 생계 동기가 65.8%로 다른 나라에 비해서 높다. 이는 2018년 중국의 동기지수(MI)가 2.5로 가장 낮은 기록과 일치하는 현상이다.

마지막으로 기업가들의 태도 혹은 자질 면에서 평가한 지표를 보기로 하자. 두 가지 지표, 즉 기회인식과 실패에 대한 두려움을 기준으로 보았을 때 2021년 기준으로 한국, 독일, 중국 등은 기회인식의 비중이 실패에 대한 두려움보다는 더 큰 것으로 나타나고 있다. 특히 미국 기업가들은 기회인식과 실패에 대한 두

[그림 5-8] 주요 국가 간 기업가 자질 비교(2021년 기준)

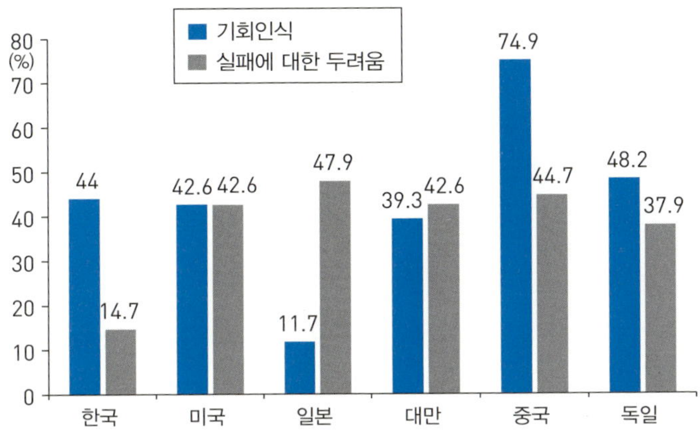

주: 1) 기회인식은 성인(18-64세) 중 향후 새로운 벤처기업을 창업할 기회가 있다고 보는 사람들의 비중임
2) 실패에 대한 두려움은 사업기회가 있다고 보는 성인(18-64세) 대비 비율임
3) 대만은 2020년 자료, 중국은 2019년 자료임
자료: GEM이 발간하는 각 년도 보고서에서 발췌하여 작성함

려움이 동일하게 나타나고 있다. 이와 대조적으로 일본의 기업가들은 절대적으로나 상대적으로 기회인식의 비중이 매우 낮은 반면에, 실패에 대한 두려움은 매우 높은 것으로 나타나고 있다. 대만의 경우도 일본과 같이 기회인식의 비중보다 실패에 대한 두려움의 비중이 더 높게 나타나고 있다.

5.5 선진국과 후진국 간 기업가정신 비교

국가별 기업가정신의 차이는 사회문화적 요인, 제도적 요인, 정책적 요인과 더불어 경제발전단계와 밀접히 연관되어 있다(Blanchflower, 2000). 특히 기업가정신과 경제발전 간에는 U자형의 가설이 성립하는 것으로 나타나고 있다. 경제가 성장함에 따라서 기업가정신의 수준은 점차 감소하다가 특정한 단계부터는 다시 증가하게 된다는 것이다. 이러한 가설은 기업가정신을 비농업부문의 자영업자 비율로 하는 경우(van Stel, 2005)와 초도기업가의 비율(Wennekers et al., 2005)로 하는 경우에 모두 성립하는 것으로 나타났다.

기업가정신과 경제발전단계 간의 U자형 가설의 의미는 두 가지로 볼 수 있다. 하나는 개발도상국에서의 기업가적 활동은 선진국이나 심지어 후진국보다 활발하지 못하다는 것이다. 이는 개발도상국에서의 기업가들은 혁신적이지 못하며, 주로 생계형 기업가적 활동에 전념하는 반면에(Acs et al., 2008; Gollin, 2008), 소득수준이 높은 선진국에서는 기업가들이 생계형보다는 혁신적 기업가적 활동에 전념한다는 것을 의미한다. 다른 하나는 인과관계의 문제로서 기업가정신이 경제발전을 초래한다기보다는 경제발전이 기업가정신을 결정하는 요인이 된다는 것이다.

하지만 GEM에서 매년 발표하는 TEA를 기업가정신의 지표로 보았을 경우에는 기업가정신과 경제발전단계는 일정한 관계를 보이지 않는다. 〈그림 5-9〉에서 보는 바와 같이 50개 조사대상 국가들의 TEA와 경제발전단계 간에 연관성이 없는 것으로 나타나고 있다.

이는 다시 말해서 TEA를 설명하는 요인들 중 경제발전단계보다도 다른 경제적 요인, 사회문화적 요인, 제도적 요인, 정책적 요인 등이 복합적으로 작용하여 나타난 현상이라고 보는 것이 타당하다. 이뿐만 아니라 U자형 가설이 의미하는 인과관계의 방향, 즉 경제발전이 기업가정신을 결정하는 요인이 된다는 주장 역시 맞지 않는다. 일찍이 경제발전론 분야에서 Lewis(1955)가 "후진국에서 새로운 아이디어를 찾는 기업가군이 부재하면 경제성장은 더딜 수밖에 없다"라고 갈파하였고, 실제로 저성장, 고인구성장, 공기업의 실패, 시장경제체제에 대한 제약 등 문제들이 기업가정신의 함양과 함께 해결되어 왔기 때문이다(Parker, 2009). 구체적으로 개발도상국에서는 기업가정신의 함양이 하나의 정책으로 수립되어 시행되어 왔으며, 이러한 기업가정신 기반의 발전전략으로 인해 각종 시장실패

[그림 5-9] **TEA와 일인당 GDP 간의 연관성(2021년 기준)**

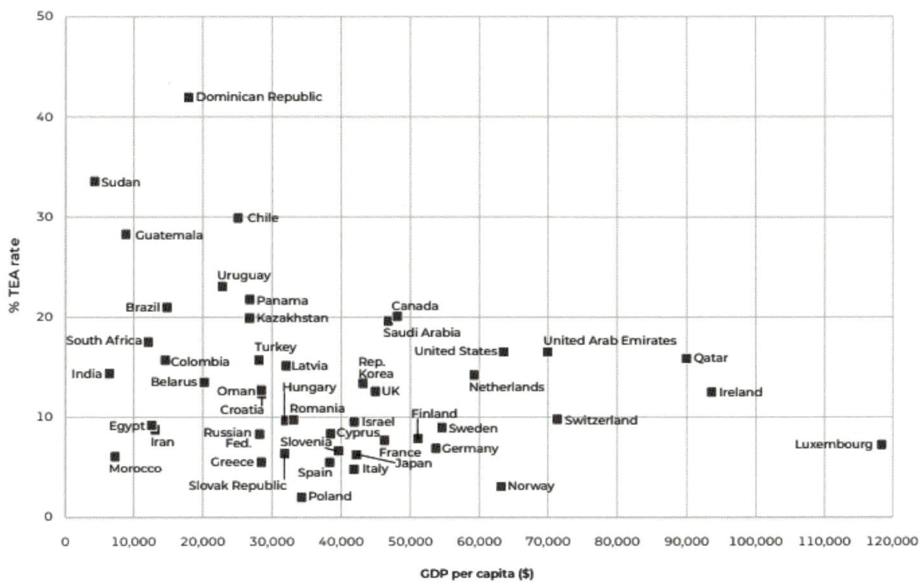

자료: GEM, 2021/2022 Global Report

의 요인들이 제거되어 왔다. 더 나아가서 기업가정신 기반의 발전전략은 교육은 물론 기술혁신과 기능개선 등에 기여하였고, 신규기업의 창출과 고용개선에도 크게 기여하였다(Acs and Vigill, 2010). 특히 개방정책을 편 개발도상국들의 경우 해외직접투자 형태로 국내에 들어온 해외기업들은 기업가적 활동의 주요한 원천이 되었다. 앞으로도 많은 개발도상국들에서도 이러한 역할을 수행하는 기업가들이 경제발전을 이룩하는 과정에서 매우 중요한 역할을 할 것이다.

마지막으로 개발도상국 혹은 후진국과 선진국 간의 창업동기를 보면, 〈그림 5-10〉과 같다. GEM 2021/2022년 보고서는 분석대상 50개 국가를 Level A(일인당 GDP가 40,000달러 이상인 국가), Level B(일인당 GDP가 20,000달러에서 40,000달러 사이의 국가), Level C(일인당 GDP가 20,000달러 미만인 국가)로 구분하여 각 나라의 창업동기를 조사하였다. 그 결과 Level B(개발도상국)와 Level C(후진국)의 국가군

[그림 5-10] 선진국, 개발도상국, 후진국 간 창업동기 비교(2021년 기준)

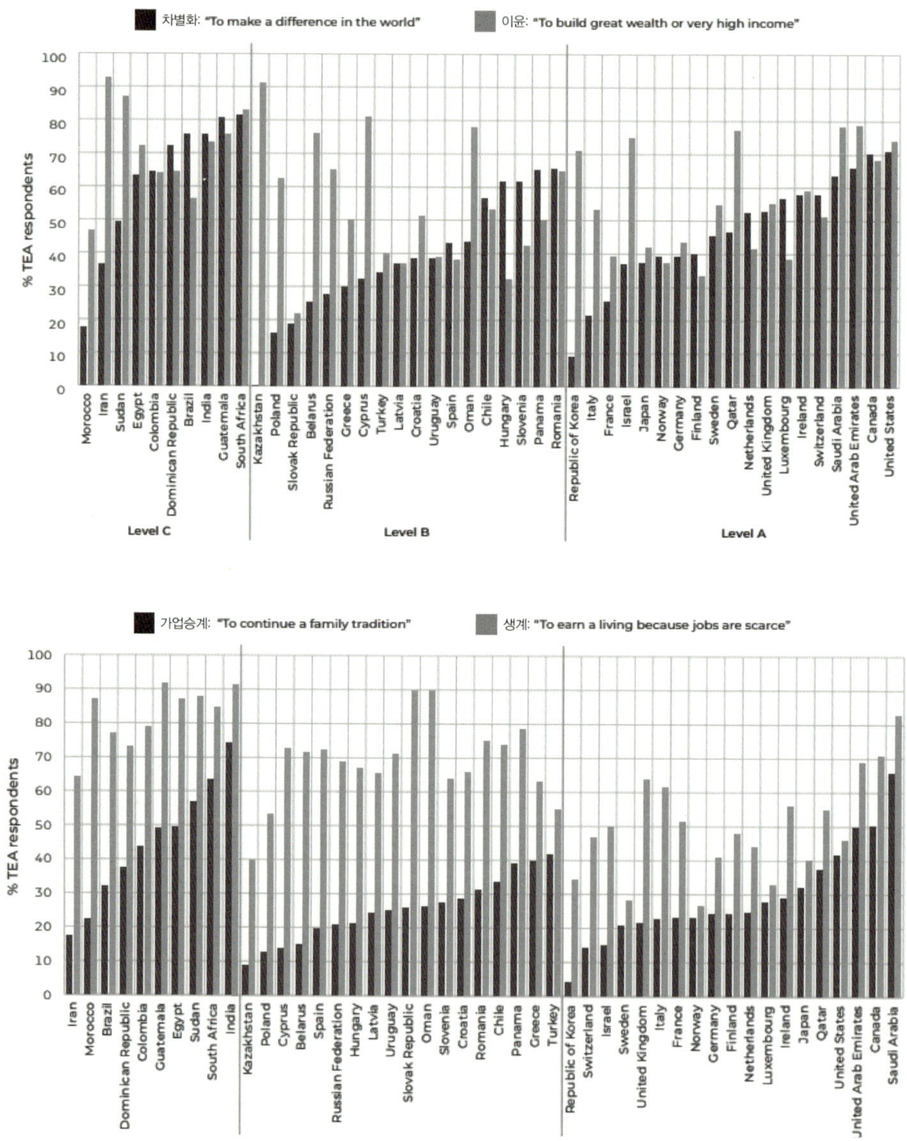

주: Level A(선진국): 일인당 GDP가 40,000달러 이상인 국가, Level B(개발도상국): 일인당 GDP가 20,000달러에서 40,000달러 사이의 국가, Level C(후진국): 일인당 GDP가 20,000달러 미만인 국가

자료: GEM, 2021/2022 Global Report

에서의 창업동기로서의 생계 동기가 Level A(선진국)보다 매우 큰 것으로 나타나고 있다. 따라서 Audretsch and Thurik(2001)이 주장하듯이 '관리된 경제(managed economy)에서 기업가적 경제(entrepreneurial economy)'로 전환되기 위해서는 생계형보다는 기회형 기업가정신을 촉진하는 방향으로 정책이 수립될 필요가 있음을 알 수 있다.

Chapter 06

기업가 행동

Entrepreneurship: Theory and Practice

“

이 장에서는 기업가 행동을 유형화하고 기업가의 노력 수준, 지대추구행동, 기업가적 학습 등을 분석한다. 아울러 심리적인 측면에서 기업가 정체성의 문제와 기업가가 겪을 수 있는 번아웃 현상을 간단히 설명한다.

”

기업가적 성과의 중요한 결정요인 중의 하나는 기업가 자신이 창업한 기업에 투입하는 노력(effort)이다. 기업가의 노력은 하나의 생산적인 투입요소로서 벤처기업이 생존하고 성장하는 데 있어서 필수적이다.

흔히 기업을 창업한 사람은 하루 24시간을 모두 투입해야 할 정도로 창업활동에 전념해야 한다고 한다. 하지만 기업가적 노력에는 기회비용이 따르므로 기업가는 얼마만큼의 노력을 투입할 것인가를 결정해야 한다. 또한 기업가는 생산적 활동에 전념하는 사람으로 인식되고 있지만, 많은 경우 비생산적인 활동을 하기도 한다. 따라서 기업가는 생산적 활동에 자신의 노력을 얼마나 기울일 것인지 여부에 대해서도 결정해야 한다.

기업가 행동의 유형 6.1

1) 생산적 기업가정신과 비생산적 기업가정신

기업가정신은 생산적 기업가정신(productive entrepreneurship)과 비생산적인 기업가정신(unproductive entrepreneurship) 혹은 와해적인 기업가정신(destructive entrepreneurship)으로 구분되고 있다(Baumol, 1990; 1993). 왜냐하면 제도나 사회·문화적인 환경에 녹아있는 '게임의 룰(rule of game)'은 기업가들로 하여금 사회적으로 생산적인 활동에 전념하게 하지만, 어떤 경우에는 다른 사람의 희생을 토대로 자신만의 이득을 창출하는, 즉 사회적으로 비생산적인 혹은 와해적인 활동을 유도하기도 하기 때문이다.

Baumol(1990)에 따르면 생산적 기업가정신은 경제의 순산출량 혹은 추가적인 생산능력 증대에 직·간접적으로 기여하는 활동들을 말한다. 다시 말해서 슘페터가 말하는 기술혁신활동, 즉 자원과 기술의 '새로운 조합(new combination)'을 통해서 정(+)의 사회적 가치를 창출하는 활동이다. 구체적으로 신제품 개발, 신공정 개발, 신시장 개척, 신조직 운영, 신공급원 확보 등을 포함하는 활동이다. 더 나아가서 생산활동을 지원하는 어떠한 활동(예: 금융)도 생산적 기업가정신에 속하며(Baumol, 1993), 잉여를 가져오는 특성, 기회, 절차 등의 발견 활동도 생산적 기업가정신을 구성한다(Foss and Foss, 2002).

생산적 기업가정신과는 반대로 비생산적 기업가정신은 사회적 생산가치에 영향을 미치지 못하거나, 어떤 경우에는 사회적 생산가치를 감소시키는 활동을 말한다. 즉 어떤 한 국민경제의 생산가능곡선을 외부로 이동시키는 활동은 생산적 기업가정신이지만, 생산가능곡선에 영향을 미치지 못하거나 내부로 이동시키는 활동은 비생산적 기업가정신이다(Coyne and Leeson, 2004).

2) 합법적 기업가정신과 비합법적 기업가정신

한편 기업가정신은 합법적 기업가정신(legal entrepreneurship)과 비합법적 기업가정신(illegal entrepreneurship)으로 구분할 수 있다. 합법적 기업가정신은 말 그대로 한 사회 내에서 주어진 법 및 제도에 따르는 기업가 행동인 반면에, 비합법적 기업가 행동은 법에 저촉되거나 법망을 피하는 기업가 행동을 말한다. 비합법적 기업가 행동의 예로는 마약의 생산 및 유통, 공갈, 갈취 등을 들 수 있다.

3) 기업가 행동의 유형화

이상의 두 가지 행동 유형을 기준으로 기업가정신의 유형을 구분할 수 있다. 〈그림 6-1〉에서 횡축은 사회에 대한 기여 여부를 나타내고, 종축은 합법성 여부를 나타낸다. 따라서 기업가 행동 유형은 다음 네 가지로 구분된다.

유형 I은 생산적이며 합법적인 기업가 행동으로, 주어진 제도에 순응하여 경제의 순산출량 혹은 추가적인 생산능력 증대에 직간접적으로 기여한다. 슘페터가 말하는 기술혁신활동, 즉 자원과 기술의 '새로운 조합(new combination)'을 통해서 정(+)의 사회적 가치를 창출하는 활동이 이에 속한다.

[그림 6 – 1] 기업가 행동의 유형

		사회에 대한 기여 여부	
		생산적	비생산적
행동방법	합법적	유형 I • 기회포착 및 사업화 • 사회적 공헌	유형 II • 로비 • 조세회피
	비합법적	유형 III • 뇌물공여 • 규제회피	유형 IV • 정부금융지원 유용 • 비합법적 가맹점

유형 II는 합법적이지만 사회에 대하여 비생산적인 영향을 미치는 행동이다. 즉 법 및 제도에는 순응하지만 사회적인 후생증대에는 기여하지 못한다. 대표적인 예로 공무원들에 대한 기업가의 로비활동을 들 수 있다. 기존 제도나 법의 허점을 이용하여 자신에 유리하게 계약을 체결하는 행동도 이러한 유형에 속한다.

유형 III은 생산적이나 비합법적인 기업가 행동이다. 즉 사회적으로 후생의 증대는 가져올 수 있으나 이 과정에서 주어진 제도나 법을 회피하여 행동한다. 예를 들어 수익성 높은 사업을 확장하기 위해서 뇌물을 공여하거나 정부규제 등을 교묘히 빠져나가는 행동은 유형 III에 속한다.

유형 IV는 비생산적일 뿐 아니라 비합법적인 기업가 행동이다. 즉 제도나 법을 어겨가면서 사회에 악영향을 끼치는 행동이다. 대표적인 예로 실제로 사업에 착수하지 않을 것이면서도 제안서를 작성하여 정부로부터 금융지원을 받아내는 행동을 들 수 있다. 심한 경우, 즉 와해적이면서도 비합법적인 사례로는 마피아 조직, 비합법적인 가맹점, 체계적인 사기행각 등이 있다.

6.2 생산적 노력의 최적 수준

앞에서 설명한 바와 같이 생산적 기업가정신이란 기업가의 통상적인 행동으로서 사업기회를 포착하고 이를 상업화하여 경제적 이득을 취하는 행동이다. 이 과정에서 기업가는 위험감수, 기술혁신, 조정, 중개 등 기업가로서의 역할을 수행한다.

그렇다면 기업가가 생산적 활동을 수행하는 과정에서 적정한 수준은 어떻게 될 것인가? 앞에서 언급한 바와 같이 창업자는 하루 24시간을 모두 투입해야 할 정도로 창업활동에 전념해야 한다고 하지만, 기업가적 노력에는 기회비용이 따르므로 기업가는 얼마만큼의 노력을 공급할 것인가를 결정해야 한다.

간단한 모형을 통해서 이 문제를 분석해 보자. 먼저 다음과 같은 몇 가지 가정이 필요하다.

- 기업가적 활동과 피고용 활동 간에 근로시간을 배분한다.
- 위험중립적 기업가이다.
- 의사결정의 목표는 소득의 극대화이다.

이상의 가정 하에서 기업가의 의사결정 문제가 〈그림 6-2〉에 나타나 있다. 그림에서 종축은 기업가가 얻을 수 있는 보수이고, 횡축은 근로시간으로 기업가의 노력을 나타낸다. w는 이 사람이 다른 기업에 종업원으로 취업하였을 경우의 임금수준으로, 고정되어 있다. 기업가에 대한 보수율은 $q(h)$의 기울기로 표시된다. 기업가에 대한 보수는 근로시간이 증가함에 따라서 감소하는데, 이는 기업가적 노력의 수확체감현상을 의미한다. H는 총 근로시간 혹은 노력수준을 나타낸다.

이러한 상황에서 위험중립적 기업가는 소득($q(h)-wh$)을 극대화하기 위해서 기업가가 얻는 보수율과 피고용 시의 임금률 w가 같아지는 e점을 선택할 것

[그림 6 - 2] 기업가의 최적 노력수준

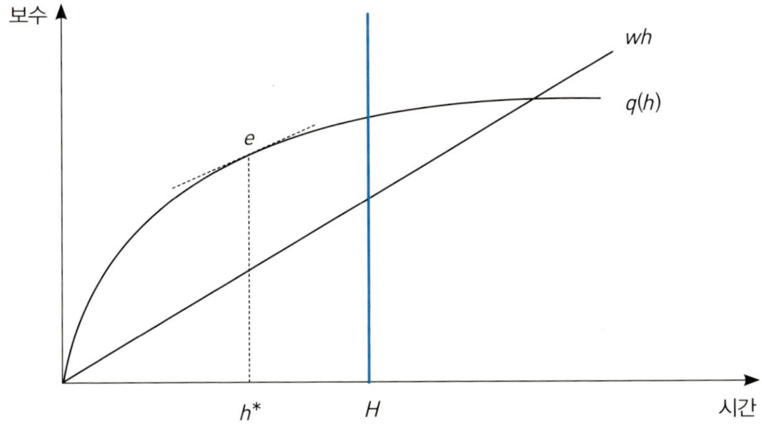

이다. 그래프에서 기업가에 대한 보수곡선 $q(h)$의 기울기와 피고용 소득곡선 wh의 기울기가 일치하는 점이다. 이때 이 기업가는 기업가적 활동에 h^*를 할애하고, 피고용인으로서의 활동에 $H-h^*$만큼의 노력을 투입할 것이다.

만약 기업가에 대한 보수곡선 $q(h)$가 기업가의 노력에 h에 대해서 선형이거나 볼록하게 되면, 기업가의 노력수준은 코너 해(corner solution)를 가질 것이다. 즉 $h^*=0$ 혹은 $h^*=H$가 되는데, 이는 $q(h^*)-wh^*$ 값의 부호에 달려있다. 가령 $q(h^*)>wh^*$이면, $h^*=H$가 된다. 즉 기업가적 활동이 주는 보수가 피고용인으로 노동을 제공할 때의 임금보다 크면, 이 기업가는 기업가적 활동에만 전념한다. 반대로 $q(h^*)<wh^*$이면, $h^*=0$이 된다. 즉 기업가적 활동이 주는 보수가 피고용인으로 노동을 제공할 때의 임금보다 적으면, 이 기업가는 기업가적 활동을 포기하고 피고용자로서의 역할만 수행할 것이다.

6.3 지대추구행위

생산적 기업가정신과는 반대로 비생산적 기업가정신은 사회적 생산가치에 영향을 미치지 못하거나, 어떤 경우에는 사회적 생산가치를 감소시키는 활동을 말한다. 앞에서 설명한 바와 같이 비생산적 기업가정신은 다양한 형태를 취한다. 그중에서 가장 대표적인 예가 지대추구행위(rent-seeking behavior)이다.

1) 지대추구행위란

일반적으로 지대추구행위는 "사회적 비용을 수반하는 자산이전의 추구 활동(the socially costly pursuit of wealth transfer)"을 말한다(Tollison, 1997, p.506). 예를 들면 자신의 이익을 위한 뇌물공여, 부패, 약탈, 경쟁제한 등 비생산적인 활동을 말한다. 따라서 지대추구자의 사적 수익은 부의 창출이 아니라 부의 재분배로부터 온다. 지대추구는 사적 부문과 공적 부문, 모두로부터 발생한다.

2) 기업가의 지대추구행위

그렇다면 기업가는 어떤 경우에 지대추구행동을 하는가? 앞에서 언급한 바와 같이 제도나 사회문화적인 환경에 녹아있는 '게임의 룰(rule of game)'이 가장 중요한 요인이다. 특히 공정한 경쟁 여부를 결정하는 시장환경이 중요하다.

우리가 기업가를 칭찬할 수 있는 것은 그가 자유롭고 공정한 경쟁이 가능한 시장여건에서 창업과 기업성장을 이룩하였기 때문일 것이다. 이러한 시장여건은 명확하고, 침해논란이 없는, 그리고 잘 보호되는 재산권제도, 공정하고 투명한 법적 제도 등에 의해서 달성된다. 잘 정비된 특허제도는 기업가정신과 혁신을 촉진할 것이다. 안전한 재산권은 기업가적 노력의 대가를 다른 사람이 가져가지 못하도록 할 것이다. 그리고 안정적인 법체계는 계획, 자원획득, 조정 등 기업가적 활동을 증진시킬 것이다.

하지만 실제에 있어서는 이러한 환경이 주어지기 어렵다. 자유경쟁은 제한되며, 소유권이 침해되기 쉬우며, 계약의 시행이 제대로 이루어지지 않는다. 이러한 상황에서는 기업가는 자신의 자질과 노력을 새로운 부의 창출보다는 경쟁을 제한하는 일에 투입하게 될 것이다. 즉 기업가는 지대추구활동에 전념하게 된다. 그 결과 기업가는 다른 사람의 후생 감소를 발판으로 자신의 이득을 얻게 되어, 궁극적으로는 사회적 후생의 감소를 초래한다.

3) 지대추구행위의 유형

① 경쟁제한형

경쟁제한형 지대추구행위는 기업가가 경쟁을 제한하기 위한 목적으로 경쟁기업들의 진입을 막는 규제적인 절차를 동원하는 것이다(Holmes and Schmitz, 2001). 예를 들어 미국의 소규모 비효율적인 은행들이 경쟁을 제한하기 위해서 전국규모 은행의 지점망 설치에 대해 규제할 것을 정부에 로비하는 행동이다. 우리나라 중소유통업자들이 정부에 대해 E-mart, 롯데마트, 홈플러스 등 대형할인매장의 영업활동에 제한을 가하도록 압력을 행사하는 것도 경쟁제한형 지대추구행위 속한다고 볼 수 있다.

경쟁제한형 지대추구행위는 '마피아식 강탈(mafia-style extortion)'이라고 불리기도 한다(Parker, 2009, p.225). 물론 이러한 행위들은 효율성 측면에서 사회적으로 바람직하지 못한 결과를 가져오는 것으로 밝혀지고 있다.

② 이득수취형

이득수취형 지대추구행위는 경제적 이득을 직접적으로 획득하기 위한 지대추구행위이다(Morck and Yeung, 2004). 예를 들어 가족기업을 운영하는 기업가들이 이권획득을 위해서 정부 관료들과 결탁하는 행위이다. 우리는 '정경유착'이라는 말을 들을 수 있는데, 이는 재벌기업의 기업가들과 고위정치인들과의 혈맹을 말한다. 이득수취형 지대추구행위는 '뇌물형'이라고도 하며, 사회적 손실을 초래한다(Parker, 2009, p.225). 이 문제의 본질은 사회적 불신의 문제가 아니라 기업가와 정부관료의 '부적절한 신뢰(inappropriate trust)'에 있다(Bertrand and Schoar, 2006). 더 큰 문제는 한번 재벌기업의 기업가와 정부관료 간에 지대추구행위가 정착되면, 그 관계가 쉽게 와해되지 않는다는 것이다.

한편 '정경유착' 관계에서 기업가는 기업가가 아닌 지대추구자, 즉 정부관료의 먹잇감이 될 수 있다. 부패한 관료는 국가의 힘을 이용하여 기업가에게 지대 혹은 독점적 이윤을 얻게 해주고, 그 대가로 뇌물을 받는다. 이때 부패관료는 이득을 얻지만, 일반국민은 손해를 보게 된다. 기업가의 경우는 뇌물의 크기에 따라서 이득을 보기도 하고 손해를 보기도 한다. 만약 정부관료가 지대추구행위를 통해서 금전적 이득을 얻고, 이러한 관행이 범부처적으로 일반화되어 있다면, 아무리 개혁적이고 참신한 정치인이 등장하더라도 부패의 뿌리를 뽑는 일은 불가능하다(Bardhan, 1997; Foellmi and Oechslin, 2007). 단지 관료들을 순환 보직시키거나, 새로운 기업가적 사업을 승인하는 데 필요한 관료의 수를 줄이는 정책에 그치고 있다(Lambert-Mogiliansky et al., 2007).

참고로 이와 같이 관료들이 국가의 힘을 이용하여 시장에 개입하는 자원배분 메커니즘은 '붙드는 손(grabbing hand)'으로 불리기도 한다(Frye and Shleifer, 1997). 이는 정부가 소유권을 분명히 하고 시장에 개입하지 않는 '보이지 않는 손(invisible hand)'에 대비되는 개념이다. 만약 일반 국민들이 자신이 속한 국가가 '붙드는 손'에 의해서 운영된다고 인식한다면, 기업가가 되려는 동기가 크게 위축될 것이다. 실제로 러시아 사람들은 부패가 사회적으로 만연되어 있다고 인식하고 있기 때문에, 기업가가 되거나 기업가적 노력에 투입하는 시간을 감소시키는 것으로 보고되고 있다(Djankov et al., 2005).

이러한 이유로 대부분의 국가에서는 기업가들의 창업동기를 북돋우기 위한 정책수단으로 규제완화를 중요하게 생각하고 있다.

기업가적 학습 6.4

기업가는 자신이 창업한 기업에 시간을 투입할 뿐만 아니라 학습노력을 기울인다. 즉 창업 및 기업성장을 위해 정보를 찾고, 기회를 평가하며, 사건 및 경험으로부터 학습을 통해 교훈을 얻는다. 사실 기업가정신의 핵심이 기회를 규정하고 이를 활용하는 것이라는 점에서 기업가적 학습(entrepreneurial learning)은 매우 중요하다. 기업가적 학습은 크게 능동적 학습(active learning)과 수동적 학습(passive learning)으로 구분할 수 있다.

기업가의 능동적 학습이란 기업가가 기업의 생산성 제고 및 발전을 위하여 기업환경을 적극적으로 그리고 신중하게 탐색하고 배우는 과정이다. 기업가가 능동적으로 학습한다는 것은 기업가는 선천적으로 만들어지기보다는 후천적으로 양성되어질 수 있음을 시사한다. 보다 정확하게 말하면 기업가는 자력으로 스스로 성공적인 결과를 만들 수 있다는 것이다. 기업가 중에 '입지전적'인 사람이 많은 것은 이러한 사실을 반영한다. 문제는 혁신적인 기업가들이 다른 사람이 자신의 기술을 배우고 개선할 것이라고 기대하는 경우 '초기진입자(first mover)'가 되기를 꺼려한다는 것이다. 이때는 경제 전체적으로는 사회적으로 기업창업의 수준이 적정수준보다 낮아진다는 것이다. 즉 기업가적 자원이 과소 투자된다.

반대로 기업가의 수동적 학습은 별도의 노력 없이 단순히 정보를 받아들이는 과정이다. 이 경우 기업가들은 시장으로부터 정보를 통해서 계속 조업을 할 것인지, 아니면 내재적인 생산성이 낮아서 미래에 소망하는 수준의 기대이윤을 실현하지 못한다는 판단 하에 조업을 중단할 것인지를 결정해야 한다.

기업가적 학습과 관련된 실증적 연구결과는 다음과 같다. 첫째, 기업가들은 능동적 학습과 수동적 학습을 동시적으로 수행한다. 둘째, 수동적 학습을 하는 기업가가 운영하는 기업은 도태되고, 능동적 학습을 하는 기업가가 운영하는 기업은 지속적으로 성장한다(Taymaz, 2005). 셋째, 젊고 경험이 없는 기업가일수록 학습노력이 강한데(Sapienza et al., 2005; De Clercq and Sapienza, 2005), 그 이유는 학습에 대한 수확체감의 법칙이 작용하기 때문이라는 것이다.

6.5 기업가 정체성

일반적으로 한 개인의 정체성(identity)은 주어진 어떠한 한 상황 속에서 자신이 누구인지에 대한 자기감(sense of the self)이다. 따라서 기업가 정체성(entrepreneur identity)이란 한 기업가가 주어진 환경 속에서 갖는 자기 자신에 대한 자기감을 말한다(Nielsen et al., 2012). 즉 기업가 정체성은 한 기업가가 기업가로서 자신은 누구이며, 무엇을 하며, 무엇을 경험하고 있는지에 대한 자기 인식이다. 이러한 기업가 정체성은 개인적 정체성을 토대로 사회적 관계 속에서 형성되고 현시된다.

기업가 정체성은 기업가의 역할 정체성과도 같은 의미로 사용할 수 있다. 만약 한 기업가가 자신의 역할을 기술혁신자라고 인식한다면, 자신의 기업가 정체성을 기술혁신자로 인식하게 될 것이다. 혹은 자신의 역할을 고객가치의 창출자로 인식한다면, 자신의 기업가 정체성을 고객가치 창출자로 인식하게 될 것이다.

하지만 어떤 한 개인의 정체성은 단일정체성으로 구성되지 않는다. 사회적 관계 속에서 개인은 다중정체성(multiple identity)을 구성하며 살아가는 것이 일반적이다. 기업가로서의 한 개인도 마찬가지이다. 그는 기업가이지만 동시에 가정에서는 아버지나 어머니가 될 수 있고, 학교에서는 교수나 학생일 수 있으며, 자신이 참여하는 동호회의 회원일 수도 있다. 따라서 기업가로서의 개인은 기업가 정체성에만 전념하기 어렵다. 어떤 경우에는 정체성 간 갈등과 협상을 해야 하는 경우가 발생하며, 이에 따른 부정적 심리 현상(예: 스트레스, 우울증 등)을 경험하기도 한다. 심지어 어떤 기업가는 기업가적 과정에 전념하면서도 자신을 기업가로 보지 않는 경우도 있다. 예를 들어 엔지니어 출신으로 사업에 성공한 사람이지만 자신의 사업을 단지 엔지니어로서의 정체성을 실현하는 수단 정도로 보는 기업가도 있다.

기업가 번아웃 현상 6.5

번아웃(burnout) 혹은 소진은 "다른 사람들과 일하는 개인 간 일어날 수 있는 감정적 소진, 비인격화, 그리고 개인 성취감의 감소로 나타나는 일련의 증후군"으로 정의된다(Maslach et al., 2001). 번아웃 현상은 원래 직업 혹은 직무와 관련하여 나타나는 현상으로 이해되었지만, 최근에는 일반인, 가정주부, 성직자, 노인, 연예인, 운동선수, 심지어 어린아이들도 번아웃을 호소하는 경우가 많아지고 있다(이명호·성기정, 2020). 여기에는 경영에 전념하는 기업가들도 예외는 아니다.

특히 기업가들은 번아웃 현상을 겪기 쉽다. 번아웃되기 위해서는 무엇보다도 먼저 당사자가 '불 위(on fire)'에 있어야 하는데, 이는 강한 동기부여가 있어야 함을 의미한다. 만약 이러한 동기부여가 없는 일반적 사람이라면 번아웃을 겪는다기보다는 단순히 스트레스, 소외, 우울, 피로 그리고 존재적 위기만을 경험할 것이다. 기업가는 일반적으로 동기부여가 강한 사람으로 이윤을 극대화하기 위해서 열심히 일하는데, 그 이유는 기업을 경영하는 일이 자신의 존재에 대한 의미를 부여하고, 더 큰 계획 속에서 삶을 의미 있게 할 것이라는 기대 때문이다. 하지만 이러한 존재 의미에 대한 기대가 충족되지 못하면 번아웃 된다.

Barclay(2015)는 종업원 없이 홀로 사업을 하는 기업가들을 대상으로 한 연구에서 근로자들이 경험하는 감정적 소진, 비인격화, 그리고 개인 성취감의 감소 등과 다른 번아웃 현상을 보고하고 있다. 이 연구에 의하면 기업가들은 세 가지 유형의 번아웃을 경험한다고 한다. 첫째는 신체적인 현상으로 소화기 계통이나 면역기능의 저하이다. 둘째는 정신적인 피로의 문제로 엉뚱한 생각, 탈진, 건망증, 집중력 저하 등의 현상이다. 셋째는 도전정신의 감퇴로 한때 재정적으로 좋았던 사업에 대해서 관심이 저하되는 현상이다. 이에 대한 대처전략으로 기업가들은 휴가를 앞당겨서 계획하거나, 업무를 재조정하여 균형을 맞추거나, 혹은 사회적 네트워크나 전문가들과의 관계를 활용하여 극복하는 것으로 보고하고 있다.

Chapter 07

기업가적 과정

Entrepreneurship: Theory and Practice

이 장에서는 기업가가 수행하는 기업가적 과정, 즉 기회인식, 착수, 자원조달, 창업, 성장, 그리고 회수의 활동을 순서대로 간단하게 소개한다.

제2장에서 우리는 '기업가적 과정(entrepreneurial process)'의 개념을 소개한 바 있다. 기업가적 과정은 〈그림 7-1〉에서 보는 바와 같이 기회인식 → 착수 → 자원조달 → 창업 → 성장 → 회수 등 6단계로 이어진다. 본 장에서는 기업가가 수행하는 활동을 기업가적 과정에 맞추어 핵심골자만 소개한다.

[그림 7-1] 기업가적 과정

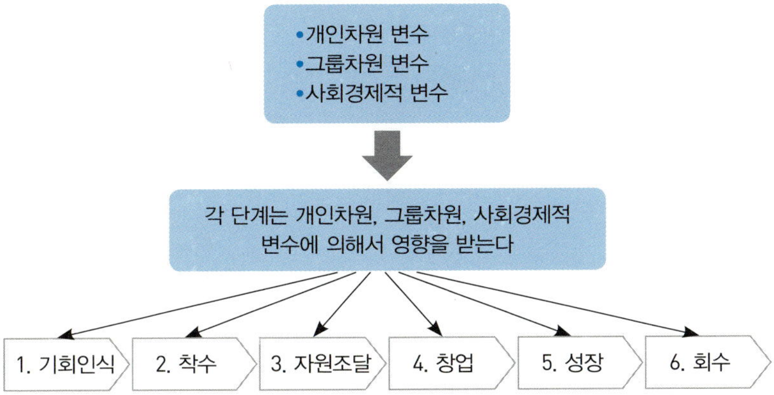

자료: Baron and Shane(2008), p.16.

기회인식 7.1

우리는 제2장에서 기업가적 기회를 "어떤 사람이 이윤 창출 가능성을 가진 새로운 사업 아이디어를 개발 혹은 활용할 수 있는 상황"이라고 정의하였다. 바로 이러한 기회를 포착하여 평가하는 작업이 기업가가 가장 먼저 해야 할 일이다.

1) 기업가적 기회의 유형

기업가는 기회를 인식할 수 있고, 발견할 수 있으며, 더 나아가서 창출할 수 있다(〈그림 7-2〉 참조).

[그림 7-2] 사업기회의 창출 유형

		시장/수요: 기존(old)	시장/수요: 신규(new)
생산/공급	기존(old)	유형 I •인식되는 기회 •예: 프랜차이즈 사업 •핵심경쟁요소: 자원	유형 III •발견되는 기회-수요 •예: 앱프로그램 •핵심경쟁요소: 전략
생산/공급	신규(new)	유형 II •발견되는 기회-공급 •예: 원격진료 •핵심경쟁요소: 전략	유형 IV •창출되는 기회 •예: 웹브라우저 •핵심경쟁요소: 가치

자료: 성태경 외(2016)

① 인식되는 기회

기업가에 의해서 인식되는 기업가적 기회는 기존시장의 활용(exploitation)에서 나타나는 기회이다. 만약 제품이나 서비스에 대한 수요와 공급이 둘 다 존재하고 있다면, 양자를 결합하는 기회는 '인식되어(recognized)'질 수 있고, 양자 간의 연결이 실제로 기존기업이나 신규기업을 통해서 수행되어질 수 있다. 예를 들어 프랜차이즈사업, 중개서비스 등이다. 인식되는 기회가 사업화되는 과정에서 핵심경쟁요소는 자원(resource)이다. 〈그림 7-2〉에서는 유형 I에 속하는 기회이다.

② 발견되는 기회

발견되는 기업가적 기회는 기존시장 혹은 숨어있는 시장의 탐색(exploration)

에서 나타나는 기회이다. 이러한 유형의 기회는 수요와 공급이 동시에 존재하는 것이 아니라 공급만 있고 수요가 없는 경우, 아니면 수요만 있고 공급이 없는 경우에 '발견되어(discovered)'질 수 있는 기회이다. 예를 들어 원격진료는 수요는 존재하지만, 공급이 존재하지 않는 상황에서의 공급측면의 기회로서 〈그림 7-2〉에서 유형 II에 속하는 기회이다. 한편 스마트 폰을 기반으로 한 웹 프로그램과 같은 정보기술의 응용은 공급은 존재하는 상황에서 수요 측면에서 발견되어지는 기회로서 유형 III에 속하는 기회이다. 유형 II는 발견되는 기회로서 생산/공급이 창출되는 경우이고, 유형 III은 역시 발견되는 기회이나 새로운 시장/수요가 창출되는 경우이다. 발견되는 기회가 사업화되는 과정에서 핵심 경쟁요소는 전략(strategy)이다.

③ 창출되는 기회

'창출되는(created)' 기업가적 기회는 새로운 시장의 창출에서 나타나는 기회이다. 이른바 블루오션 시장(blue ocean market)의 창출이다. 이러한 유형의 기회는 기존에 수요는 물론 공급도 존재하지 않는 상황에서 양자가 모두 '창출되어(created)'져 새로운 제품과 시장을 탄생시킨다. 전구, 웹브라우저, 김치냉장고 등을 대표적인 예로 들 수 있다. 〈그림 7-2〉에서는 유형 IV에 속하는 기회로서, 창출되는 기회가 사업화되는 과정에서 핵심 경쟁요소는 가치(value)이다.

2) 기업가적 기회의 원천

기업가가 벤처기업을 창업함에 있어서 기회인식, 발견 그리고 창출은 매우 중요하다. 그렇다면 기회는 어디로부터 오는가? 기회는 기술적 변화, 사회적 변화, 정치적 변화로부터 포착될 수 있다(Bhide, 2000).[1)]

---

1) 참고로 Drucker(1985)에 의하면 기회는 다음 7가지 원천으로부터 온다고 한다; 기대되지 않은 사건(unexpected occurrences), 부조화(incongruities), 절차상의 필요(process needs), 산업/시장의 변화(industry and market changes), 인구변화(demographic change), 인식의 변화(changes in perception), 새로운 지식(new knowledge) 등이다.

① 기술적 변화

기술적 변화는 기업가적 기회의 가장 중요한 원천이다. 왜냐하면 기술혁신은 사람들로 하여금 새로운 제품을 개발하거나 더 생산적인 방법을 고안할 수 있는 길을 열어 주기 때문이다. 예를 들어 초고층 빌딩이라는 사업기회가 열린 것은 초고속의 안전한 엘리베이터가 이미 개발되었기 때문이었다.

② 사회문화적 변화

사회문화적 변화도 기술적 기회의 중요한 원천이다. 왜냐하면 사회문화적 변화 과정에서 사람들의 기호와 수요패턴이 달라지기 때문이다. 예를 들어 비만과 음식에 대한 사람들의 인식변화는 새로운 사업 기회를 창출하고 있다. 특히 인구수, 연령구조, 고용, 소득분포, 교육수준 등 인구구조의 변화는 수요 측면에서 상당한 영향력을 갖는다. 고령화가 진행되면서 실버산업 관련 사업 기회가 출현하는 것이 대표적인 예이다.

③ 정부정책의 변화

정부의 규제완화도 새로운 기업가적 기회를 창출한다. 예를 들어 미국의 경우 통신, 전기, 항공, 철도, 은행 등 일련의 산업에 대한 정부의 규제가 완화되면서 많은 새로운 사업기회들이 창출된 것으로 보고되고 있다(Shane, 2003).

3) 기업가적 기회의 현실화: 사업타당성 검토

좋은 기회는 항상 좋은 사업기회가 되는 것은 아니다. 따라서 기업가가 해결해야 하는 가장 중요한 문제는 기회를 어떻게 하면 현실로 가져올 수 있는가이다. 기회를 현실화하기 위해서는, 즉 시장으로 가져오기 위해서는 사업에 대한 이해가 필수적이다. 즉 기업가는 기회가 포착된 산업과 그 산업에서의 신제품, 산업발전추세에 대해 충분히 이해해야 하며, 사업기회에 대하여 객관적으로 평가한 후에 실제 실행 여부를 결정해야 한다. 우선 기업가는 창업의사결정을 하기 위해서 다음과 같은 사항을 체계적으로 평가해야 한다.

- 제품/서비스 타당성: 창업도전자로서 기업가는 기회로부터 창출되는 제품이나 서비스를 고객이 진정으로 원하는지, 지불의사(willingness to pay)가 큰 제품인지 등을 확인해야 한다. 만약 기업가가 고객을 제대로 규정하지 못하면 단지 아이디어 수준에 머물러 있다고 볼 수 있다.
- 산업/시장타당성: 창업도전자는 시장구조 및 경쟁상황을 파악해야 하고, 실제로 달성 가능한 시장점유율 등을 예측해야 한다.
- 조직타당성: 새로운 벤처기업을 설립할 때 능력 있고 믿을 만한 동료나 팀을 구성할 수 있는지를 검토해야 한다. 특히 정직하고 통합력 있는 인재를 찾아야 한다.
- 재무적 타당성: 무엇보다도 착수되는 사업으로부터 지속적으로 이윤이 실현될 수 있는지를 검토해야 한다. 예를 들어 10~15%의 이윤율이 지속될 수 있는지를 확인해 보아야 한다. 특히 손익분기점(Break-Even-Point: BEP) 어느 시점에서 실현되는지를 분석하는 일은 매우 중요하다. 이외에도 잠재적인 투자수익률(Rate of Investment: ROI), 현금흐름, 추가적인 투자소요액 등을 계산해 보아야 한다.
- 개인적 적합성: 마지막으로 새로운 사업이 기업가 자신의 적성에 맞는지를 검토해야 한다. 흔히 성장 속도가 높거나 잠재력이 높은 기회를 전제하는 경향이 있으나, 어떤 기업가에게는 저성장이라도 인생을 즐길 수 있는 사업기회가 자신에게 맞을 수도 있다.

참고로 벤처창업 기회의 성공확률에 대한 평가기준을 소개하면 〈표 7-1〉과 같다.

[표 7-1] **벤처사업기회 평가기준**

항목	내용
산업과 시장	• 사람들의 일상생활을 바꿀 수 있는 제품이나 방식 • 시장 선도 • 아직 미성숙한 시장 • 1,000억원 이상의 시장 규모 • 5년 이내에 20% 이상의 시장점유율
재무적 측면	• 2년 이내에 손익분기점 도달 • 25% 이상의 ROI (Return on Investment) • 매출액의 20% 이상의 현금흐름과 지속적인 현금흐름 창출 • 40% 이상의 매출총이익 • 10% 이상의 당기순이익
회수적 측면	• 20배 이상의 PER(Price Earning Ratio) • 공개시장에서 높은 가치평가 및 유동성 공급 가능
경쟁 이슈	• 낮은 고정비용 • 적절하고 배타적인 법적, 계약상 위치
경영진	• 시장에서 높은 위치 및 실적 보유 • 높은 도덕성 • 부족한 점에 대하여 정확히 인식하고 해결하는 자세

자료: Timmons et al.(2009)

4) 기회인식과 타이밍

"버스 지나간 뒤에 손들어 봐야 소용없다"는 말이 있다. 기회도 마찬가지이다. 잠재적인 기회를 인식하는 일뿐만 아니라 기회활용의 타이밍을 잡는 일이 매우 중요하다. 적절한 타이밍을 잡고 기회를 활용하면 사업성과는 극대화될 것이다. 반대로 사업이 너무 빠르게 착수되거나 너무 느리게 착수되면 모든 노력은 헛수고가 될 수 있다.

하지만 적정한 타이밍을 잡는 일은 쉽지 않다. 사람들은 기회의 창(window of opportunity)이 막 열리고 있는 순간보다는 이미 어느 정도 열려져 있는 상황을 보는 것이 쉽기 때문이다. 그래도 고객과 시장 상황을 주시하면 타이밍을 맞출 수 있다. 먼저 고객을 보면 된다. 특히 신기술이나 과학지식을 가지고 창업하려는 기업가들은 시장에서의 반응을 보기 위하여 그들의 아이디어를 잠재적인 고객들에게 설명하고 홍보한다. 둘째는 경쟁자들을 보면 시장의 상황을 파악할 수 있다. 만약 자신이 들어가려는 분야에 많은 대기업들이 포진하고 있다면 그것은 너무 늦은 타이밍이다.

5) 기회분석: 사업개념제안서

사업개념제안서(Business Concept Proposal: BCP)는 본격적인 사업계획서(Business Plan: BP)를 작성하기 전에 A4 용지로 두 페이지 정도의 기회평가 문서이다. BCP는 하나의 기회에 어떠한 장점들이 있는지를 검토하는 것으로, 사업을 할 것이지, 아니면 하지 않을 것인지를 의사결정 하는 자료가 된다. BCP 작성은 조기에 착수되어야 하고, 여러 번 작성하는 것이 좋으며 짧아야 한다. BCP 포함 내용은 다음과 같다.

- 아이디어나 기회에 대한 설명(최대 6줄을 넘어서는 안 된다)
- 고객에 대한 이득은 무엇인가? 최종 고객이 있다면, 그들의 이득은 무엇인가?
- 기회의 원천은 무엇인가?
- 시장잠재성은? 즉 시장규모와 가능한 시장점유율은?
- 현금흐름을 포함한 수입과 이윤의 예측(5년간)
- 벤처창업을 하지 않을 수 있는 중요한 상황이 있는가?

기업가는 위의 사항들을 검토한 후 기회를 사업화할 것인지 아니면 사업화하지 말 것인지를 결정한다. 만약 결과가 채택이라면 착수단계로 들어가 BCP를 BP로 발전시키는 작업을 진행하게 된다.

사례 | 작은 발명, TissueKup

흔히 기업가는 특이하고 비상한 사람이라고 생각하기 쉽다. 예를 들어 이병철, 정주영, 김우중, Steve Jobs, Bill Gates 등과 같은 입지전적인 인물을 기업가라고 본다.

하지만 기업가는 '작은 발명'(petty invention)을 통해서도 태어날 수 있다. 이는 Lorraine Santoli라는 미국 여성이 발명한 TissueKup의 사례에서 발견된다. 그녀의 아이디어는 일상생활의 경험에서 나왔다. 그녀는 자동차를 운전하는 중에 얼굴을 닦을 티슈가 필요하였는데 바로 찾기가 어려웠다. 그래서 생각해 낸 것이 모든 차량에 설치되어 있는 컵 홀더 크기에 맞을 뿐 아니라 티슈를 컵에 담아서 한 번에 사용할 수 있는 TissueKup이었다. 그녀는 이 아이디어를 살려서 TissueKups Inc.이라는 회사를 창업하였고 수백만 개의 TissueKup을 팔았다고 한다. 이것은 결코 하이테크(High-tech) 제품은 아니었다. 감각적인 하이터치(High-touch) 제품도 아니었다. 획기적인 신제품도 아니었다. 다만 수많은 잠재적인 고객들을 일깨운 효과적인 제품이었다. 그리고 Lorraine Santoli라는 여성이 이 아이디어를 내기 전에는 존재하지 않았던 제품이었다.

7.2 착수: 사업계획서 작성

기업가가 일단 사업개념제안서(BCP)를 통해서 일차적으로 기회를 평가한 후, 사업을 추진하기로 결정하면 사업계획서(Business Plan: BP)를 작성하여 이를 보다 구체화시켜야 한다. 사업계획서는 기업의 얼굴인 동시에 기업의 신용이므로 정확하고 객관성이 유지되어야 하며, 전문성과 독창성을 갖춰서 작성하여야 한다.

1) 사업계획서(BP)란?

BP는 초기 아이디어를 사업개념제안서(BCP)로 구체화한 다음, 사업기회를 본격적으로 평가하는 하나의 문서(document)이다. 즉 벤처기업의 기회, 제품/서비스, 체제, 전략, 팀, 요구되는 자원, 예상수익 등을 보여주는 문서이다.

기업가가 BP를 작성하는 이유는 다음과 같다. 첫째, 기업 창업이 자신에게 가치가 있음을 스스로 확신하기 위해서, 둘째, 재원조달을 위한 설명 자료로 활용하기 위해서, 셋째, 종업원들에게 동기를 부여하고 일에 집중시키기 위해서, 넷째, 핵심 인력을 영입하기 위해서, 다섯째, 중요한 거래계약을 따내거나, 전략적 제휴를 성사시키기 위해서 혹은 성공적인 인수 및 합병(Merger & Acquisition: M&A)을 위해서 등이다. 이러한 여러 가지 이유 중에서 가장 중요한 이유는 재원조달이라고 할 수 있다. 특히 창업기업의 경우에 BP를 가지고 투자자들을 설득시킴으로써 창업자금을 조달하는 일은 무엇보다도 중요하다. 하지만 창업자는 BP를 통해서 자신이 꿈꾸고 있는 사업기회를 이해할 수 있는 점도 매우 중요하다. Bobson 대학의 Andrew Zacharakis 교수는 "BP를 작성하는 과정을 통해 창업자는 중요한 질문을 스스로에게 던지고 그 질문에 대한 답을 연구하고 찾아냄으로써 자신이 생각했던 당초의 비전을 더 나은 기회로 구체화시킬 수 있게 된다"고 설명한다.

2) BP의 구성 및 내용

BP는 용도에 따라서 그 초점과 양은 다를 수는 있지만, 전체적인 구조는 동일하다. BP의 일반적인 목차 및 내용은 다음과 같다.

- 표지 및 목차
- 개요
- 현재 상황: 회사정보, 제품/서비스, 경영팀, 조직, 미래목표, 비전, 임무
- 기회 및 시장: 구매자, 경쟁자, 기업의 경쟁우위, 비즈니스 모델

- 마케팅전략
- 재무계획: 현금흐름, 손익계산서(Income Statement: I/S), 재무상태표(Financial Statement: FS), 투자자금 및 조달
- 위험분석 및 출구전략
- 결론
- 부록: 이력서, 참고문헌, 기술분석 등

이상에서 열거된 내용 중 주요 내용인 시장분석, 산업 및 경쟁자분석, 마케팅계획, 자원조달, 위험분석 등에 대해서 설명하면 다음과 같다.

① 시장분석: 규모, 성장 및 잠재력

BCP에서도 시장에 대한 대략적인 정보를 파악하지만 BP에서는 보다 신뢰성 있는 시장정보를 조사하고 분석해야 한다. 시장에 대한 분석은 두 가지 차원에서 분석해야 한다. 하나는 거시적 차원의 분석(macro-level analysis)이고 다른 하나는 미시적 차원의 분석(micro-level analysis)이다.

거시적 차원의 분석은 기업을 둘러싸고 있는 거시적 환경에 대한 분석이다. 예를 들어 고객의 수, 총지출액, 제품사용빈도수, 시장성장속도, 미래성장률 등이다. 정치적, 기술적, 사회문화적 추세에 대한 분석도 포함한다. 거시적 분석을 위한 자료로는 경제신문, 잡지, 산업협회 발간물 등이면 충분하다. 거시적 차원의 분석을 보다 정교하게 수행하려면 PEST(Political, Economic, Social, and Technological)라는 분석도구를 활용하면 된다.

미시적 차원의 분석은 시장을 세분화하고 잠재적인 고객들에 대하여 명확히 하는 작업이다. 벤처기업의 성공 여부는 개발한 제품 혹은 서비스에 대해 기꺼이 지불하려고 하는 고객들을 찾아내는 데 달려있기 때문에 미시적 분석은 매우 중요하다. 미시적 차원에서 해결해야 할 문제들은 다음과 같다.

- 기업이 들어갈 목표시장(target market segment)이 있는가?

- 고객이 지불하려는 가격에서 고객에게 분명한 이득을 줄 수 있는가?
- 고객이 생각하기에 이러한 이득은 차별화되는가? 다른 대안에 비해 우월한가? 더 좋고, 빠르며, 싼가?
- 목표시장은 얼마나 크며, 성장속도는?
- 다른 시장 영역과의 연관성은? 이는 미래에 가능한가?

미시적 분석을 위한 자료로는 소비자 인터뷰, 인터넷 정보, 관련 서적 등을 활용할 수 있다.

② 산업 및 경쟁자 분석

흔히 시장(market)과 산업(industry)을 혼동하는 경우가 있다. 하지만 창업자로서 기업가는 양자를 분명히 구분할 필요가 있다. 앞에서 언급한 시장은 제품을 구입할 능력과 의사가 있는 기존 혹은 잠재적인 고객들로 구성되어 있는 반면에, 산업은 경쟁기업들로 구성되어 있다. 따라서 시장분석이 고객에 대한 분석이라면 산업분석은 경쟁자에 대한 분석이라고 할 수 있다.

산업분석의 방법으로 가장 많이 활용되는 것은 SWOT 분석이다. SWOT 분석은 기업의 입장에서 기업이 직면하는 외부환경과 기업의 내부능력을 분석하여 전략을 수립하는 도구이다. SWOT에서 S와 W는 각각 강점(Strength)과 약점(Weakness)이고 OT는 각각 기회(Opportunity)와 위협(Threat)이다. SWOT은 많은 사업보고서들에서 '약방의 감초' 격으로 널리 사용되고 있으며 그 작성방법은 잘 알려져 있다.

산업분석에서 가장 중요한 것은 결국 창업기업이 자신의 경쟁우위 요소를 찾아내고, 과연 이것이 장기적으로 지속 가능할 것인지를 파악하는 것이다. 경쟁우위란 다른 기업들이 동일한 기회를 활용하는 것을 막는 능력으로서 평균보다 높은 이윤율을 보장해 준다. 일반적이면서도 가장 강력한 경쟁우위는 지식재산권(intellectual property right)과 비즈니스 모델(business model)이다.

지식재산권은 새로운 아이디어에 대한 배타적인 법적 권리이다. 기업이 지식재산권을 획득하게 되면 법이 정하는 일정 기간 동안 다른 기업들의 진입을 막을 수 있다. 지식재산권에는 특허, 실용신안권, 의장권, 상표권, 저작권 등이 있는데, 특허를 출원하여 획득하게 되면 20년 동안 다른 기업의 진입을 막을 수 있다.

비즈니스 모델은 한 기업이 시장에서 어떻게 경쟁하며, 이러한 경쟁활동으로부터 이윤을 어떻게 획득할 수 있는지를 정의한다. 즉 기업의 수익창출 구조이다. 다른 사정이 동일하다면, 기업의 수익은 올바른 비즈니스 모델을 선택하는지에 달려있다. 예를 들어 인터넷 포털 사이트들(예: 네이버)은 회원들로부터 회비를 받는 것이 아니라 회원가입은 무료이지만 광고를 통해서 수익을 창출하는 수익창출 구조를 가지고 있다. 비즈니스 모델을 구성하는 요소들은 다음과 같다.

- 고객가치: 경쟁자보다 더 큰 가치를 고객에게 제공하는가?
- 범위: 누구에게 이 가치를 제공하는가?
- 가격: 이 가치를 어떻게 가격으로 매길 수 있는가?
- 수입원천: 돈은 어디로부터 오는가? 어떤 가치에 대해서 누가 지불하는가? 언제 지불하는가? 기꺼이 지불할 용의(Willingness to pay)가 있는가?
- 관련된 활동: 가치를 제공하는 활동은 무엇이며, 어떻게 연결되어 있는가?
- 실행: 활동을 수행하는 조직, 시스템, 사람은?
- 역량: 기업의 역량은 무엇이며, 갭은?
- 지속가능성: 모방은 가능한가?
- 이윤원천: 경쟁우위는 무엇인가?
- 비용구조: 비즈니스 모델의 각 구성 부분에서 비용을 발생시키는 것은 무엇인가?

③ 마케팅 분석 및 전략

기업가는 자신이 기회로 포착한 새로운 제품 혹은 서비스를 고객들에게 잘 팔아야 성공할 수 있다. 따라서 마케팅 분석 및 전략은 BP에서 가장 중요한 구성요소가 된다. 창업기업에 있어서 마케팅은 가장 도전적인 일이다. 기존기업의 마케팅과는 차이가 난다. 왜냐하면 창업기업은 신규기업이고, 규모가 작으며, 불확실성이 크기 때문이다. 따라서 창업에 착수하는 기업가는 "내가 내 제품은 제일 잘 안다" 혹은 "내가 내 제품을 파는데 성공하지 못하면 누가 할 수 있겠는가?"라는 자만심을 버리고 보다 체계적으로 마케팅계획을 수립할 필요가 있다.

마케팅계획에서 핵심은 자기 기업만의 유일한 판매 포지션을 정하는 것이다. 이를 USP(unique selling position)라고 한다. USP는 다른 경쟁기업에 비해서 제품 혹은 서비스의 인식된 가치이다. USP를 정하기 위해서는 "왜 소비자들이 이러한 특정 제품을 사고, 무엇이 그것을 유일한 선택이 되도록 만드는가?"라는 질문에 답하면 된다. 정답의 핵심은 소비자들이 부여하는 가치(예: 편리성)에 있음을 간과해서는 안 된다.

일단 대략적인 마케팅계획이 수립되면, 목표로 하는 고객들을 대상으로 4Ps, 즉 제품(Product), 가격(Price), 유통(Place), 판촉(Promotion)에 대한 의사결정 내용을 기술한다.

④ 재무계획

새로운 벤처기업을 창업할 때 필요한 자금을 조달하는 일은 매우 중요하다. 앞에서도 강조한 바와 같이 BP는 주로 투자자금을 조달하는 목적으로 작성된다. 따라서 최대한 많은 투자자금을 유치하기 위해서는 투자에 소요되는 자금과 예상되는 기대수익에 대한 자료가 준비되어야 한다. 즉 예상 손익계산서, 현금흐름, 재무상태표, 비용통제 등을 작성하여야 한다. 예측 기간은 3년 내지 5년 정도가 좋다. 특히 투자자들은 사업과정에서 수입이 비용을 넘어서는 시점, 즉 손익분기점(BEP)에 관심이 많으므로 여기에 초점을 맞추어 현실감 있게 준비해야 한다.

재무계획은 미래에 대한 예측이므로 여러 가지 가정을 바탕으로 작성된다. 따라서 투자자들에게 신뢰감을 주기 위해서는 가정을 뒷받침하는 믿을 만한 자료나 가정을 검증하는 계획 등을 제공해야 한다. 예를 들어 시장조사결과나 다른 경쟁기업들과의 비교자료(예: 가격 비교) 등은 좋은 참고자료가 될 수 있다. 물론 정량적인 자료들 이외에 창업자의 경험이나 예견력에 따른 정성적인 자료도 필요하다. 이 경우에는 다른 산업전문가나 경험자들의 의견을 통해서 재무계획의 근거를 확인하여 이를 소개하는 일도 해야 한다.

마지막으로 재무계획에 출구전략(exit strategy)을 포함시키는 것이 좋다. 왜냐하면 투자자들은 기업이 성공하든지 실패하든지 마지막에 자신이 얻게 되는 수익에 대해서 관심을 갖기 때문이다. 예를 들어 다른 기업에 기업을 매각하는 경우 그 가치가 어떻게 투자자들에게 배분될 것인가에 대한 계획을 수립하여 제시하는 것이다. 출구전략에는 매각, 경영권 인계, 종업원 승계 등 여러 가지 대안들이 있는데, 이에 대한 계획을 제시하면 상이한 유형의 투자자들의 관심을 유발할 수 있다.

⑤ 위험요인 분석

벤처기업 창업은 매우 큰 위험을 내포하므로 BP에서도 이를 고려해야 한다. 창업 후에 직면할 수 있는 위험을 예상하여, 이에 대한 대응 방안을 준비한다. 위험 분야는 모든 분야에서 발생할 수 있다. 특히 기술, 종업원, 산업환경의 변화, 시장, 자금 등에서 문제가 발생할 가능성이 크다. 위험관리 전략은 단계적인 시험적 시도를 포함한다. 예를 들면 제한된 일부 제품이나 서비스를 가지고 특정 지역에서 사업을 시작해보는 것 등이다.

7.3 자금조달

사업계획이 수립되고 이에 따라 기업설립이 착수되면, 기업가는 기업을 운영하는데 필요한 인력, 설비, 기술개발 등을 위해서 투자재원을 조달해야 한다.

벤처기업의 자금조달의 문제는 순수한 재정문제라기보다는 기업성공에 필요한 광범위한 자원들, 즉 경영능력, 유통채널, 네트워크, 기술 등에 접근하는 방법도 포함한다.

1) 창업기업 자금조달의 특징

창업기업의 자금조달의 문제는 기존기업의 자금조달의 문제와 두 가지 차원에서 차이를 보인다. 하나는 위험(risk)이라는 특성이다. 기존기업들은 광범위한 제품 혹은 프로젝트들의 포트폴리오를 구성함으로써 위험을 분산 혹은 방어할 수 있지만, 이제 막 창업한 기업들은 불확실성에 쉽게 노출될 수밖에 없다.

다른 하나는 성장(growth)이라는 특성이다. 창업기업이 성장하려면 많은 자원을 필요로 한다. 특히 기업의 능력을 벗어나는 성장을 추구하려면 위험이 더욱 커진다. 이러한 상황에서 투자자들이 경험도 없고 실적도 없는 기업가를 믿고 투자하기란 어려운 일이다.

따라서 기업가는 위험성이 매우 높은 창업기업 초기단계에 적합한 자금조달 방법은 무엇인지, 그리고 어떤 투자자들을 대상으로 하여 자금을 조달할 것인지에 대해서 알아야 한다.

2) 창업기업의 성장단계별 자금조달 수단

일반적으로 기업가가 창업한 기업 혹은 창업기업의 발전단계는 다음과 같이 7단계로 구분할 수 있는데, 각 단계별로 자금조달의 수단이 달라질 수 있다(〈그림 7-3〉 참조).

- 기술획득단계
- ‘씨뿌리기’(seed)단계
- ‘착수’(start-up)단계
- 1라운드 단계

- 2라운드 단계
- 3라운드 단계
- 후기단계

[그림 7-3] 창업기업의 성장단계별 자금조달수단

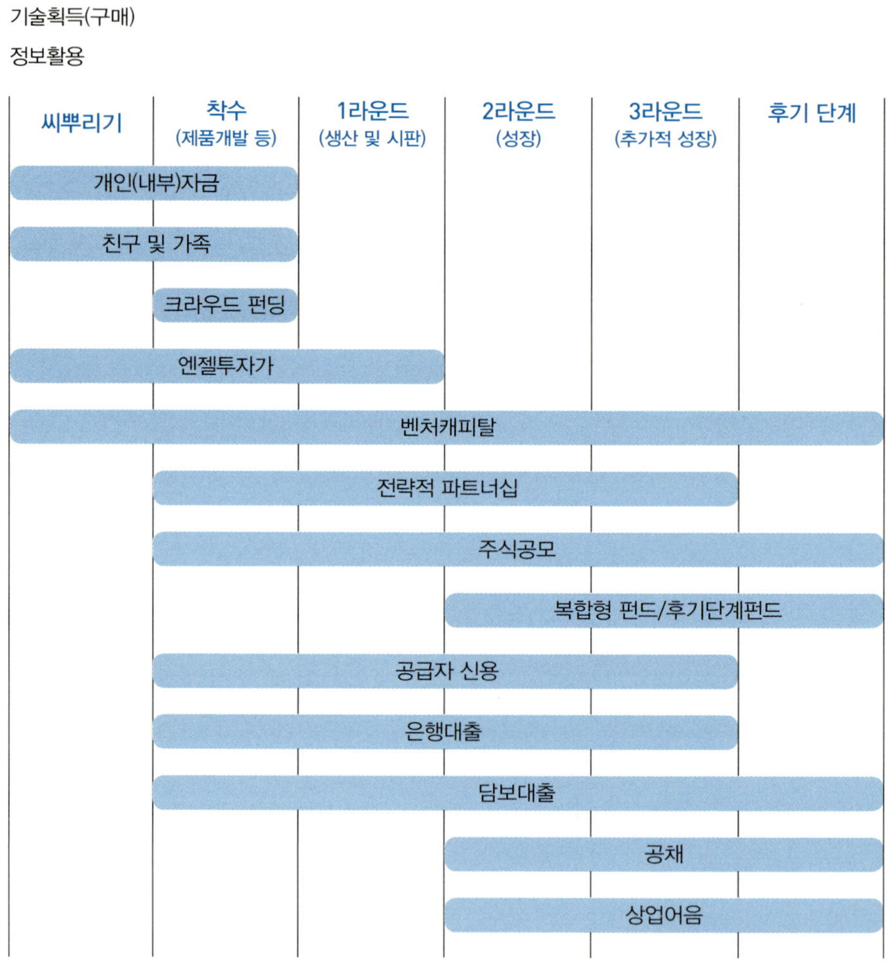

자료: Seifert et al.(2008)

제1단계인 기술획득단계란 말 그대로 기술을 외부로부터 구입하거나 자체 개발하는 단계이다.

제2단계인 '씨뿌리기'단계는 기술이 투자할 만한 가치가 있는 것인지 판단하는 단계로 생산이나 판매활동은 포함하지 않는다. 따라서 판단 및 조사와 관련된 소액의 자금이 필요하다.

제3단계인 착수단계는 제품개발, 프로토타입 테스트, 테스트마케팅, 시장조사, 인력채용 등 일련의 활동이 이루어지는 단계로, 상당 수준의 자금이 소요된다.

제4단계인 1라운드는 이윤은 실현되지 않지만 제품이 생산되고 시판되는 단계이다. 이 단계에서는 제품마케팅에 대한 자금이 조달되어야 한다.

제5단계 2라운드는 기업성장을 위해서 고정자산이나 운영자금이 조달되는 단계이다. 이 단계에서는 대부분의 경우 이윤이 실현된다.

제6단계인 3라운드는 기업은 이미 일정수준의 이윤은 확보하고 있지만, 추가적인 성장을 위한 자금을 확보해야 하는 단계이다.

제7단계인 후기단계는 기업이 잘 운영되고 있으나 추가적인 자금확보나 이탈 등을 포함하는 구조조정 활동에 투입되는 자금이 필요한 단계이다.

〈그림 7-3〉에는 각 단계별 적절한 역할을 수행하는 자금조달 수단들이 예시되어 있다. 일반적으로 창업의 초기 단계에는 회사의 신용도가 낮기 때문에 본인이나 가족, 친지, 주변의 지인들로부터 투자재원을 유치하게 되며, 사업이 진행됨에 따라 제품개발자금 및 제품양산을 위한 설비투자 등 보다 큰 자금 수요가 생기게 된다. 벤처기업은 이때 외부로부터의 자금 유치를 고려하게 되는데, 자금유치 방법에는 금융기관으로부터 융자, 정부의 정책자금, 벤처캐피탈로부터의 투자유치 등이 있다.

3) 주요 자금조달 수단

이하에서는 창업 초기단계에서 매우 중요한 역할을 수행하는 엔젤펀드, 크라우딩 펀드, 벤처캐피탈, 지식재산금융 등에 대해서 차례로 살펴본다.

① 엔젤펀드

엔젤투자자(angel investor)는 사업을 착수(start-up)하는 창업기업에 대해서 자금을 제공하고 대신에 전환사채나 지분을 가지는 개인을 말한다. 엔젤투자자는 자기 자신의 펀드(fund)를 개별적으로 투자한다는 점에서 다른 사람(또는 기관)들의 펀드를 전문적으로 관리하는 잘 조직화된 벤처캐피탈과 다르다.

엔젤펀드는 사업화에 종자돈을 대어주는 친구 혹은 친지와 벤처캐피탈 사이에서 투자 갭을 메워주는 기능을 수행한다. 가령 친구나 친지로부터 1억원 이상을 조달하기도 어렵지만, 그렇다고 하여 벤처캐피탈 회사로부터 10억원 이하를 투자받기도 적절하지 않을 것이다. 이 경우 엔젤투자는 이제 막 성장하는 기업들에게 적합한 투자자금조달 수단이 될 수 있다.

엔젤투자자들은 막대한 부를 가진 개인으로서, 주로 전직 기업가나 혹은 경영자들이 많다. 이들은 단지 수익만 얻으려고 투자한다기보다는 특정한 사업 분야의 발전을 원하거나, 차세대 기업가를 돕는다거나, 또는 자신의 경험이나 네트워크를 활용하기 위한 이유로 투자한다. 그래서 엔젤투자가들은 투자 이외에도 경영 자문의 역할도 수행한다.

② 크라우드 펀딩

크라우드 펀딩(crowd funding)은 인터넷 등을 통해서 일반 대중으로부터 자금을 모으는 자금조달 방식이다. 좀 더 엄격하게 정의하자면, 크라우드 펀딩은 "일반적으로 온라인 커뮤니티를 활용하여 다수의 개인들로부터 소규모의 후원이나 투자자금을 모으는 것"이라고 할 수 있다. 특히 트위터, 페이스북, 카카오톡 같은 SNS(Social Networking Service)를 통해서 투자 홍보가 이루어지기 때문에 '소셜 펀딩(social funding)'이라고도 불린다.

크라우드 펀딩은 소액으로라도 일반 사람들이 투자할 수 있으므로 소자본 창업자들이 쉽게 사업화를 가능하게 하는 자금조달 방법이다. 또한 크라우드 펀딩 과정에서 투자자들의 반응을 통해서 자사 제품에 대한 수요예측도 가능하다. 더 나아가서 크라우드 펀딩이 성공하면, 이를 발판으로 전문투자자로부터 본격적으로 투자를 유치할 수 있다.

③ 벤처캐피탈

창업 시 혹은 기업성장 과정에서 많은 자금이 필요하면 기업가는 벤처캐피탈(Venture Capital: VC)로부터 자금을 조달할 수 있다. 벤처캐피탈에 대해서는 다양한 정의가 존재하지만, 시장조사 전문기관인 미국의 톰슨 파이낸셜에 따르면 다음과 같이 정의된다.

> "Money provided by professionals who invest alongside management in young, rapidly growing companies that have the potential to develop into significant economic contributors."

이 정의에 따르면 벤처캐피탈은 첫째, 투자대상이 새로 창업되어, 급격한 성장을 하는 기업(young, rapidly growing companies)이다. 즉 창업 후 3년 이내의 초기단계(early stage) 또는 4~7년 확장단계(expansion stage) 벤처기업에 투자한다. 따라서 'venture'라는 말의 의미처럼, 모험자본이라고 볼 수 있다. 물론 이러한 위험감수에 대한 수익을 기대하고 투자한다. 둘째, 투자전문가에 의해 제공되는 자본(money provided by professions who invest)이다. 벤처투자전문가를 '벤처 캐피탈리스트'라 한다. 셋째, 투자만 하는 것이 아니라 경영도 함께(alongside management)한다. 벤처캐피탈은 투자자의 역할 이외에도 인사, 재무, 마케팅 등의 경영지원을 통해 기업의 가치를 높이고자 투자대상 기업과 상생의 관계를 지향한다. 구체적인 예로 미국의 SBVC(SoftBank Venture Capital)는 Hotbank라는 창업보육회사를 운영하여, 신생기업(벤처기업)의 탄생부터 입지, 채용, 금융, 법률, 자문 등의 서비스는 물론 네트워킹을 제공하여 기업성장을 지원한다. Hotbank는 벤처기업의 지분을 보유하여, 기업가정신을 가지고 자기 회사처럼 경영에 도움을 준다.

이러한 벤처캐피탈 회사들은 자기자본을 통해 투자도 하지만 통상 투자조합을 결성해 조성된 자금을 바탕으로 창업단계(seed/start-up)와 창업 이후 초기 성장단계 또는 확장단계에 있는 고성장·높은 기술력을 가진 기업의 주식 등의 인수를 통해 성장에 필요한 자본을 공급하는 역할을 한다. 또한 벤처캐피탈은 투자자금 등 경영지원을 통해 투자기업의 기업가치를 높인 후 IPO(Initial Public Offering), M&A 등을 통해 회수하는데, 투자수익은 투자비율에 따라 투자자에게 배분한다. 기업가 입장에서는 벤처캐피탈로부터 자금조달을 통해 자기자본을 확충함으로써 차입에 따른 사업초기의 기업경영 위험을 줄일 수 있다.

④ 지식재산금융

기업가는 자신이 소유하고 있는 기술을 기반으로 자금을 조달할 수도 있다. 이를 지식재산금융(intellectual property-based financing)이라고 한다. 지식재산금융은 특허 등 지식재산의 창출, 사업화, 활용과정에 따라 지식재산을 기반으로 투자, 융자, 보증 등의 자금을 공급하는 기업금융 활동이며, 더 나아가서 투자집합기구(예: 투자회사, 투자신탁, 투자조합 등)를 활용하여 지식재산 자체에 투자함으로써 투자자에게 배당 혹은 수익을 분배하는 활동까지도 포함한다.

7.4 창업

이상과 같이 사업에 대한 모든 준비가 갖추어지면 기업가는 기업을 설립하게 된다. 이를 '창업'이라 한다.

1) 기업형태의 선택

창업 시에 기업가가 먼저 결정할 문제는 기업형태의 선택이다. 기업형태로

[그림 7-4] 기업형태

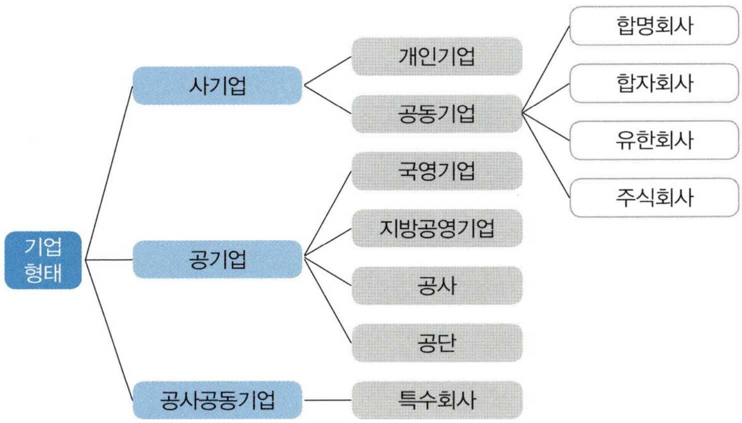

는 크게 개인기업과 공동기업이 있다. 공동기업은 법인의 형태로 합명회사, 합자회사, 유한회사, 주식회사 등이 있다(〈그림 7-4〉 참조). 우리는 주변에서 흔히 회사명에 'Corp.(Corporated)'라는 명칭이 붙어 있는 것을 볼 수 있다. 이는 법인기업임을 뜻한다. 'Co., Ltd.(Company Limited)'라는 명칭이 있으면 유한회사이다. 사원들의 법적 책임이 한정되어 있다는 의미이다. 'Inc.(Incorporated)'란 명칭이 붙어 있으면 주식회사를 뜻한다. 주식회사도 법적 책임이 한정되어 있기 때문에 'Ltd.'라는 명칭을 붙인다. 예를 들어 Samsung Electronics(Ltd.)는 삼성전자주식회사를 말한다. 우리말로는 (주)삼성전자라고 표기한다. 이들 기업형태에는 장단점이 있다. 예를 들어 개인기업은 기업설립이 용이하나 성장에는 한계가 있다. 주식회사는 자본조달이 용이하여 성장가능성이 크지만 상법에 명시된 각종 규제를 받아야 한다. 설립부터 복잡한 절차를 거친다.

2) 창업절차

창업절차는 〈그림 7-5〉와 같이 창업 예비절차, 회사설립 및 사업자등록, 공장설립, 개업 준비 등으로 진행된다. 창업 예비절차는 말 그대로 창업 전의 활

[그림 7-5] 창업절차

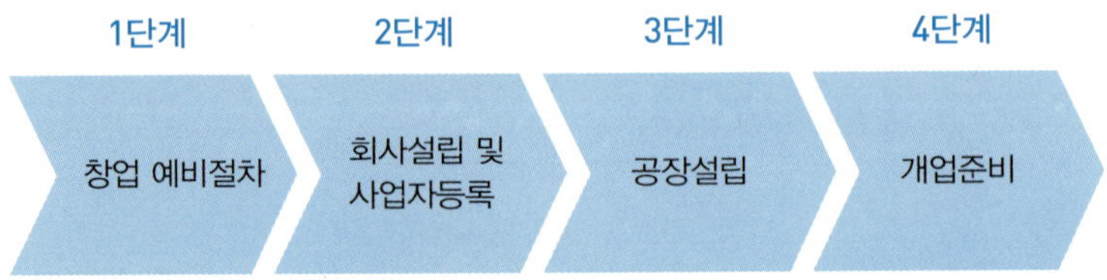

동으로서 기회의 포착 및 평가, 착수, 자원조달 등을 포함한다. 하지만 이는 여전히 계획단계로서 이 단계가 끝나면 기업가는 회사를 설립하고 사업자등록을 마쳐야 한다. 회사설립은 개인기업이냐 법인기업이냐에 따라서 상당히 다르다. 예를 들어 법인기업의 경우에는 정관을 별도로 작성하여야 한다.

회사설립이 완료되면 제조업의 경우 공장을 설립하여야 한다. 공장은 매입하거나 임차하거나, 혹은 신축할 수 있다. 공장을 신축할 경우에는 공장의 입지 선정, 인허가절차, 그리고 공사계약 등을 진행시켜야 한다. 직접 생산하지 않고 생산을 아웃소싱(outsourcing)하는 경우에는 공급사슬관리에 대한 체계적인 계획을 수립해야 한다. 도소매업이나 기타 서비스업을 창업하는 경우에는 점포 혹은 사무실을 확보해야 한다.

마지막으로 개업 준비단계에서는 다음과 같은 일에 착수한다. 첫째, 직원을 채용하고 훈련하며, 종업원을 위한 보험(예: 건강보험, 고용보험 등)에 가입한다. 둘째, 급여규정, 회계규정 등 회사내규의 제정과 장부를 준비한다. 셋째, 행정기관에 공장, 부동산 등에 관한 등기를 마무리한다. 넷째, 시장조사를 실시하여 제품에 대한 소비자의 반응을 살피고 광고 등 구체적인 전략을 실행한다.

성장 7.5

기업가가 기회를 잘 규정하고, 순조로운 자금조달을 통해 창업에 성공했다고 그의 여정이 끝난 것은 아니다. 오히려 이 단계부터 본격적인 경영이 시작된다. 성장을 시작해야 하기 때문이다. 일반적으로 창업된 10개의 기업 중 1개 기업만이 도전에서 살아남으며, 10명 이상의 종업원을 고용한다고 한다. 주변에서 많은 창업기업들이 '좋은 시절'을 누려보지도 못하고 도태되는 것이 흔히 목격된다. 대략 창업 후 1년 내지 2년 사이에 퇴출된다고 한다. 실패하는 이유는 자원, 조정능력, 그리고 차별성의 부족 때문이다.

1) 왜 성장해야 하나?

창업기업이 계속 소규모의 기업 수준에 머물러 있으면 규모의 경제(economies of scale) 효과를 누리지 못한다. 따라서 일정 규모의 기업으로 성장할 필요가 있다. 기업의 규모가 커지면 기업은 신용이 커지며, 시장접근이 용이하게 된다. 고객들에게 좋은 평판을 얻을 수 있고, 다른 기업과의 협력이 수월해지며, 유능한 인력을 채용할 수 있다. 따라서 벤처기업은 신기술을 상업화하는 과정에서 최대한 빨리 일정 수준의 규모, 즉 임계수준(critical mass)까지 성장할 필요가 있다.

2) 창업기업 성장의 장애요인

창업기업이 점차 중규모의 기업으로 성장하면서 기업가가 소규모로 혼자 경영할 때와는 달리 위험, 책임 수준이 갑자기 증가하고, 투입되는 시간이 많아지며 감정적으로도 소진된다. 왜냐하면 성장하려면 기업가는 다른 기업과의 협력 및 제휴로부터 유통채널의 구축, 재무계획, 현금관리 등의 다양한 활동을 해야 하기 때문이다. 이러한 활동들은 대기업의 고위관리직에서 일하는 사람보다도 더 광범위하고 보다 더 집중해야 하는 일이다.

기업가는 창업 초기에는 혼자서 모든 의사결정을 하고 그 일을 수행할 수 있었지만, 기업이 성장하게 되면 독자적인 의사결정이 버거워질 수 있다. 기업이 커지면서 책임도 공유해야 하며 어떤 경우에는 통제도 포기해야 한다. 이러한 상황은 창업자에게는 엄청난 고통이 될 수도 있다.

종업원 문제와 관련하여서도 어려움을 겪을 수 있다. 새로운 신규인력들이 유입되면서 기업 운영이 불안정해질 수 있다. 대부분의 창업자들은 종업원 관리를 반갑지 않은 일로 본다. 기업이 성장해 가면서 업무를 감시해야 하며, 적절한 조직구조를 디자인해야 하고, 인센티브 제도를 강구해야 한다. 신규로 채용되는 중간관리자들도 기존의 종업원들과의 신뢰 관계를 구축하는 등 기업문화에의 적응이 쉽지 않다. 기존 종업원들도 기업이 성장함에 따라서 종전에 익숙했던 일들(예: 고객서비스, 시장관리, 엔지니어링)도 점차 어렵게 생각할 수 있다.

한편 외부환경변화에 따른 대응 문제도 발생한다. 특히 과학기술이나 특허을 기반으로 창업한 기업의 경우에는 더욱 그러하다. 창업기업과 관련된 새로운 R&D 결과가 발표되거나 문제해결에 대한 새로운 방법 등이 새로 나오면서 창업기업은 위협을 받게 된다. 이 상황에서 창업자는 외부환경의 위협을 인식하고 평가함으로써 사업계획서, 인력, 재무자원 등을 다시 확립해야 한다. 특히 이러한 상황을 종업원들이 함께 극복해야 한다는 일체감도 심어주어야 한다.

마지막으로 창업자로서 기업가는 기업성장을 제약하는 일상적 문제에도 직면한다. 예를 들면 현금흐름관리, 품질문제, 가격불안정, 자본부족 등이다. 특히 재무적 자원을 확보하는 일은 성장하는 어떤 기업에게도 일상적으로 직면하는 문제이다. 요컨대 기업이 성장한다는 것은 성장하지 못하는 것만큼 버거운 일이다.

3) 창업기업의 성장전략

벤처기업의 성장전략은 내부적 전략과 외부적 전략으로 구분할 수 있다. 내부적 성장전략은 기업 내부의 자원 및 능력으로부터 나오고, 외부적 전략은 다른 활동주체들과의 관계를 활용하는 전략이다.

① 내부적 전략

내부적 성장전략은 기업 내부로부터 이끌어 낼 수 있다. 내부적 성장전략은 제품전략과 지역전략을 포함한다. 제품전략은 제품의 개발 및 개선을 말하며, 제품을 지속적으로 개발 혹은 개선하지 못하면 고객을 잃을 수 있다는 점에서 성장에 필수적이다. 특히 하이테크 제품을 판매하는 벤처기업 경영자는 기술수용주기(technology adoption cycle)를 잘 인식하고 있어야 한다. 제품이 개발되어 시장에 출시되어 초기에 잘 판매된다고 할지라도 특정한 시기나 단계에서는 함정이 있을 수 있기 때문이다.[2] 신제품의 매출액은 적절한 노력과 전략 없이 저절로 지속적이고도 안정적으로 증가하는 것은 아니다.

지역전략은 시장을 지역적으로 확대하는 전략으로 해외진출 등을 포함한다. 일부 창업기업들은 처음부터 글로벌 전략을 추구하기도 하는데, 이러한 기업들을 'Born Global'이라고 부른다. 지역확대 전략 수립 시에 가장 중요한 것이 현지에 맞는 비즈니스 모델(BM)을 정립하는 일이다. 즉 현지에 맞는 수익창출구조를 분명히 해야 한다.

② 외부적 전략

벤처기업은 소규모기업이기 때문에 내부적 성장만으로는 한계를 보일 수 있다. 왜냐하면 내부전략만으로는 자원부족, 불확실성 등의 문제를 해결하기 어렵기 때문이다. 따라서 외부기관과의 협력 혹은 연계를 통해서 더 큰 성장을 추구하는 전략이 필요하다. 즉 외부전략이다. 외부전략으로는 전략적 제휴(strategic alliance), 인수합병(Merger and Acquisition: M&A), 라이선싱(licensing) 등이 있다.

전략적 제휴는 두 개 이상의 기업들이 독립적으로 존재하는 상태에서 합의된

---

2) 기술수용주기는 혁신적 수용자 → 초기수용자 → 초기다수수용자 → 후기다수수용자 → 지각수용자 단계로 이어지는데, 각 단계마다 틈새가 있게 된다. 특히 초기수용자 단계와 초기다수수용자 단계 사이에 커다란 갭 혹은 함정이 존재하며, 이를 케즘(chasm)이라고 한다. 케즘이 존재하는 이유는 초기수용자와 초기다수수용자 간 신제품에 대한 태도와 구매성향이 다르고 이들 간에 의사소통이 잘 이루어지지 않기 때문이다.

전략적 목표를 달성하기 위해서 협력 계약을 맺는 것이다. 대기업이나 글로벌 기업들이 많이 구사하는 전략이지만 벤처기업도 성장을 위해서는 전략적 제휴를 맺을 수 있다. 전략적 제휴를 맺으면 경쟁을 통하지 않고 얻을 수 없는 자원이나 기술, 유통능력 등을 장기적인 계약을 통해서 얻을 수 있다. 창업기업들은 주로 전략적 제휴를 통해서 기술자문이나 공동연구 등을 수행한다. 이외에도 교육프로그램, 계약연구, 종업원의 교환, 정보공유를 위한 실험실 방문 등을 수행하기도 한다.

외부적 전략으로서의 인수합병은 기업 간의 결합을 통해서 성장을 추구하는 전략적 수단이다. 먼저 합병은 두 기업이 대등하게 자원을 통합하는 것이고 인수는 하나의 기업이 다른 기업을 흡수하는 것이다. 인수합병(M&A)은 전략적 제휴의 동기와 마찬가지이다. 즉 신생 두 기업이 M&A를 통해서 서로 약점을 보완할 수 있다. 구체적으로 자원과 정보를 획득하고, 새로운 시장으로 활용하며, 규모의 경제를 누리는 등의 이점을 얻을 수 있다. 하지만 M&A는 확고한 법적 계약이기 때문에 전략적 제휴에 비해서 안정적으로 이러한 이점들을 누릴 수 있다. M&A의 단점은 두 기업의 결합이기 때문에 많은 노력이 필요하다. 운영을 결합해야 하고 상이한 조직문화를 통합해야 한다.

마지막으로 창업기업은 라이선싱을 통해서 성장할 수 있다. 창업기업이 많은 지식재산권을 가지고 있으면 기술공급자로서 라이선싱을 통하여 추가적인 수익을 창출할 수 있다. 라이선싱하지 않으면 사장될 기술들을 활용할 수 있기 때문이다. 기술수요자의 입장에서도 창업기업은 기술구입을 통하여 신기술개발의 위험과 비용을 줄일 수 있다.

회수 7.6

1) 회수란?

기업가는 기업을 설립하고 성장시키기 위해서 많은 시간과 돈, 그리고 개인적인 에너지를 투자한다. 이는 어느 일정 시점에서 자신이 만족할 만한 보상을 기대하기 때문이다. 회수(harvest) 혹은 성과 회수란 창출된 기업가치의 일부가 창업자에게 현금으로 돌아가는 과정을 말한다. 성과 회수는 흔히 창업의 마지막 단계로 생각하기 쉽다. 하지만 성과 회수는 끝이 아니라 새로운 시작이다. 성과 회수는 기업가의 능력과 자본을 재순환하는 단계로서 창업자는 여기서 얻는 자금을 가지고 다른 사업기회를 노리거나 혹은 다른 기업을 창업할 수 있다.

성과 회수는 단순히 기업매각만이 아닌 다양한 수단을 통해서 실현될 수 있다. 제3자에게 지분의 일부를 매각하는 방법도 있다. 이는 창업자의 특성이나 처한 상황에 따라서 다르다. 기업경영이 창업자의 생활 그 자체라면, 그리고 창업자나 단독 투자자가 충분한 재무적 이득을 취하고 있는 경우라면 출구전략 혹은 성과 회수를 굳이 생각하지 않을 수 있다. 반대로 외부에서 많은 사람들이 투자하고 있다면 회사경영을 계속 현 상태에서 유지하려는 창업자와 투자한 원금과 이자를 실현시키려는 투자자들 간에 갈등이 생길 수 있다.

성과 회수의 목표를 설정하고 이를 실현하기 위한 전략을 수립하는 것은 중요하다. 성과 회수는 매우 복잡하고 어려운 일이기 때문에 너무 늦게 착수하면 적절하게 일을 처리할 수 없게 된다. 따라서 분명한 회수 목표 및 수단(예: 기업공개 및 상장)을 세워 모든 이해관계자들이 만족할 수 있는 결과를 만들어야 한다.

창업자에게 있어서 성과 회수는 그의 생애에 있어서 매우 중요한 사건이다. 만약 창업자가 기업을 매각하는 것은 집을 떠나는 아이를 보는 부모의 마음에 견줄 수 있다. 그만큼 감정적인 측면도 포함하는 문제이다. 따라서 성과 회수를 기업가적 과정에서 중요하게 다룰 필요가 있다. 철저하게 준비해야 하며 잘 관리해야 한다. 첫째 준비자에게 행운이 따르는 것처럼 출구전략을 잘 준비하면 좋은 출구 기회를 잡을 수 있다. 둘째, 창업 초기에 출구전략을 세워두면 모든 기업가적 과정에서 직면하는 의사결정의 지침이 될 수 있다. 셋째, 출구전략은 초기 투자자들에게 중요한 정보를 제공한다. 그들은 자신들이 투자한 자금을 언제 어떤 형태로 되돌려 받는지에 대한 관심이 크기 때문이다.

2) 창업 후의 옵션 및 선택기준

앞에서도 잠깐 설명하였지만, 창업 후 기업가가 선택할 수 있는 옵션은 상황에 따라서 다를 수 있다. 창업 후의 옵션은 〈그림 7-6〉에서 보는 바와 같이 기업매각, 유지, 그리고 성장으로 나눌 수 있다.

만약 기업을 매각을 하는 경우에는 창업자는 그 회사에 계속 남아 활동하거나, 다른 벤처기업을 창업하거나 혹은 새 일자리를 알아볼 수도 있다. 현 상태를 유지하려고 하는 경우에는 회사를 계속 경영하면서 일상적인 관리활동에 전념할 수 있다. 회사를 성장시키려고 하는 경우에는 선도적인 기업가로의 도약을 꾀하거나, 기업에서 다른 역할을 찾아보거나, 또 다른 창업을 시도할 수 있다.

창업 후 여러 가지 옵션들은 요구사항과 결과가 각기 다르다. 그렇다면 그

[그림 7-6] 창업 후의 옵션들

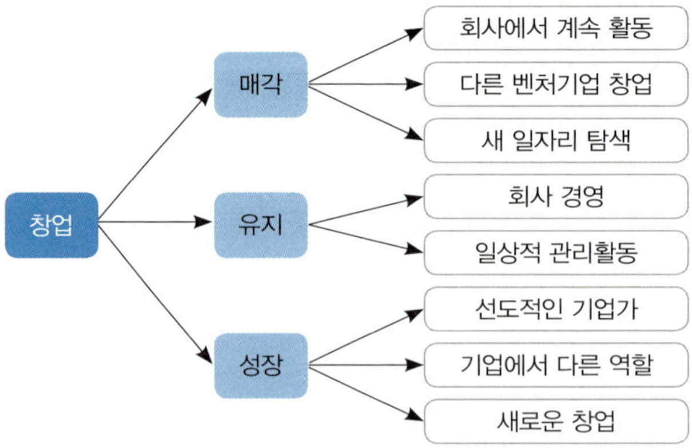

중에서 무엇을 선택할 것인가? 이는 궁극적으로 창업자 개인의 목표와 제안되는 가치의 크기 및 가용성에 의존한다. 이뿐만 아니라 각 옵션들에 따라서 창업자는 매우 상이한 상황에 처할 수 있다. 성장을 위해서 차입에 의해 자본조달을 하는 경우에는 여전히 자신의 회사를 전적으로 통제할 수 있다.

일반적으로 창업자가 성과 회수와 관련하여 가져야 하는 질문들은 다음과 같다. 첫째, 성과 회수 후에 얼마만큼의 기업 지분을 가지며 어느 정도의 통제권을 가질 것인가? 둘째, 미래에 회사와 관계를 유지하는 것이 얼마나 중요한가? 셋째, 기업가치를 지불받는 방법 중 어느 것이 가장 적정한가?

3) 성과 회수의 대안들

창업기업의 성장 결과로서 수익을 실현하기 위한 수단들은 다음과 같다.

① Cash Cow

가장 단순한 방법은 'Cash Cow'로서의 이득을 향유하는 것이다. 이는 신규 투자를 멈추고, 장기적으로 기업이 창출하는 가치를 점진적으로 갖는 것이다. 이

[그림 7-7] BCG 모델

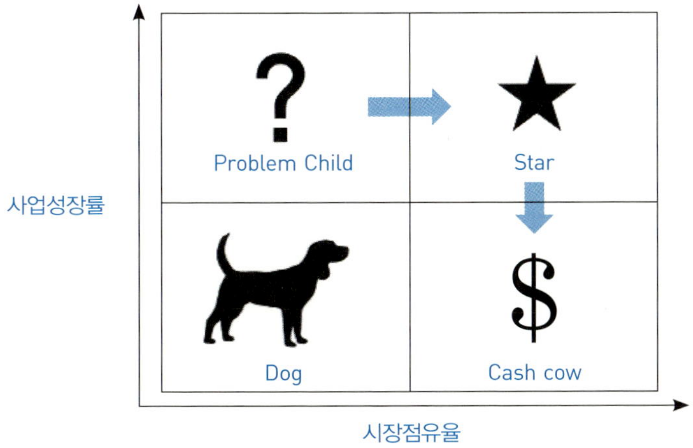

러한 상황에서는 기업은 운영에 필요한 자금만을 재투자하고 매년 발생하는 여유자금은 다른 곳에 투자할 수 있다. 이러한 'Cash Cow'는 시장점유율은 높으나 사업성장률이 낮은 상황에서 일어난다(〈그림 7-7〉 참조). 'Cash Cow'의 장점은 두 가지이다. 하나는 기업의 소유권과 통제력을 유지할 수 있다는 것이고, 다른 하나는 기업매각 등 다른 출구방법을 찾는데 드는 심리적인 부담과 에너지를 소모하지 않아도 된다는 것이다. 단점은 신규투자 없이 현상을 유지하다 보면 시간에 걸쳐서 경쟁력이 떨어진다는 것이다. 이에 따라 장기적으로 수익 잠재력이 잠식된다. 결국 기업이 천천히 죽어가게 된다.

② 기업매각

기업매각은 창업기업이 어느 정도 성장하고 나면, 새로운 소유자에 기업 전체를 판매하거나 일부를 판매하는 것이다. 새로운 소유자는 법인, 투자펀드회사, 혹은 개인이 될 수 있다. 이러한 기업매각은 새로운 소유자에 기업의 통제권을 이양해 주지만 많은 경우 기업판매자로서 벤처기업 창업자가 주식의 일부를 여전히 가진다. 성과 회수의 수단으로서 기업매각의 장점은 다음과 같다.

- 성과 회수를 아주 확실하고 분명하게 할 수 있다. 특히 현금으로 회수할 수 있어서 좋다.
- 거래가 관리 가능하다. 구매자와의 직접적인 계약을 통해서 기업가치를 더 유리하게 평가받을 수 있다.
- '벌어서 나누는 방식(earn-out)'을 취할 경우 기업이 미래에 수익을 얻지 못할 경우 판매자는 한푼도 받을 수 없으므로 구매자는 안심하고 기업을 구매할 수 있으며, 기업가치도 더 높이 책정할 수 있다.
- 판매대상 기업이 상당히 매력적이라면 구매자들 간의 경합을 통해서 더 높은 가격을 받을 수 있다.

반면에 기업매각은 기업매각 과정이 매우 길다는 단점도 있다. 잠재적인 구입자를 찾기도 어렵지만, 거래를 진행시키기는 것도 쉽지 않다.

③ 대기업에 의한 인수합병

기술 혹은 과학기반의 벤처기업들은 소비자들에게 매력적인 신제품을 창출할 뿐만 아니라 대기업들의 관심을 받기도 한다. 사실 많은 대규모의 선도적 기업들은 사내 R&D 활동에 의존하기보다는 구입 또는 라이선스할 신제품, 신기술, 혹은 새로운 아이디어를 적극적으로 탐색하고 있다. 이 과정에서 신생 벤처기업들은 대기업들의 신기술 원천으로서 인수합병의 목표가 된다. 하나의 예로 2005년에 eBay는 인터넷 전화업체인 Skype를 15억 달러를 받고 인수하였다.

대기업에 의한 인수합병은 높은 가격을 받을 수는 있지만, 잠재적인 구입자의 수가 많지 않고 협상력이 낮을 수밖에 없다는 단점도 있다. 특히 대기업은 전문가들을 고용하여 협상에 임하기 때문에 소규모기업은 불리하다. 합병의 경우에는 창업자의 지분이 합병 후 기업에 남아있기 때문에 창업자의 재산이 합병기업의 미래 성과에 좌우되므로 불완전한 출구전략이 될 수 있다.

④ 기업인계

기업인계(buyouts)에는 가족승계(family sales), 경영권 인계(management buy-out; MBO), 종업원 인계 등의 방법이 있다. 첫째, 가족승계는 창업세대가 다음 세대에게 자신이 창업한 기업을 물려주는 방법이다. 가족승계는 좋은 기업인계 방법 중의 하나이지만, 복잡하고 까다로운 과정을 거치기 때문에 가족기업에게 해가 될 수 있다. 승계 시기에 기업이 직면하는 문제는 가족관계를 깨트리고 기업 자체를 망가지게 할 수 있기 때문이다.

둘째, 경영권 인계(MBO)는 창업자가 기업을 기존파트너 혹은 경영자에게 판매하는 것이다. 이 과정에서 창업자는 회사주식의 대부분 혹은 전부를 포기한다. MBO는 신속하게 기업인계 과정을 처리할 수 있고, 기업거래과정에서 노출될 수 있는 중요한 기업비밀을 유지할 수 있으며, 기업의 판매가격 책정 시에도 유리하다. 기업을 판매하고 난 후에도 기존의 관계를 토대로 경영 팀과 관계를 계속 유지할 수 있다.

셋째, 종업원들에게 회사를 인계하는 방법은 종업원들이 회사 주식을 갖게 하는 것으로 스톡옵션이나 이윤분배계획이 이에 속한다. 가장 일반적인 방법은 종업원주식소유계획(employee stock ownership plan: ESOP)으로, 종업원지주제도 혹은 우리사주제도라 부른다. 원래 우리사주제도는 종업원들에 대한 보상제도이나 창업자가 기업을 매각하려는 경우에 기존에 종업원들이 가지고 있던 주식 지분에 추가하여 주식을 확보하도록 하여 종업원들이 기업을 인수하게 할 수 있다. 자사 종업원들이 기업을 인수하는 경우 서로 사정을 잘 알기 때문에 협상이 순조롭게 진행될 수 있다.

⑤ 상장

기업가가 창업기업을 통해 이득을 가장 크게 향유할 수 있는 방법은 주식시장에 회사를 상장하는 것이다. 영어 표현으로는 'Initial Public Offering(IPO)'라고 한다. 높은 기업가치를 인정받을 수 있으며 주식을 팔 수도 있기 때문에 '황금출구(golden route to exits)'라고도 불린다. 우리나라의 경우 벤처기업들은 코스닥(KOSDAQ: Korea Securities Dealers Automated Quotations)에 상장된다. 주식상장은 주식을 현금화할 수 있으나, 기업을 공개하게 되면 기업에 관한 정보를 광범위하게 반복적으로 공개해야 하는 단점도 있다.

5) 성과 회수단계에서의 고려사항

기업가가 자신이 창업하여 성장시킨 기업으로부터 이득을 향유할 수 있는 이상의 여러 가지 대안적 방법을 수행할 때 두 가지의 중요한 점이 있다. 하나는 이득의 실현 시기이고, 다른 하나는 기업에 대한 가치평가이다.

① 수익실현의 시기

기업가치의 회수를 성공적으로 달성하기 위해서는 기업의 가치 혹은 보유기술의 가치가 극대화되는 시점을 선택하여야 한다. 하지만 극소수의 기업가들만이 기업성장 단계에 대하여 분명한 비전을 갖는 것으로 알려져 있다. 대부분의 창업자들은 회사가 도산당하는 상황에 직면하거나 기업매각 제의를 받을 때까지 회수 문제에 대하여 별로 신경을 쓰지 않는다.

하지만 기업가들은 창업 초기부터 출구전략을 세워서 기업의 가치를 최대한으로 회수할 수 있어야 한다. 기술혁신으로 기존의 보유기술이 진부화되거나 시장의 변화로 인해 기업이 큰 어려움에 직면할 수 있다. 이렇게 되면 창업자와 이해관계자들은 당황하여 기업을 싼 값에 처분할 수밖에 없다. 따라서 적절한 시기에 회수를 하는 전략이 필요하다. 가령 기업가치가 급락하는 상황에서 회수를 고려하면 이미 늦게 된다. 반면에 기업이 더 성장하기도 전에 회수하게 되면 제대로 가치를 수확할 수 없다.

② 기업가치의 평가

기업의 가치에 대한 이해 없이 기업이득의 회수 절차를 진행할 수 없기 때문에 기업에 대한 가치평가는 투자의 회수단계에서 필요불가결하다. 기업의 가치평가는 궁극적으로 창업자가 받는 돈의 크기를 결정하고, 기업의 성패 여부를 결정한다.

Chapter 08

사회적 기업가정신

Entrepreneurship: Theory and Practice

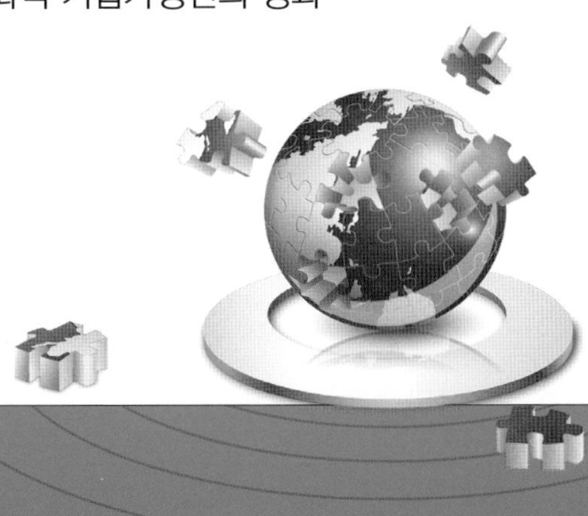

제2장에서 사적 기업가와 대립되는 개념으로서 사회적 기업가를 간단히 소개하였다. 이 장에서는 사회적 기업가정신에 대해서 보다 자세하게 분석한다.

사회적 기업가정신이란? 8.1

우리는 제2장에서 사회적 기업가(social entrepreneur)를 단순히 "사회적 이득을 추구하는 기업가"로 정의하였다. 보다 구체적으로 정의한다면 사회적 기업가는 "사회적 문제에 대해서 기업가적인 정신과 개성을 가지고 새로운 기회를 인식하고 혁신적인 방법으로 해결책을 제시하는 개인"으로 정의할 수 있다. 물론 사회적 기업가는 개인의 금전적인 이득보다는 사회적인 가치 창출을 더 중시하는 사람이다. 제2장에서는 대표적인 사회적 기업가로 이미 벤자민 프랭클린을 소개한 바 있다.

사회적 기업가는 사회적 기업(social enterprise)을 창출하고 운영한다. 사회적 기업이란 "소유권이나 법적 형태에 관계없이 재정적 독립성, 혁신성, 그리고 사회적 개혁성을 가지고 사회의 이득을 창출하는 조직"을 말한다. 대표적인 사회적 기업으로 Piramal Savarjal을 들 수 있다. 이 회사는 하루에 1달러 미만으로 생활하는 개인들에게 깨끗한 음료수를 제공하는 프랜차이즈 가맹점들을 창업하는 영리법인이다.

그렇다면 사회적 기업가정신(social entrepreneurship)이란 어떻게 정의할 수 있겠는가? 사회적 기업가정신은 "기업가적이면서도 혁신적인 접근방법을 통하여 사회적 가치를 창출하고 유지하는 다양한 활동 및 과정"을 말한다. 사회적 기업가정신은 사회적 기업가 및 사회적 기업과의 연관관계를 통해서 보다 정확하게 정의할 수 있다.

〈그림 8-1〉에는 사회적 기업가정신, 사회적 기업가, 그리고 사회적 기업 간의 관계가 나타나 있다. 먼저 사회적 기업가와 사회적 기업은 서로 분리된 개념이지만 현실 속에서는 서로 밀접하게 연관되어 있다. 즉 사회적 기업가가 사회적 기업가정신을 포함한다. 한편 사회적 기업은 사회적 기업가 및 사회적 기업가정신 없이는 존재할 수 없다. 사회적 기업은 사회적 기업가에 의해서 창출되지만 기업가가 사회적 기업을 떠나거나 단순히 관리자에 의해서 기업이 운영되어질

[그림 8-1] 사회적 기업가정신, 사회적 기업가, 사회적 기업 간의 관계

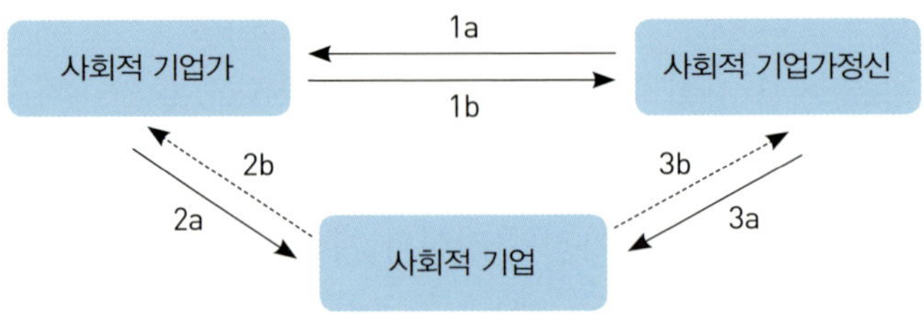

자료: Brouard and Larivet(2010), p.51.

수 있다. 따라서 사회적 기업은 항상 사회적 기업가정신에 근거하여 운영되어지는 것은 아니다. 그림에서 2b와 3b가 점선으로 그 관계가 약하게 표시된 것은 이를 반영한다. 하지만 사회적 기업가정신의 과정에서 한 사회적 기업가는 항상 하나의 조직에서 자원을 동원해야만 한다(Verstraete and Fayolle, 2005). 이러한 조직은 하나의 단순한 프로젝트가 될 수도 있지만, 어느 경우에도 하나의 사회적 기업이 된다. 〈그림 8-1〉에서 나타난 관계들을 간단히 설명하면 다음과 같다.

- 1a: 사회적 기업가는 필수적으로 사회적 기업가정신을 갖추고 경영활동을 수행한다(강한 관계).
- 1b: 사회적 기업가정신은 필수적으로 사회적 기업가 속에 체화되어 있다(강한 관계).
- 2a: 사회적 기업가의 프로젝트는 사회적 기업이라는 조직 형태로 구현되어야 한다(강한 관계).
- 2b: 사회적 기업은 사회적 기업가에 의해서 운영될 수 있지만 그렇지 않을 수도 있다(약한 관계).
- 3a: 사회적 기업가정신은 사회적 기업의 창출 및 성장을 선도한다(강한 관계).
- 3b: 사회적 기업은 사회적 기업가정신의 과정에 필수적 혹은 영속적으로 남아있지 않는다(약한 관계).

사회적 기업가정신의 등장 배경 8.2

사회적 기업가정신에 대한 관심은 항상 있어 왔다. 민간기업뿐만 아니라 공공부문 역시도 사회적 문제에 대해서 만족할 만한 답을 주지 못해왔기 때문이다. 따라서 민간기업과 공공부문의 역할 미흡이 최근 전 세계적으로 사회적 기업가정신에 대한 관심이 뜨거워진 데 대한 이유가 될 수 없다. 그렇다면 왜 사회적 기업가정신이 갑자기 부각되고 있는 것일까?

첫째, 전 세계적으로 경제적 번영이 달성되었다는 점이다. 이로 말미암아 중산층이 크게 성장하고 부의 증가가 이루어져 사회적 기업을 재정적으로 뒷받침 할 수 있게 되었다. 둘째, 전 세계적으로 민주적 사회의 수가 크게 증가하였기 때문이다. 이에 따라 시민들은 사회적 문제나 환경문제를 해결함에 있어서 정부나 기업 이외의 방법을 활용할 수 있는 자유가 신장되었다. 셋째, 정보화가 이루어졌기 때문이다. 정보화기술의 발달로 사람들의 사회적 문제에 대한 인식의 수준이 크게 높아졌다. 넷째, 교육수준이 전반적으로 증가하였기 때문이다. 특히 대학교육을 받은 사람들이 늘어남에 따라서 소득이 증가하고 인식의 수준도 높아졌다. 다섯째, 사회적 문제 해결에 있어서 예속된 그룹과 여성들의 참여가 쉽게 되었기 때문이다. 요약하면 사회적 문제를 표출함에 있어서 더 많은 사람들이 과거에 비해 자유, 시간, 부, 건강, 사회적 이동성, 신뢰 등을 더 가지게 되었기 때문에 사회적 기업가정신에 대한 관심이 크게 부각되었다.

8.3 사회적 기업가의 특성 및 행동

1) 사적 기업가와의 비교

사회적 기업가정신에 사적 기업가정신의 개념을 적용할 수 있다. 사회적 기업가들도 사적 기업가들의 행동양식, 기법, 수단, 사업전개과정을 채용한다. 즉 사회적 기업가들도 기회를 인식하고, 자원을 효율적으로 동원하며, 위험을 관리하며, 혁신한다(Perrni and Vurro, 2004). 따라서 사회적 기업가는 일반적 기업가의 한 유형이다.

하지만 사회적 기업가는 사회적인 사명에 초점을 맞추기 때문에 경제적 이윤을 목표로 하는 사적인 기업가와는 구별된다(〈표 8-1〉 참조). 다시 말하면 사회적 기업가는 이해관계자(stakeholders)를 위해 봉사하지만 사적 기업가는 주주(shareholders)를 위해서 일한다. 무엇보다도 사회적 기업가는 창업동기가 자신을 위한 부의 축적에 있는 것이 아니라 사회적인 임무의 실행을 통해서 가져올 효과를 목표로 하여 창업한다. 사회적 기업가에게 돈은 목적을 달성하기 위한 하나의

[표 8-1] 사적 기업가와 사회적 기업가의 비교

구분	사적 기업가	사회적 기업가
동기	기회창출 및 사적 부의 축적	사회적 기회 및 가치 창출
부에 대한 태도	궁극적인 목표	목표달성을 위한 수단
위험에 대한 태도	신중하게 위험관리	적정한 위험감수 성향
시장의 역할	시장원리에 따름	시장에서 활동하나 부차적
거래방식	독자적 활동 및 협상	네트워크에 의존
의사결정방식	독자적 의사결정	민주적 의사결정
수익창출구조	제품 및 서비스의 제공 대가	보조금, 기부금, 자원봉사 등
성과지표 및 평가	재무적 지표로 평가 쉬움	사회적 가치로 평가 어려움
성공 시 보수	주주와 공유	사회구성원과 공유

자료: Kaplan and Waren(2013), Fayolle and Matlay(2010) 등을 참고하여 작성

수단에 불과하다. 반면에 사적 기업가들에 있어서 부의 창출은 성공을 가늠하는 기준이다. 사적 기업가들은 시장원리에 따라 행동한다. 만약 그들이 자원을 보다 경제적 혹은 생산적인 방법으로 사용하지 못한다면 실패하게 된다. 이와 달리 사회적 기업가들에 대해서 시장은 적절한 메커니즘이 아니다. 특히 시장은 사회적 기업가들이 가져오는 사회적 후생의 개선을 측정하지 못한다. 사회적 기업가들이 제공하는 재화 및 서비스에 대하여 제값을 지불하지 못하는 사람들이 누리는 가치를 측정하기 어렵기 때문이다. 결과적으로 사회적 기업가들이 사회적 기업 활동에 자원을 투입할 만한 타당성을 제공하기에 충분한 사회적 가치를 창출하고 있는지를 판단하기 어렵다. 가령 아프리카 어린이들에게 무료로 깨끗한 물을 제공하는 경우에 그 가치를 어떻게 측정하겠는가? 따라서 사회적 기업의 생존과 성장은 성공의 기준이 될 수 없다.

사회적 기업가들도 시장메커니즘 하에서 기업을 운영한다. 하지만 시장은 사회적 기업가들에 대해서 적정한 신호등이 되지 못한다. 사회적 기업가들이 제공하는 가치에 대해서 소비자들이 대가를 지불하지만 진정한 시장가치가 되기 어렵다. 따라서 사회적 기업가들은 보조금, 기부금, 자원봉사자 등 다른 수단들에 의존하게 된다. 예를 들어 사회적 기업가들이 제공하는 제품 혹은 서비스가 사회적 가치가 있다고 판단하는 가족 혹은 친구들이 기부금을 내거나 제품을 구매할 것이다.

2) 사회적 기업가의 동기 및 행동

사실 사회적 기업가는 일반적인 사적 기업가가 가지지 못하는 특성, 자질 혹은 동기를 가지고 있기 때문에 사회적 기업을 창업하여 운영한다. 그렇다면 사회적 기업을 설립하는 동기는 무엇일까?

대부분의 사회적 기업가들을 보면 두 가지 면에서 공통점을 가진다. 하나는 배경(background)이고 다른 하나는 내용(contents)이다. 배경은 한 개인이 개별 기업가가 양육되고 사회화되는 방법을 말한다. 만약 한 개인이 가족, 친구, 종교지

도자, 교사 등에 의해서 사회적 문제를 바라보는 태도에 대해서 배우거나 개인적으로 그러한 문제에 대하여 민감하게 반응하는 성격을 가진다면 사회적 기업을 설립하는 동기가 강해질 것이다. 예를 들어 낙후 지역에서 아이들의 놀이터를 짓는 사회적 기업인 KaBOOM을 설립한 D. Hammond는 어릴 때 학습장애를 가지고 있었고 양부모 밑에서 자랐다고 한다. 경험도 중요한 배경이다. 과거의 경험은 사회적 기업가로 활동하는데 대해서 자기효능감 혹은 편안함을 줄 수 있다. 많은 사회적 기업가들은 사회적 기업을 설립하기 이전에 사적 기업을 설립하여 성공적으로 운영한 것으로 보고되고 있다.

한편 내용은 사회적 기업가의 배경이 사회와 상호작용하게 하는 환경을 제공한다. 내용은 사회적 기업가들이 사회적 문제에 접하게 되는 것, 예를 들어 노숙자들을 돌보는 일, 무료급식소에서 봉사하는 일, 혹은 전쟁범죄에 관한 책을 읽는 일 등이다. 이러한 내용들은 사회적 기업가들로 하여금 사회정의 차원에서 이타주의 혹은 분노를 불러일으킨다. 뿐만 아니라 사회적 가치의 창출기회를 인식하여 이를 사업화시키는 과정에도 영향을 미친다.

[그림 8-2] 사회적 기업가의 의도 및 행동

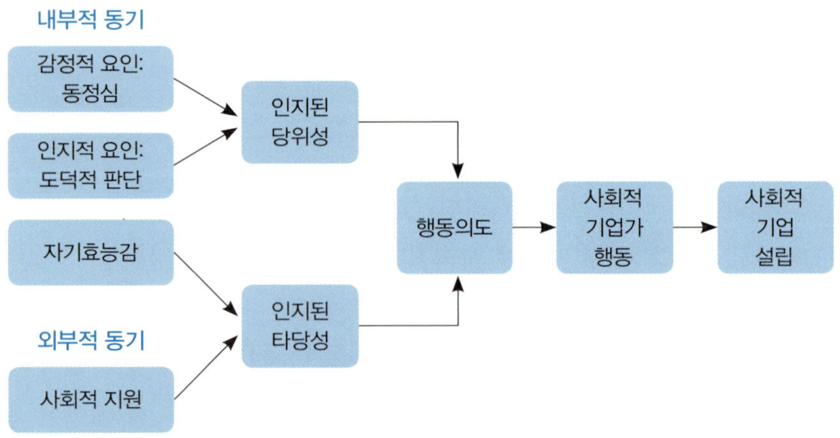

자료: Mair and Noboa(2006), p.23.

Mair and Noboa(2006)는 한 사회적 기업가가 가지는 이러한 동기, 즉 배경과 내용이 사회적 기업의 창업의도와 실제 행동을 가져오는 인식에 미치는 영향을 〈그림 8-2〉와 같이 모형화하였다. 그림에서 보는 바와 같이 사회적 기업가가 바람직하다고 인식하고(인지된 당위성) 또한 그것을 실현하기 위한 사회적 기업의 창업이 가능하다고 인식(인지된 타당성)하면 행동의도가 생긴다. 인지된 당위성은 약자에 대한 동정심과 그들이 처한 어려움이 '잘못' 되었다는 판단으로부터 유발된다. 인지된 타당성은 그들이 하려고 하는 일을 성공적으로 수행할 수 있다는 신념(자기효능감 등)과 그것에 동조하는 다른 사람들의 지원을 토대로 형성된다. 이러한 사회적 기업가의 인지는 행동 의도를 유발하고 실제 행동을 통해 사회적 기업을 설립하는 동인으로 작용한다.

더 알아보기 8.1 사회적 기업가의 특징 및 행동 리스트

지금까지 연구에서 나타난 사회적 기업가의 특징과 행동양식을 정리하면 다음과 같나(Brouard and Larivet, 2010).

- 사회적 기업가는 개인으로 정의된다(예: 벤자민 프랭클린).
- 사회적 기업가는 변화의 주체이자 미래 변화를 예견하는 선도자이다.
- 사회적 기업가는 사회적 문제를 다룬다(예: 환경, 교통, 복지 등).
- 사회적 기업가는 사회적 가치를 창출하고, 그것을 계속 유지하기를 원한다.
- 사회적 기업가는 돈을 버는 것보다 남을 도와주고 돌보아주는데 관심이 있다.
- 사회적 기업가는 기업가정신과 개성을 갖고 있다. 그들은 열정적이고 헌신적이며 자기계발에 적극적이다. 특히 그들의 열정은 그 근원이 도덕적이고 정의에 근거한다는 점에서 사적 기업가나 정부 관료들의 열정과는 차이가 있다.
- 사회적 기업가는 새로운 기회를 인식한다.
- 사회적 기업가는 혁신적이며 어떤 문제에 대해서 선제 대응한다.
- 사회적 기업가는 비즈니스 원리와 사회적 원리를 잘 조화시킨다.

- 사회적 기업가는 필요한 자원을 잘 동원한다. 특히 그들은 사회적 네트워크와 사회적 자본(social capital)을 활용한다.
- 사회적 기업가는 새로운 아이디어를 구체적인 해결책으로 전환시킨다.
- 사회적 기업가는 경제, 즉 시장의 힘과 지역사회를 연결시킨다.
- 사회적 기업가는 혁신 프로젝트가 가져오는 사회적 및 재무적 수익을 균형있게 다룬다.
- 사회적 기업가는 적정한 선에서 위험을 감수한다.
- 사회적 기업가는 장기적인 이득을 우선시 한다.
- 사회적 기업가는 모든 분야에서 활동할 수 있다. 특히 사적 기업은 물론 정부도 해결하지 못하는 사회적 문제를 감당할 때 하나의 틈새시장(niche market)으로서 가치가 극대화된다.

8.4 사회적 기업가정신의 전개 과정

사회적 기업가정신은 〈그림 8－3〉에서 보는 바와 같이 일반적으로 2단계에 걸쳐서 전개된다(Mair and Noboa, 2006). 제1단계는 아이디어의 창출단계이고, 제2단계는 사회적 임무의 달성단계이다.

제1단계에서 아이디어는 기업가 개인의 동기, 표출되는 사회적인 필요, 그리고 사회적인 필요를 충족시키는 데 소요되는 자원의 존재 여부에 의해서 동시적으로 유발된다. 기업가의 동기는 기업가 자신의 삶의 배경과 처한 상황에 의해서 영향을 받는다. 만약 기업가가 사회적 기업가로서 활동하기로 결정한다면 사회적으로 충족시켜야 하는 필요와 그 필요를 충족시키는데 활용가능한 자원을 평가할 것이다. 그 결과 바람직한 방향으로 사회를 변화시키는 아이디어가 생산된다. 하지만 아이디어는 검증 받지 않은 상태이다. 사회적 기업가는 아이디어

[그림 8-3] 사회적 기업가정신의 전개과정

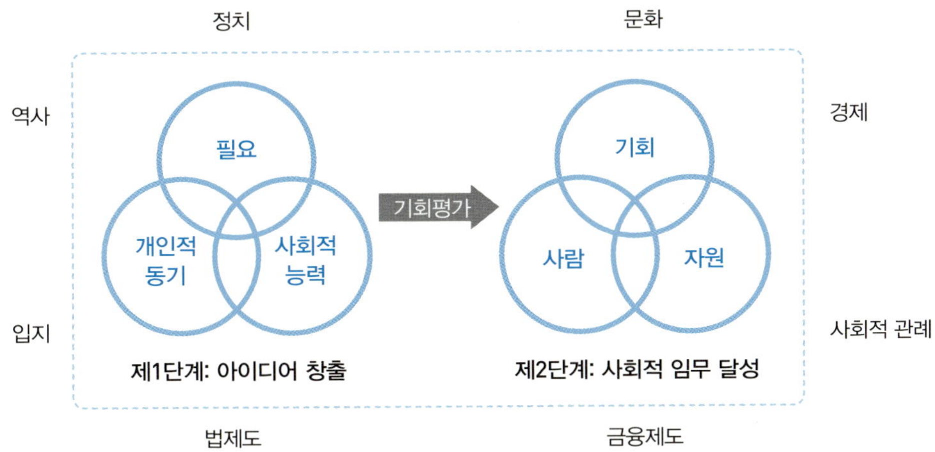

자료: Mair and Noboa(2006), p.34.

를 실현하기 위해서 사회적 기업을 설립할 수 있는지에 대해서 확신을 가지지 못한다. 그러므로 창출된 아이디어의 사업적 타당성을 분석해야 한다. 아이디어가 정당한 사회적인 이슈로서 사회적으로 수용될 수 있는지? 아이디어 실현에 소요되는 인적, 물적, 사회적 자본이 장기적으로 충분하게 확보될 수 있는지? 자신이 제안하는 사회적 혁신에 대한 시장이 존재하는지? 규모의 경제를 달성할 수 있는 잠재성이 있는지? 등등. 만약 이러한 질문들에 대해서 긍정적인 답을 얻는다면 아이디어는 사회적인 기회가 될 것이고, 이러한 기회로부터 나오는 사회적 임무를 추구하기 위하여 기업가는 사회적 기업의 설립을 추진할 것이다.

제2단계는 사회적 임무의 달성단계이다. 이 단계에서는 새롭게 설정된 기회와 인적, 물적 및 사회적 자원을 서로 조화시키는 활동이 이루어진다. 제2단계에서 가장 핵심적인 요소는 사회적 기업의 목표 또는 임무이다.

제1단계와 제2단계가 모두 성공적으로 전개되기 위해서는 사회적 기업가정신의 두 가지 요소, 즉 아이디어와 사회적 임무 간의 상호작용이 잘 이루어져야 한다. 그러면 사회적 혁신 혹은 변혁을 가져오게 될 것이다. 물론 이러한 모든 활동은 사회적 기업가가 속한 사회의 정치, 문화, 경제, 사회적 관례, 역사, 법제도, 금융제도 등 외부적 환경 속에서 일어난다.

8.5 사회적 기업가정신의 비즈니스 모델

사회적 기업가정신의 비즈니스 모델, 즉 수익창출구조는 영리 혹은 사회적 임무를 목적으로 하는지 여부에 따라서 순수비영리모델, 순수영리모델, 그리고 혼합모델 등으로 나눌 수 있다(〈그림 8-4〉).

[그림 8-4] 사회적 기업가정신의 비즈니스 모델 유형

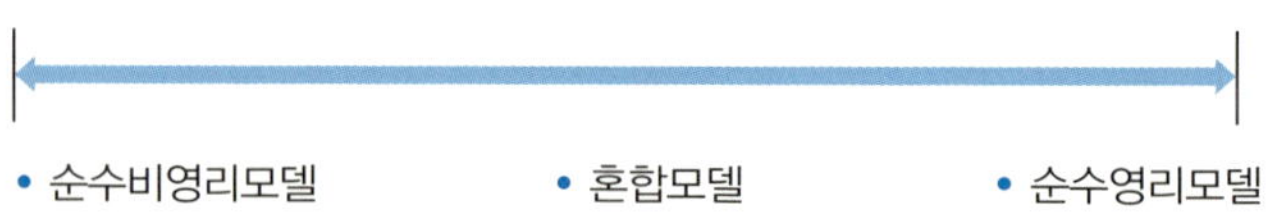

1) 순수비영리모델

순수비영리모델은 사회적인 임무에 전적으로 초점을 맞추는 비영리조직이다. 이 모델은 비영리조직이기 때문에 자원의 부족으로 잠재적 사업성과를 달성하고 지속적인 성장을 유지하기에는 한계가 있다. 또한 투자자금에 대한 수익을 보장하는 메커니즘이 없기 때문에 자선기금, 자원봉사, 정부보조금 등에 의존한다. 순수비영리모델은 독립적 비영리조직 모델, 비영리 자회사를 가진 비영리본사 모델, 그리고 비영리조직간 파트너십으로 구분할 수 있다.

① 독립적 비영리조직 모델

독립적 비영리조직 모델은 하나의 조직으로 사회적 임무를 수행하되 영리를 추구하지 않는 조직이다. 독립적 순수비영리 모델의 대표적인 예로 Fair Trade USA를 들 수 있다. Fair Trade USA는 전 세계적으로 농가와 농업종사자들을 도와줌으로써 빈곤을 퇴치하는 사회적 기업이다. 소비자들은 Fair Trade라는 상표명이 붙은 차, 코코아, 과일, 채소, 설탕, 꿀, 꽃, 곡물, 고무제품 등을 구매함으로써 개발도상국을 돕고 환경문제를 해결한다. Fair Trade USA는 Fair Trade라는 상표가 붙은 인증상품을 생산하는 농가와 종사자들이 안전한 환경에서 일하면서 적정한 가격 및 임금을 받게 하고 더 나아가서 환경을 개선하도록 한다. 이를 위하여 Fair Trade USA는 제품인증제도를 시행하고 미국회사들과 농산품 공급자들 간의 거래를 감시한다. 또한 소비자들을 교육하고, 더 많은 제품 공급자들과 유통업자들이 자사의 시스템에 참여하도록 독려하며, 농민들이 국제적인 비즈니스맨으로 살아가는데 필요한 교육훈련, 자원, 그리고 도구를 제공한다. 물론 이 사업이 가능하게 된 배경에는 미국 소비자들의 역할이 있다. 그들은 세계적 문제에 관심을 가지게 되었고 시장에서 그들의 힘을 사용하여 그 문제들을 해결하려는 기회를 찾고 있었기 때문이었다.

Fair Trade USA의 사회적 임무는 각국의 환경시스템을 보호하고 농민들이 생산한 제품에 대해서 합당한 가격을 받도록 함으로써 지속가능한 농업이 되게 하는 것이다. Fair Trade USA의 수입원은 인증한 파트너들이다. 이 파트너들은 약 1,000개 정도로 Fair Trade USA가 제공하는 공익성과 시장에서의 상표 이미지를 통해서 이득을 얻고, 일부는 기부금을 받는다. 만약 Fair Trade USA가 흑자를 기록하면 그 돈은 현지의 유기농 지원금으로 쓰이거나 전 세계적으로 빈곤한 농촌지역의 환경문제 개선을 위해서 지출한다.

② 비영리 자회사를 가진 비영리본사 모델

이 모델은 한 비영리조직이 새로운 자회사로 비영리조직을 설립하는 형태이다. 비영리조직을 자회사로 설립하는 이유는 다양하다. 예를 들면 본사의 활동 혹은 임무와는 관계가 없지만 수입을 가져오는 활동에 착수하거나 새로운 자회사를 통하여 기금을 확보할 가능성이 있는 경우이다.

비영리 자회사를 둔 비영리본사 모델의 대표적인 예로 뉴욕에 기반을 둔 ReServe를 들 수 있다. 이 기업은 은퇴한 노년층의 사람들을 비영리조직에 취업하도록 도와주는 비영리조직이다. 비영리조직에 취업한 은퇴자들은 자신들이 일생을 통해서 축적한 기능이나 기술을 제공하고 약간의 봉급을 받는다. 비영리조직들은 숙련된 인력들을 활용한 대가로 약간의 금액만 지급하면 되므로 ReServe와의 협력관계에 기꺼이 참여한다. 이 과정에서 ReServe는 고용기금을 운영하는데, ReServe의 일차적인 목적이 고용기금의 운용이 아니기 때문에 이를 전담하는 자회사를 설립하였다.

③ 비영리조직간 파트너십

비영리조직간 파트너십은 비영리조직 컨소시엄으로도 불린다. 이 컨소시엄은 두 개 이상의 비영리조직들이 모여서 협력관계를 유지하는 형태이다. 컨소시엄을 형성하는 이유는 자원을 공동으로 활용함으로써 각 조직이 목적으로 하는 사회적 임무를 효율적이고도 효과적으로 달성하는 데 있다. 다시 말해서 조직 측면에서 규모의 경제를 얻기 위한 것으로 볼 수 있다. 비영리조직간 컨소시엄은 협동조합이나 전략적 합병의 형태로 운영될 수 있다. 소규모 비영리조직들은 협동조합을 선호하는데, 이는 지분이나 영향력이 평등하게 배분되기 때문이다.

비영리조직간 협동조합의 대표적인 예로 시카고에 기반을 둔 United Way를 들 수 있다. 이 협동조합은 교육 및 의료분야에서 약자들을 돕는 역할을 수행하고 있다. 이 협동조합은 상당규모의 예산을 조성하여 사무실을 공동 운용하거나 대량구매 등을 통하여 비용을 절감하고, 이를 시급하지만 재원이 뒷받침되지 못하는 프로그램 운영에 투입한다. Chicago Community Trust는 협동조합 결성 시에 40만 달러를 지원하였고, 조합에 가입한 회원사들은 매출액의 0.13%를 연회

비로 납부하고 있다.

이상의 순수비영리모델의 장단점은 다음과 같다. 먼저 장점(혹은 긍정적 측면)을 보면,

- 사회적 임무에 전적으로 초점을 맞출 수 있다.
- 창업자금을 쉽게 얻을 수 있다.
- 자원봉사자나 기부자들의 공감을 얻을 수 있다.
- 모든 사업수입은 기업에 사용된다.
- 세금부담이 없거나 매우 적다.

단점(혹은 부정적 측면)을 보면,

- 조세 및 조직의 지배구조문제가 복잡하다.
- 사업을 장기적으로 지속하기 어렵다.
- 투자자들로부터 자금을 조달하기 어렵다.
- 유능한 종업원들을 채용하기 어렵다.

2) 순수영리모델

순수영리모델은 영리조직이라는 측면에서 일반 상업적 벤처기업과 동일하다. 하지만 사회적인 임무를 추구한다는 점에서 다르다. 동시에 선한 일을 잘 수행하는 것을 추구하기 때문에 높은 수준의 윤리경영을 시도한다. 특히 사회적 기업이 고객 및 일반시민들과 함께 창출하는 선한 의지(goodwill)가 중요하다. 이러한 선한 의지는 사회적 기업이 제공하는 제품 및 서비스의 매출을 증가시키고 이윤을 실현하도록 함으로써 궁극적으로 기업이 추구하는 사회적 임무를 달성하게 한다.

순수영리모델의 대표적인 예로 Newman's Own, Inc.를 들 수 있다. 이 회사는 영리를 목적으로 하는 식품 제조 및 유통업체이다. 하지만 세후 영업이익의

전부를 자선기금으로 기부한다. 식품산업은 매우 경쟁적인 시장구조를 가진다. 따라서 일반 기업들과 마찬가지로 식품공급업체, 포장업체, 그리고 유통업체들과 협력해야만 한다. 또한 자선사업을 의미 있게 수행하기 위해서 기부과정도 잘 관리해야 한다.

순수영리모델의 장단점은 다음과 같다. 먼저 장점(혹은 긍정적 측면)을 보면,

- 대표가 회사를 잘 통제할 수 있다.
- 상업적 기업처럼 엔젤투자자, 벤처캐피탈, 은행, 지인(친구, 가족, 창업자) 등으로 투자를 받을 수 있다.
- 개인기업 형태로 운영되며 회사의 재무정보를 공개할 의무가 없다.
- 지식재산권도 잘 보호할 수 있다.
- 다양한 형태의 법인(예: 유한회사, 합명회사, 주식회사)으로 운영할 수 있다.

단점(혹은 부정적 측면)을 보면,

- 순수비영리조직과 달리 자원봉사, 기부금, 정부보조금을 획득할 수 없다.
- 이윤획득과 사회적인 임무수행의 과정에서 갈등 혹은 괴리가 생길 수 있다. 따라서 사회적 기업가는 다른 대안적인 조직을 찾아야 한다.

3) 혼합모델

혼합모델은 '혼합'이라는 말이 의미하듯이 영리조직과 비영리조직의 요소를 동시에 갖는다. 따라서 민간투자자들로부터 자금을 확보할 수 있기 때문에 자선기금, 정부보조금, 자원봉사 등에 대한 의존을 줄임으로써 지속가능한 성장이 가능하다. 혼합모델은 다음 몇 가지 유형으로 나누어 볼 수 있다.

① 비영리 자회사를 가진 영리조직 모델

대부분의 사회적 기업가들은 영리법인만을 통하여 그들의 목표를 추구하기 어렵다는 사실에 직면하게 된다. 사회적 임무를 추구하는 활동 자체가 이윤획득

에 치명적인 장애요인이 될 수 있기 때문이다. 다시 말해서 순수영리모델의 형태로 기업을 유지하기 어렵다. 앞에서 예로 든 Newman's Own, Inc.도 이러한 문제에 직면하여 세후 영업이익을 자선단체에 기부하는 업무를 전담하는 별도의 비영리법인을 설립하였다. 즉 비영리법인을 자회사로 둔 영리조직이 된 것이다. 일종의 혼합모델로 발전한 것이다. 이러한 측면에서 실제로 많은 경우 영리조직 모델을 가지는 사회적 기업가들은 비영리 자회사들을 설립한다. 이렇게 되면 자회사인 비영리법인은 사회적 임무의 수행을 위해서 영리법인인 본사의 이윤을 사용할 수 있으며, 동시에 외부로부터의 기부금 혹은 정부보조금을 받을 수 있다.

비영리 자회사를 가진 영리조직 모델의 대표적 예로 미국 시애틀에 본사를 두고 있는 Pura Vida Coffee를 들 수 있다. 이 회사는 라틴아메리카와 아프리카 지역의 응달에서 키운 유기농 커피를 공정무역인증을 받아 웹사이트와 소매점을 통해 판매하는 영리법인이다. 아울러 Pura Vida Create Good이라는 비영리법인을 자회사로 설립하여 코스타리카, 이디오피아, 과테말라, 니카라구아 등에서 자선사업을 펼치고 있다. 따라서 동사는 기부금, 정부지원금 등을 수입원으로 잡을 수 있으며 세제상의 혜택도 누리고 있다. 아울러 사회적 임무 달성도 극대화하고 있다. 라틴아메리카와 아프리카 지역의 커피 농업종사자들에게 더 높은 이득을 주고 환경도 보호한다. 특히 자회사인 Pura Vida Create Good은 본사인 Pura Vida Coffee에 커피를 판매하는 지역주민들의 삶의 질을 높이는 활동을 활발히 수행한다.

② 영리 자회사를 가진 비영리조직 모델

이 모델은 앞에서 소개한 Pura Vida Coffee와 정반대의 유형이다. 즉 본사는 비영리조직이지만 자회사들은 영리조직인 경우이다. 이러한 유형의 조직은 비영리조직을 운영하는 사회적 기업가들이 자선기금이나 정보보조금만으로는 사회적 임무의 달성이 어렵다고 생각하여 만든 경우가 많다. 또한 비영리조직을 운영하는 사회적 기업가가 상업적인 영리법인들로부터 불공정하다는 비판에 직면하여 하나의 대안으로서 영리목적의 자회사를 설립하기도 한다.

영리 자회사를 가진 비영리법인은 영리조직과 비영리조직이 가지는 혜택을 동시에 누릴 수 있다. 사업을 통한 이윤뿐만 아니라 기부금도 수입으로 잡을 수 있으며, 이를 통해서 회사가 추구하는 사회적 임무를 효과적으로 달성할 수 있다. 또한 영리 자회사들은 은행, 벤처캐피탈 등 일반투자자로부터도 투자자금을 유치하거나 자금을 빌릴 수 있다.

영리 자회사를 가진 비영리조직 모델의 대표적 예로 미국 뉴욕에 본사를 두고 있는 Greyston Foundation을 들 수 있다. Greyston Foundation은 영리조직인 Greyston Bakery를 자회사로 두고 있으며 이 두 조직이 완벽하게 서로 협력한다는 점에서 혼합모델이라고 할 수 있다. 이 기업의 창업자는 Bernard Glassman으로 처음에는 생계를 위한 수단으로 Greyston Bakery를 창업하였다. 창업 후에 고용을 하나의 사회적 임무로 삼아 지역사회에서 '고용될 수 없는 사람들(예: 마약중독 경험자, 전과자, 알코올중독 치료자)'을 고용하는 일에 착수하였다. 또한 이들에게 주택, 사회복지, 건강보험 등 혜택을 제공하고자 하였다. 이를 위한 조직이 바로 비영리조직으로서의 Greyston Foundation이었다. Greyston Foundation은 영리조직인 Greyston Bakery가 창출하는 이윤을 사회적 임무 달성을 위해서 관리할 뿐만 아니라 기부금과 정부보조금을 받아서 활용한다. 특히 지역사회에서 다른 비영리기관들과 밀접한 협력관계를 유지하고 있다.

Greyston Bakery는 영리조직이지만 사회적 임무를 수행한다는 점에서 'Benefit Corporation'이라고도 한다. 이 기업의 사회적 임무는 다음과 같이 요약할 수 있다.

> "Greyston Bakery는 개인적 삶의 전환과 지역사회 쇄신의 동력이다. 우리는 고급 빵을 구움으로써 고객의 만족을 충족시키며 이윤도 얻는다. Greyston Bakery는 많은 사람을 고용하는 일터이자 자기계발의 장이다. 우리는 확보한 이윤을 가지고 Greyston Foundation이 지역사회발전에 기여하도록 한다."

③ 비영리조직과 영리조직간 파트너십

비영리조직과 영리조직 간의 파트너십은 부문 간 제휴(cross sector alliance)라고 불린다. 이 모델은 하나의 사회적 임무를 목표로 두 개 이상의 상이한 조직이 장기적으로 밀접한 협력관계를 유지하는 형태이다. 이 유형은 특정 지역에서 사업활동을 영위하는 대기업이 지역사회 구성원들의 삶의 질을 높이기 위한 활동을 하고자 할 때 활용되는 방법이다. 특히 정보화 사회에서 이 모델은 고급기술을 가진 종업원을 구하고 이들이 계속 조직에 남아있도록 하는 역할도 한다. 또한 지역사회에서 사회적 임무를 수행하기 때문에 대규모 고객기반을 형성할 수 있다.

비영리조직과 영리조직간 제휴가 이루어질 수 있는 조건들은 다음과 같다(Lasprogata and Cotten, 2003).

- 양 조직 간의 협력이 상호 간 이득이 될 수 있다는 인식
- 양 조직간 전략적 보완관계
- 양 조직간 기업문화의 동질성 혹은 적합성

양 조직 간의 전략적 보완관계는 마케팅 분야에서 잘 관찰된다. 가령 사회적 임무수행으로 명성을 쌓은 비영리조직과 일반기업이 협력하게 되면 일반기업은 비영리조직의 명성을 광고나 포장 등에 활용함으로써 매출을 증가시킬 수 있다. 이를 '공익연계마케팅(cause-related marketing)'이라고 한다. 물론 비영리조직은 자기의 브랜드 사용에 대한 대가로 자금을 획득할 수 있다.

비영리조직과 영리조직간 파트너십의 대표적 예로 유방암 연구조직인 Susan G. Komen Foundation을 들 수 있다. 이 조직은 비영리법인으로 다수의 영리조직들과 협력관계를 맺으면서 수익을 얻고 있다. 이들 영리조직들은 많은 사람들이 관심을 갖는 유방암을 해결하려는 Susan G. Komen Foundation과 협력관계를 갖고 있다는 사실에서 직·간접적으로 이득을 얻을 수 있다. 예를 들어 요플레 요구르트(Yoplait Yogurt)는 Susan G. Komen Foundation을 활용한 공익연계

마케팅을 펴고 있다. 요플레 요구르트는 제품뚜껑에 Susan G. Komen Foundation의 분홍색 서명을 새겨서 고객들이 제품을 구매하여 마시면 요플레 요구르트로부터 Susan G. Komen Foundation으로 기부금이 적립된다. 이외에도 많은 영리조직들이 이러한 방법으로 Susan G. Komen Foundation과 협력관계를 맺고 있다. 한편 Susan G. Komen Foundation은 영리조직인 이들 협력사들로부터 기부금을 받으며, 더 나아가서 협력사들의 고객들로부터도 기부금을 받는다.

이상에서 몇 가지 유형의 혼합모델을 살펴보았다. 이들 모델에 공통되는 장단점은 다음과 같다. 먼저 장점(혹은 긍정적인 측면)을 보면,

- 사회적 이득과 부의 창출이라는 두 마리의 토끼를 동시에 잡을 수 있다.
- 비영리법인은 조세감면 혜택을 받을 수 있다.
- 비영리법인은 창업보조금 등을 받을 수 있다.
- 영리법인은 외부로터 자금을 조달할 수 있다.
- 영리법인은 비영리법인에게 기부금을 주고 세제상 혜택을 받을 수 있다.
- 영리법인은 능력 있는 종업원들을 채용할 수 있다.

단점(혹은 부정적 측면)을 보면,

- 조세 및 조직의 지배구조문제가 복잡하다.
- 독립적이고 갈등이 없는 이사회가 필요하다.
- 사내 혹은 협력조직간 사내거래는 시장가격에서 이루어져야 한다는 비판에 직면할 수 있다.
- 회계 및 법적 자문에 대해 높은 비용을 지출해야 한다.

사회적 기업가정신의 성과 8.6

사회적 기업가, 사회적 기업가정신, 그리고 사회적 기업은 사회적 임무 혹은 사회적 가치를 추구한다는 점에서 사회적 후생을 증가시킬 것으로 예측할 수 있다. 사실 사회적 기업가정신은 사적 기업가정신 혹은 공공부문이 영위하지 못하는 영역이나 추구하지 못하는 가치를 대체할 수 있다. 따라서 사회적 기업가정신은 파레토 최적(pareto optimum)[1)]을 달성할 수 있는 하나의 수단으로 볼 수 있다. 특히 사회적 기업가정신의 영역이 국제적으로 확장됨에 따라서 글로벌 차원에서 후생의 증가를 경험할 수 있다.

그렇다면 사회적 기업가정신의 성과는 어떻게 평가될 수 있는가? 지금까지 사회적 기업가정신을 측정하려는 많은 노력들이 있어 왔다. Syrjä et al.(2015)은 사회적 기업의 평가기준으로 사회적 가치창출의 효율성과 제품 및 서비스의 품질을 들고 이의 평가수단으로 투자의 사회적 수익률, 가치융합(blended value), 재무적 성과, 소비자 만족감 등을 들고 있다. Hadad and Găucă(2014)는 사회적 기

[그림 8-5] 사회적 기업가정신의 성과측정 모형

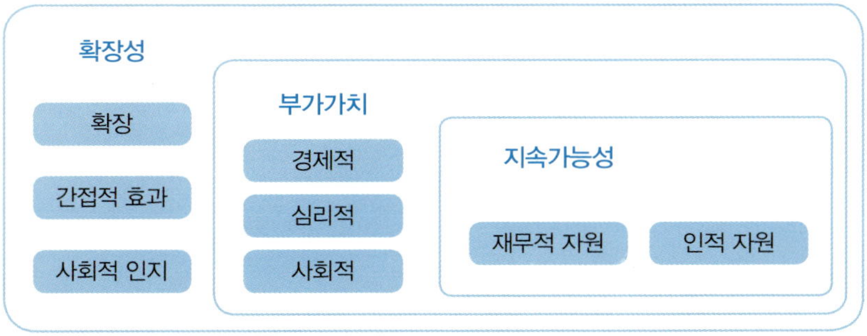

자료: Hadad and Găucă(2014), p.130.

1) 파레토 최적이란 사회 전체적으로 후생이 극대화된 상태로 더 이상 후생이 증가될 수 없다. 따라서 사회구성원 중 어느 누구의 후생 감소 없이는 다른 누구의 후생이 증가될 수 없는 상태이다. 사회구성원간 교환의 이득이 모두 소진된 상태로도 설명할 수 있다.

업가정신의 측정원리로 공리주의, 파레토원리, 공동의 사회적 영향 원리 등을 들고 평가기준으로 확장성(scalability 혹은 spillover), 부가가치(value added), 지속가능성(sustainability) 등을 들고 있다(〈그림 8-5〉 참조). 하지만 사회적 기업가정신의 사회적 영향은 단순한 몇 개의 측정치로 평가하기 어렵다. 왜냐하면 사회적 기업가정신의 구체적인 사례가 보여주는 현실을 반영하고 필요 및 상황을 아우르면서 사회적 영향을 비교하는 작업은 어렵기 때문이다.

마지막으로 사회적 기업가정신의 부정적인 측면도 지적할 수 있다. 예를 들면 사회적 기업가정신의 전개 과정에서 자원배분의 비효율성, X-비효율 등 효율성 측면뿐만 아니라 사적 부분에서 활용할 수 있는 사업기회들을 잠식할 수 있다. 따라서 향후 연구에서는 다양한 사례연구들을 바탕으로 사회적 기업가정신의 성과를 보다 정교하게 분석하는 것이 필요하다.

Chapter 09

기술기반 기업가정신

Entrepreneurship: Theory and Practice

“

이 장에서는 기술기반 기업가정신을 공부한다. 먼저 기술혁신의 개념을 정의하고, 기업가와 기술혁신, 기업가정신과 기술혁신, 그리고 혁신시스템 내에서 기업가정신의 역할을 순서대로 이해한다.

”

기술혁신 9.1

1) 기술혁신이란?

기술혁신(technological innovation)은 발명, 즉 새로운 아이디어를 공장과 시장으로 이전시키는 과정이다(Rosegger, 1996; Fagerberg et al., 2004; 성태경, 2008). 기술혁신의 개념을 좁게 보면 기술(technology)에 국한시킬 수 있지만 넓게 보면 '새로운 조합(new combination)'으로서 신제품, 신공정, 신시장, 신공급원, 신조직 등을 포함한다(Schumpeter, 1934). 기술혁신에 대해서 많은 연구를 진행하는 경제협력개발기구(OECD)는 슘페터적인 관점에서 혁신의 개념에 제품혁신, 공정혁신, 시장혁신, 그리고 조직혁신을 포함시키고 있다.

2) 기술혁신의 유형

기술혁신의 유형은 다음의 몇 가지 유형으로 구분할 수 있다.

① 글로벌 혁신과 국지적 혁신

첫 번째로 구분될 수 있는 유형이 글로벌 혁신(global innovation)과 국지적 혁신(local innovation)이다. 글로벌 혁신이란 한 국민경제, 더 나아가서 세계경제 전체에 대해서 최초의 특정한 혁신, 예를 들어 신제품이 최초로 출현한 경우를 말한다. 국지적 혁신이란 개별경제주체의 관점에서 본 것으로, 가령 경제 내의 다른 기업이 이미 산업용 로봇을 수년 전에 생산했다고 하더라도 한 기업이 처음으로 산업용 로봇을 개발한 경우를 말한다. 만약 세계 최초로 국지적 혁신자가 된다면 그 기업이 바로 글로벌 혁신자가 된다.

② 제품혁신과 공정혁신

혁신은 크게 제품혁신(product innovation)과 공정혁신(process innovation)으로 구분된다. 제품혁신은 말 그대로 새로운 제품을 개발하는 것이고, 공정혁신은 새로운 생산방법을 개발하는 것이다. 양자의 구분은 기술진보의 특정 유형에 대한 동기와 결과에 대해서 조망하게끔 해준다. 그러나 실제에 있어서는 제조공정에 있어서의 변화를 필요로 하지 않는 새로운 제품은 거의 없다. 일상생활에서 흔히 볼 수 있는 지퍼를 예로 들어보자. 그것은 분명히 제품혁신이다. 그러나 그것의 상업적인 소개는 제조에 대한 공정개발과 서로 맞물리는 작은 부품의 조립에 의존한다.

더 나아가서 어떤 것을 제품혁신 혹은 공정혁신이라고 부르는 것은 관점에도 의존한다. 새로운 자본설비를 도입하는 기업에게는 공정혁신이지만 이 기계의 제조업자에게는 제품혁신이다. 우리는 대부분의 기술변화는 자본재나 최종제품에 체화(embody)된다고 말함으로써 이 모든 것을 요약할 수 있다. 이와 대조적으로 비체화된 진보는 생산조직 및 경영을 포함한다. 대표적인 예가 재고 통제를 위한 새로운 기법 또는 구성요소에 대한 JIT(just-in-time) 시스템의 개발이다.

③ 유도된 혁신과 슘페터적 혁신

혁신은 그 동기에 따라서 유도된 혁신(induced innovation)과 슘페터적 혁신(Schumpeterian innovation)으로 구분될 수 있다. 유도된 혁신은 제품가격 또는 요소가격의 변화와 같은 신호에 의해서 유발된다. 예를 들어 1970년 후반기에 원유가격이 폭등하자, 기업들은 에너지를 보존하거나 대체에너지를 개발하는 혁신에 착수하였다. 슘페터적인 혁신은 기업가적인 행동—새로운 제품이나 공정으로 기존기업들을 공격하거나 일부 잠복되어 있는 수요를 활용하는 것이 가능하다는 인식—의 결과이다.

3) 기술혁신의 정도

기술혁신이 '새로운 것'을 추구하는 것이라고 한다면 기술혁신의 정도는 〈그림 9-1〉에서 보는 바와 같이 수요와 공급의 신규성(newness)의 정도를 가지고 판단할 수 있다. 먼저 혁신이 공급과 수요 측면에서 모두 새로운 것이면 혁

[그림 9-1] **혁신의 정도**

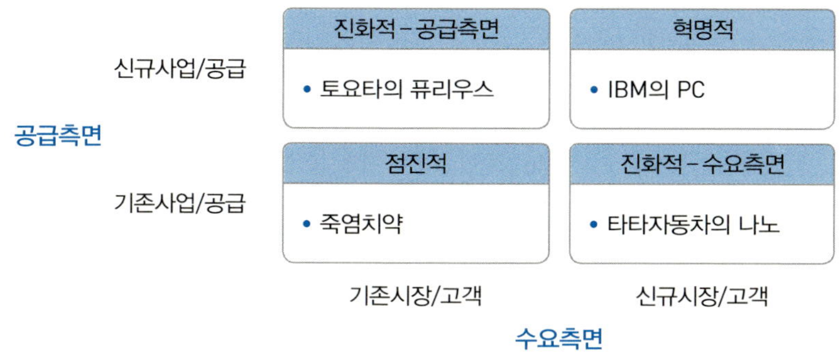

자료: Matthews and Brueggenmann(2015)

명적 혁신(revolutionary innovation)이라고 할 수 있다. 흔히 말하는 블루오션(blue ocean) 시장의 출현으로, 대표적 예로 1980년대 처음 소개된 IBM의 PC를 들 수 있다.

진화적 혁신(revolutionary innovation)은 기존의 수요 혹은 공급이 존재하는 상황에서 일어나는 혁신이다. 기존의 시장 및 고객이 존재하는 상황에서 새로운 사업 및 공급이 출현하거나(예: 토요타의 퓨리우스), 반대로 기존의 사업 및 공급이 존재하는 상황에서 새로운 시장 및 고객이 창출되는 경우(예: 타타자동차의 나노)이다.

점진적 혁신(incremental innovation)은 수요나 공급이 모두 이미 존재하는 상황에서 일어나는 혁신이다. 예를 들어 치약에 건강에 좋은 죽염이 첨가되는 경우이다.

4) 기술혁신의 수용 및 확산

기술혁신의 수용이란 새로운 것이 '가능성(what might be)'으로부터 '실제(what is)'로 움직이는 과정을 말한다. Rogers(1995)는 이 과정을 기술수용주기

(technology adoption cycle)라고 불렀다. 기술수용주기를 이해하는 것은 기술기반 혹은 과학기반 기업가들(technology or science-based entrepreneurs)에게 매우 중요하다. 왜냐하면 이 모델은 기술, 제품, 그리고 서비스가 가지는 사업 잠재성을 현실감 있게 평가하는데 도움을 주기 때문이다.

기술기반 기업가들이 초기에 혁신적인 제품을 출시하면, 특정 혹은 소규모의 고객들이 관심을 보인다. 이들은 혁신적 수용자들이다. 그러나 보다 장기적인 관점에서 보면 시간이 지남이 따라 일정한 수용패턴이 나타난다. 즉 점차 많은 고객들이 신기술/제품에 대해서 관심을 표명하게 되는데, 초기수용자(early adopter) 단계 → 초기다수수용자(early majority) 단계 → 후기다수수용자(late majority) 단계 → 지각수용자(laggards) 단계로 이어진다.

그런데 문제는 각 단계마다 틈새가 있고, 특히 초기수용자와 초기다수수용 단계 사이에 커다란 갭이 존재한다는 것이다. 이를 '케즘(chasm)'이라고 부른다. 이러한 갭이 나타나는 이유는 초기수용자와 초기다수수용자 간에 신제품에 대한 태도와 구매 성향이 다르거나, 이들 간의 의사소통이 잘 이루어지지 않기 때문이다. 이는 신제품이 초기에는 어느 정도 팔리나가 일정 시점에서 시장 확대가 정체되는 현상을 잘 설명해 준다. 그리고 이러한 케즘을 탈출하기 위해서는 특단의 조치가 필요함을 알려준다.

[그림 9-2] 기술수용주기

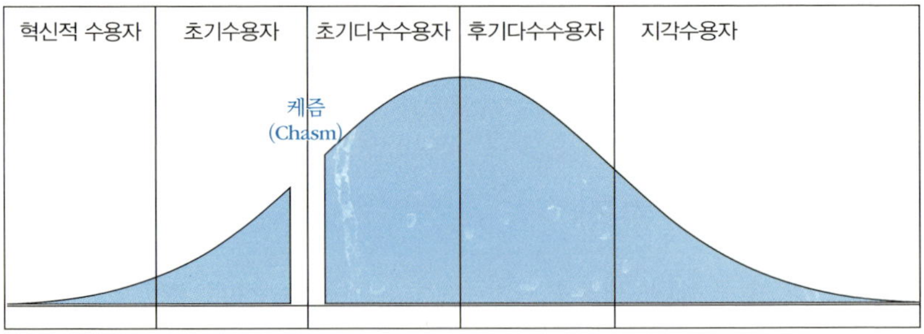

자료: Rogers(1995)

사례 | 기술기반 기업가로서의 스티브 잡스

스티븐 폴 '스티브 잡스'(Steven Paul 'Steve Jobs'; 1955~2011)는 미국의 대표적 기업가로서 기술선도 기업인 애플(Apple)의 공동 창립자이자 CEO(Chief Executive Officer)였다. 스티브 잡스는 1955년 시리아인 압둘파타 존 잔달리와 미국인 조앤 시블과의 아들로 태어났지만, 조앤 시블 아버지의 반대로 폴 잡스와 클라라 잡스 부부에게 입양되었다. 잡스에게 그가 생물학적 부모에게 버림받고 입양되었다는 사실은 그의 성격을 형성하는 데 큰 영향을 미쳤다. 제품개발그룹의 책임자였던 잡스의 오랜 동료 델 요캄은 그의 가정환경과 성격의 관계에 대해 이렇게 말하였다.

"무엇을 만들든 완전히 통제하려 드는 그의 집착은 출생 직후 버려졌다는 사실과 그의 성격에서 직접적으로 비롯한다고 생각합니다."

스티브 잡스는 고등학교 시절에 컴퓨터 판매회사인 휴렛 팩카드(Hewlett-Packard: HP)의 생산라인에서 조립하는 일, 전자제품 상점에서 재고품을 정리하는 일, 그리고 신문을 배달하는 일까지 두루 경험하였다. 스티브 잡스는 HP에서 동료 직원들보다는 다른 부서에서 일하는 엔지니어들과 더 친했으며, 전자제품 상점에서는 다양하고 새로운 기기들을 접하며 즐거워했다. 이 시절 잡스는 앞으로 자신이 해야 할 일에 대해서 고민하면서, 전자공학과 창작의 교차점에 서 있는 자신을 발견하였다. 그는 과학 분야는 물론 다른 여러 분야의 책들도 관심을 가지고 읽기 시작했고, 음악도 많이 들었다. 잡스는 특히 '리어왕'과 '모비딕', 그리고 딜런 토머스의 시를 좋아했다고 한다. 이러한 청소년기의 경험은 스티브 잡스가 컴퓨터, 음악, 영화 등 다양한 분야로 진출하는 데 있어서 초석이 되었다.

1972년 스티브 잡스는 오레곤주 포틀랜드 소재 리드대학교 철학과에 입학하였다. 하지만 필수과목들을 반드시 이수해야 한다는 학교 규정이 마음에 들지 않아 자신이 듣고 싶은 과목만 이수하였다. 이때 들을 가치가 없는 수업을 위해서 부모님이 비싼 학비를 낸다는 것에 대해 죄책감을 느껴 한 학기만 수강한 후 학교를 중퇴하였다. 그러나 기숙사 주임을 설득하여 중퇴 후에도 학교에 머물면서 18개월 동안 자기가 관심을 가지는 과목을 자유롭게 수강하였다. 특히 캘리그래피 강의에 흥미를 보였는데, 이는 트루타입 폰트를 애플 제품에 적용하면서 수려한 글자체를 만들어 내는 데 도움이 되었다.

1976년 스티브 잡스는 스티브 워즈니악, 로널드 웨인과 함께 애플을 공동 창업하고, 애플 2를 통해 개인용 컴퓨터를 대중화했다. 또한, GUI와 마우스의 가능성을 처음으로 내다보고 애플 리사와 매킨토시에서 이 기술을 도입하였다. 1986년 경영분쟁으로 애플에서 나온 이후 NeXT 컴퓨터를 창업하여 새로운 개념의 운영체제를 개발했다. 1996년 애플이 NeXT를 인수하게 되면서 다시 애플로 돌아오게 되었고 1997년에는 임시 CEO로 애플을 다시 이끌게 되었다. 2001년 아이팟을 출시하여 음악산업을 주도하였고, 2007년 아이폰을 출시하면서 스마트폰 시장을 바꾸어 놓았다. 2010년 아이패드를 출시함으로써 포스트 PC 시대를 열었다. 한편 스티브 잡스는 애니메이션 영화 '인크레더블'과 '토이 스토리' 등을 제작한 픽사의 소유주이자 CEO이기도 하였다.

스티브 잡스는 췌장암 악화로 2011년 56세의 젊은 나이로 사망하였다. 미국의 'Time지'는 그를 'Mourning Technology's Great Reinventor'라는 제목하에 생전의 업적을 기렸다(2011년 10월 5일). 스티브 잡스는 컴퓨터나 기계, 혹은 산업 디자이너도 아니었지만 다양한 산업에 걸쳐서 재발명(reinvention)을 수행하였다는 것이다. 따라서 그는 원천기술을 통한 신제품의 발명자는 아니었다고 볼 수도 있다. 하지만 슘페터가 정의한 바와 같이 기술혁신을 '새로운 조합(new combination)'이라고 보면, 그는 분명 기술혁신가(technological innovator)였다고 평가할 수 있다. 그의 혁신가로서의 기업가적 역할과 자질은 그가 고인이 된 후 애플이 발표한 다음의 공식 성명에서 잘 나타나고 있다.

> "애플은 명확한 비전과 창의성을 지닌 천재를 잃었습니다. 그리고 세계는 정말 놀라웠던 한 사람을 잃었습니다. 스티브와 함께 일하는 행운을 누렸던 저희는 사랑하는 친구이자 늘 영감을 주는 멘토였던 그를 잃었습니다. 이제 스티브는 오직 그만이 만들 수 있었던 회사를 남기고 떠났으며, 그의 정신은 애플의 근간이 되어 영원히 남을 것입니다."

9.2 기업가와 기술혁신

1) 기술기반 기업가

기술기반 기업가(technology-based entrepreneur)는 기술적 혹은 과학적 지식에 근거하여 창출되는 기회를 활용하거나 응용하여 기업을 설립하여 경영하는 사람을 말한다. 일반적으로는 소규모기업을 창업하여 경영하는 엔지니어나 과학자를 기술기반 기업가로 보기도 한다(Bailetti, 2012). 이들은 기업을 경영하는 일만 하는 것이 아니라 특정한 기술에 대해서 응용 분야나 문제들을 찾아내고, 새로운 기술을 창출하기 위해서 다른 사람들과 협력하기도 한다.

슘페터가 기업가를 기술혁신자로서 역할을 수행하는 사람으로 보았다는 점에서 기술기반 기업가는 슘페터가 말하는 기업가라고 할 수 있다. 대표적인 예로 사례에서 소개한 애플(Apple)의 스티브 잡스를 들 수 있다. 기술기반 기업가는 기술적 혹은 과학적 지식을 기반으로 기회를 인식하고, 발견하며, 창출하기 때문에 생계형 기업가들과는 구분된다. 다시 말해서 대부분의 기술기반 기업가는 기회형 기업가라고 할 수 있다.

2) 기술기반 기업가와 기술혁신의 관계

기술기반 기업가와 기술혁신은 서로 영향을 주고받는다. 먼저 기술기반 기업가가 기술혁신에 미치는 영향부터 살펴본다.

① 기술기반 기업가가 기술혁신에 미치는 영향

슘페터는 기술혁신은 경제성장의 엔진이며, 경제성장 과정에서 기술혁신은 기업가(entrepreneur)에 의해서 수행된다고 보았다. 기업가와 기술혁신의 관계를 이와 같이 보는 관점을 혁신의 경제학에서는 '기업가 패러다임(entrepreneur paradigm)'이라고 부른다(Sundbo, 1998). 이 관점에서 보면 한 국민경제에서 기업가들의 수가 많거나 영향력이 있는 기업가가 존재한다면 기술혁신은 더 활발하게 일어날 것으로 예측할 수 있다. 이의 대표적인 예가 토마스 에디슨(Thomas Edison)이다. 에디슨은 발명가로 잘 알려져 있지만 에디슨 연구소를 설립하고 GE(General Electric) 등을 창업한 기업가였다. 기업가로서의 에디슨은 전구와 축음기라는 획기적인 기술혁신을 이룩하였고, 이는 미국경제뿐만 아니라 전 세계적으로 엄청난 파급효과를 가져왔다(남문현, 1998).

② 기술혁신이 기술기반 기업가에게 미치는 영향

기술혁신도 기술기반 기업가에 영향을 미친다. 일반적으로 기술혁신이 일어나면 기업가적 기회가 확대되면서, 이를 포착하여 사업화하는 기업가들, 즉 기술기반 기업가들의 수가 증가할 것으로 예측할 수 있다.

하지만 기술혁신이 기업가 부문을 위축시킨다는 주장도 있다. Calvo and Wellisz(1980), Schaffner(1993), Lazear's(2005) 등은 외생적인 기술혁신은 기업가의 수를 줄이고 오히려 취업자의 수를 증가시킨다는 연구결과를 내놓았다. Schaffner(1993)의 모형에서는 기술혁신이 기업가와 고용주의 기대수익과 위험을 증가시키며, 이 상황에서 위험 중립적인 고용주들은 종업원의 임금을 효율적으로 관리함으로써 기업가들보다 유리한 위치에 있게 된다. 이때 고용주들은 안정적인 수입을 보장할 기회가 부족하지만, 오히려 바람직한 위험-수익 배합을 얻을 수 있다. 이는 한계적 기업가들이 기업활동을 그만두고 피고용자로 전환하도록 유도한다. 더 나아가서 새로운 위험 중립적 고용주들은 바람직한 위험-수익 배합이 주는 유리함을 활용하기 위해서 시장에 참여한다. 그 결과 임금은 상승하며 임금상승은 기업가들로 하여금 피고용자로 전환하게 한다.

Lazear(2005)의 모형에서는 기술혁신이 기업가 부문의 크기를 위축시키는 또 다른 이유를 설명한다. 만약 기업가가 생산과정에서 일련의 기능을 필요로 한다면, 추가적인 기능을 필요로 하는 기술진보는 기업가의 수를 감소시킬 것이다. 한편 급속한 기술진보가 기업가적 능력과 보완적 관계를 가진다면, 가장 효율적인 프로젝트에 착수하는 기업가의 수는 증가하지만 가장 비효율적인 프로젝트를 착수하는 기업가의 수는 감소할 것으로 예측할 수 있다. 이러한 관점에서 Crifo and Sami(2008)도 기술진보의 속도가 빠를수록 기업가적 능력에 대한 청산효과(cleansing effect)가 유발되며, 기업창출에 대한 시장의 인식을 변화시키는 경향이 있다고 보고하고 있다.

기업가정신과 기술혁신 9.3

제2장에서 기업가정신을 "전에 존재하지 않은 노력을 통해 기술혁신을 달성하기 위해서 기회를 발견하고, 평가하며, 활용하는 활동"이라고 언급하였다. 이와 같이 기업가정신을 혁신의 관점에서 정의하면 기업가정신과 기술혁신은 동일한 개념이다. 다시 말해서 기술혁신은 기업가 혹은 자가 고용 중소기업에 의해서 일어난다는 것이다. 물론 〈그림 9-3〉에서 보는 바와 같이 자가고용 중소기업은 모두 혁신적인 것은 아니다(예: 철물점).

기업가정신에 대한 이러한 정의는 경쟁시장, 즉 슘페터 Mark I의 상황에서 가능한 것임을 상기할 필요가 있다. 슘페터는 1943년 논문에서 Mark II 상황, 즉 대기업이 지배하는 과점적인 시장구조를 언급하였는데, 여기서는 대기업의 R&D 시설에서 혁신이 일어나며 기업가적인 기능은 주로 관리적 조직에 의해서 관례화된다. 이 경우에는 기업가정신과 기술혁신은 분리된다.

슘페터 Mark I 상황에서 기업가정신과 기술혁신의 개념을 정의하게 되면 다양한 기업가정신 유형을 구별할 수 없다. 예를 들면 생산적 기업가정신(productive entrepreneurship), 비생산적 기업가정신(unproductive entrepreneurship), 와해적인 기업가정신(destructive entrepreneurship)(이상 Baumol, 1990), 고성장 기업가정신

[그림 9-3] **기업가정신과 기술혁신의 관계**

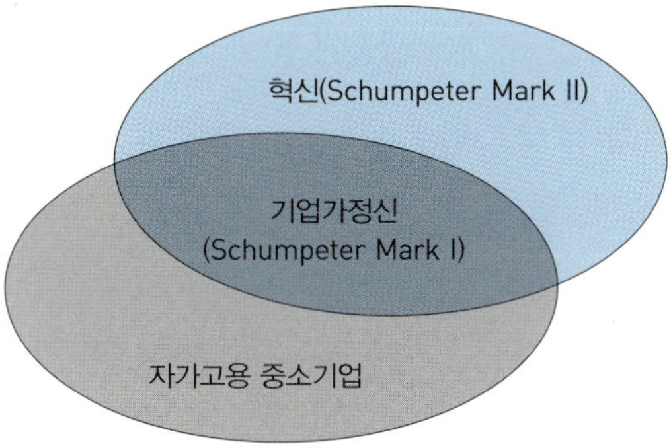

(high-growth entrepreneurship), 혹은 생존적 기업가정신(survival entrepreneurship) (이상 Naude, 2010) 등이다. 이뿐만 아니라 기존 대기업에서에서 일어날 수 있는 혁신을 포함하지 않을 수 있다. 하지만 독과점적 시장상황인 슘페터의 Mark II에서는 다양한 기업가정신의 유형을 상정할 수 있다. 또한 기존기업에서의 기술혁신, 즉 사내기업가정신(intrapreneurship)을 고려할 수 있다.

9.4 기업가정신과 혁신시스템

국민경제 차원에서 기업가정신의 성과는 독자적으로 달성될 수 없다. 기업가정신은 지식의 스필오버(Rommer, 1986; Lucas, 1988; Grossman and Helpman, 1991), 경쟁(Porter, 1990; Feldman and Audretsch, 1999), 다양성의 증진(Carlsson and Stankiewicz, 1997) 등 여러 가지 메커니즘들을 통해서 실현된다. 이러한 메커니즘들이 잘 작동하기 위해서는 경제활동의 주체 혹은 제도 간 활발한 상호작용이 필요하다. 다시 말해서 기업가정신의 성과는 혁신시스템(innovation system)이 뒷받침되어야 극대화될 수 있다. 반대로 기업가 및 기업가정신은 혁신시스템을 작동시키는 중요한 동인이다. 따라서 기업가정신과 혁신시스템의 연관관계를 살펴볼 필요가 있다.

1) 기업가정신의 성과와 국가혁신시스템

국가혁신시스템(National Innovation System: NIS)의 개념은 Freeman(1988)에서 그 효시를 찾을 수 있다. 그에 의하면 NIS란 "활동과 상호작용을 통해서 새로운 기술을 창안하고 도입하며, 수정·확산시키는 공공 및 민간부문의 다양한 제도들의 네트워크"로 정의되고 있다. 최초로 NIS 개념을 적용하여 국가 간 실증분석을 수행한 Nelson and Rosenberg(1993)도 NIS를 "기술혁신성과에 영향을 미치면서 주된 역할을 수행하는 조직체들의 집합"으로 정의하였다. 따라서 NIS는 기술혁신을 위한 제도적 하부구조로 볼 수 있으며, 민간 및 공공 연구소, 대학, 기술센터, 지원기관(예: 금융시스템) 등이 포함된다.

Radosevic(2007)는 NIS가 기업가정신에 미치는 영향이 매우 중요함에도 불구하고, NIS에 관한 연구에서는 기업가정신을 다루지 않았다고 지적한다. 그에 의하면 기업가정신은 기술적 기회(technological opportunities), 시장기회(market opportunities), 그리고 제도적 기회(institutional opportunities) 간의 상호보완에 의해서 유발되는 하나의 체계적인 현상으로 이러한 기회들은 NIS를 통해서 '매치(match)'되어진다고 한다. 이 세 가지의 기회들 중 하나가 부족하거나 잘못된 방향으로 진행되면(예: 반기업가적 정서, 기술적 잠김효과, 폐쇄된 시장), 기회들이 서로 '매치(match)'되지 못하는데, 그 정도는 NIS에 따라서 달라진다. 즉 NIS가 세 가지의 기회를 잘 매치한다면 기회들 간의 상호작용에 의해서 기업가정신의 성과가 크게 나타난다는 것이다.

하지만 NIS의 기업가정신에 대한 효과는 실증적으로 확인되지 못하고 있다. 아일랜드, 네덜란드, 핀란드 등을 대상으로 하여 NIS가 기업가정신에 미치는 효과를 분석한 Golden et al.(2003)은 제도적인 요인과 기업가정신 간에 어떠한 연관관계도 밝히지 못하였다. 다만 터키를 대상으로 한 Bascavusoglu-Moreau(2011)에서는 NIS를 구성하는 일부 요인들이 중소기업의 기술혁신에 긍정적인 영향을 미치는 것으로 보고하고 있다. 즉 R&D투자, 정보기술의 사용, 수출, 아웃소싱, 종업원의 교육수준, 표준제도 등이 기업가정신에 정(+)의 영향을 미치는 것으로 나타났다.

2) 지역혁신시스템에서 기업가정신의 역할

국가혁신시스템이 '국가' 단위에서 혁신시스템이라고 한다면, 지역혁신시스템(regional innovation system: RIS)은 '지역' 단위에서의 혁신시스템이라고 할 수 있다. 예를 들어 NIS는 미국이라는 국가의 혁신시스템이지만, '실리콘 밸리'나 '루

[그림 9-4] 지역혁신시스템(RIS)의 구성요소

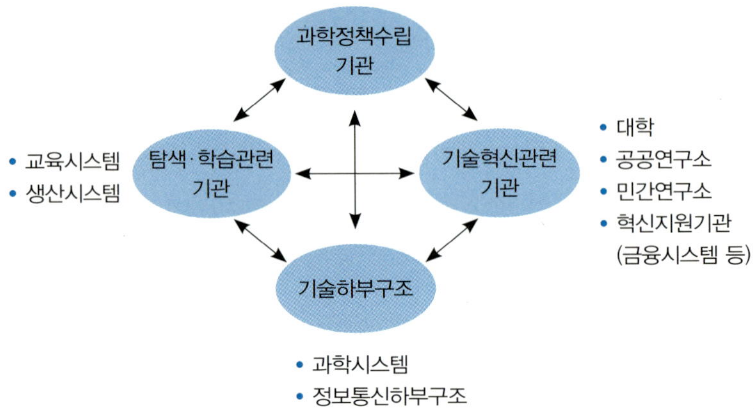

자료: 성태경(2005b)

트 128' 등은 미국 내 특정 지역 내에서의 RIS이다. Cooke(2002)은 지역혁신시스템을 "어떤 한 지역에서 기업들의 혁신성과를 촉진하기 위해서 상호작용하는 네트워크와 제도, 그리고 한정된 지리적 범위 내의 기술혁신조직들의 결합체"라고 정의한다. 이러한 정의에 근거하여 성태경(2005b)은 RIS를 〈그림 9-4〉와 같이 도식화하고 있다.

그렇다면 이러한 RIS와 기업가정신은 어떤 관계를 가지는가? Audretsch & Feldman(2004)은 기업가정신, 즉 새로운 기업의 창업과 성장이 RIS의 작동 요인이라고 주장한다. RIS가 작동하려면 지식의 확산 메커니즘이 필요한데, 바로 기업가정신이 이 역할을 한다는 것이다. 여기서 중요한 점은 관찰단위가 기업이 아니라 개인이라는 점이다. 즉 새로운 경제적 지식을 보유하고 있는 엔지니어, 과학자, 그리고 기타 지식근로자들이 바로 지식의 확산을 주도한다는 것이다. 대표적인 예로 실리콘 밸리의 경우 터만(Terman) 스탠포드공대 교수, HP 공동 창업자인 휴렛과 팩카드(Hewlett & Packard), 인텔의 공동 창업자인 무어(Moore), 그리고 애플의 스티브 잡스(Steve Jobs) 등을 들 수 있고, 루트 128의 경우는 부시(Bush)

MIT 공대 교수, Reytheon Technologies의 마샬(Marshall), Digital Equipment Corporation의 올슨(Olsen) 형제를 들 수 있다.

3) 기술시스템에서 기업가의 역할

위에서 설명한 바와 같이 기업가정신은 혁신시스템에 의해서 영향을 받지만, 반대로 기업가정신은 혁신시스템에 영향을 미친다. 이러한 측면은 Carlsson and Stankiewicz(1991)가 제안한 기술시스템(Technological System: TS)에서 찾아볼 수 있다. TS는 "기술의 확산과 활용을 위해 특정한 제도적 하부구조하에서 특정기술 분야에서 영향을 주고받는 경제주체들의 네트워크"라고 정의된다. 이들은 TS의 개념을 도형화하지 않았지만, 〈그림 9-5〉에서 보는 바와 같이 디자인 공간(design space)으로서의 기술/지식/능력 집합, 산업 네트워크, 제도적 하부구조, 정부 등 네 가지 구성요소로 모형화할 수 있다.

첫째, 경제적 혹은 기술-경제적(techno-economic) 능력은 기업경영의 기회를 규정하고 이용하는 능력을 말한다(Carlsson and Eliasson, 1994). 경제적 능력은 선택적(혹은 전략적) 능력, 조직적(혹은 조정) 능력, 기능적 능력, 그리고 학습능력 등을 포함한다.

[그림 9-5] 기술시스템(TS)의 구성요소

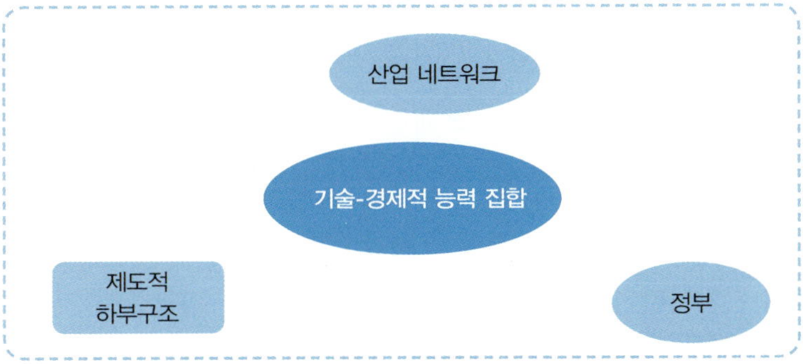

자료: 성태경(2006)

둘째, 산업 네트워크는 제품 혹은 서비스의 공급자와 사용자가 상호 작용하는 네트워크이다. 전통적인 산업조직이론에 의하면, 잘 정의된 시장에서 동질적인 제품을 생산하는 기업들로 구성된 하나의 산업이 분석단위가 된다. 그러나 TS의 구성요소로서의 산업조직은 네트워크 측면에서 시장 및 시장 외적인 상호작용을 포함한다.

셋째, 제도적 하부구조란 기술창출과 확산의 과정을 지원하고 통제하는 제도적인 조정의 집합, 즉 법규나 조직들을 말한다. Carlsson에 의하면 두 종류의 제도적 하부구조를 상정하는 것이 편리하다고 제안한다. 하나는 지식의 생산과 유통에 관련된 것이고, 다른 하나는 기본적 경제제도와 정부의 역할이다. 전자는 R&D제도, 교육기관, 공공 혹은 민간연구소, 그리고 각종 기술센터를 포함한다. 특히 산업계와 대학의 R&D 협력체제는 대학의 전문지식을 산업현장으로 이전시키는 역할을 한다. 후자는 기술혁신과정에 내재하는 불확실성과 위험을 낮추어주는 금융시스템과 특허제도를 포함한다. 정치시스템이나 가치체계도 기술의 창출과 확산에 간접적으로 영향을 미치므로 제도적 하부구조를 형성하는 요소로 볼 수 있다.

넷째, 정부는 TS들을 창출하고, 조직하며, 강화시키는 활동주체가 될 수 있으므로 TS의 중요한 구성요소가 된다.

그렇다면 TS 속에서 기업가 및 기업가정신은 어떠한 역할을 가지는가? 먼저 식물이 성장하는 것처럼, TS의 진화과정은 시스템 내에 있는 구성요소들 혹은 경제주체들 간의 상호작용의 결과라는 점이 중요하다. 바로 이 과정에서 기업가 및 기업가정신은 TS를 작동시키는 주체로서의 역할을 수행한다. 일단 TS가 작동하게 되면, 하부구조 간 혹은 경제활동주체 간에 상호작용이 진행되면서 네트워크가 형성되어질 것이다. 이 과정에서 활동주체 간의 연계, 자본조달 등 새로운 기능들이 수행되어지며, 동시에 다양한 경제주체들과 기관들이 기술시스템 내로 들어오게 된다. 예를 들어 신기술 상업화를 위한 자금은 주식취득, R&D자금지원, 직접대출 등의 수단을 통하여 가능한데, 이는 모험자본, 개인, 고객, 대학,

지방정부 등에 의해서 공급된다. 이때 시스템 내의 다양한 행동주체 혹은 기관들 간의 상호작용을 유발하고 이를 유지시키는 연계기관(bridging institutions)의 역할이 중요하다. 이 역시 기업가 및 기업가정신에 의해서 수행된다.

한국 CNC 공작기계 기술시스템의 진화과정을 연구한 Sung and Carlsson(2003)은 기업가 및 기업가정신(예를 들면 화천기계의 권성관 회장)이 기술시스템을 작동시키고 발전시키는 역할을 수행하였음을 밝히고 있다.

소기업에 의한 혁신 9.5

〈그림 9-3〉에서 살펴본 바와 같이 Schumpeter Mark I에서는 혁신이 기업가정신의 가장 핵심적 요소이다. 실증적 연구결과도 이를 확인해 주고 있다. Geroski and Pomroy(1990), Cosh et al.(1999) 등은 소규모기업들의 진입이 활발한 산업에서는 혁신이 많이 일어나고 생산성이 크게 향상된 것으로 보고하고 있다. Vivarelli and Audretsch(1998), Arrighetti and Vivarelli(1999) 등에서는 신규기업들은 진입 후에도 현저한 혁신성과를 달성한 것으로 나타나고 있다.

하지만 Schumpeter Mark II 상황에서는 기존의 대기업들이 규모의 경제를 활용하여 혁신을 지배한다. 슘페터 자신도 대규모의 R&D투자와 기술혁신은 대기업에 의해서 수행되며 소규모기업들은 단순히 모방자로서의 역할을 수행할 것으로 예측하였다.

따라서 Schumpeter Mark I과 Schumpeter Mark II는 서로 양립할 수 없다. 이에 대해서 이론적 및 실증적 측면에서 살펴보기로 하자.

1) 이론적 논쟁

Schumpeter(1943)가 기업규모와 기술혁신활동의 연관성에 대해서 처음으로 언급한 이래로, 보다 직접적으로 대기업이 기술혁신에 유리하다고 주장한 사람은 Galbraith(1952)이다. 그는 대기업은 막대한 사내유보이윤을 축적할 수 있기 때문에 금융시장이 불완전하고 R&D활동의 결과가 불확실한 상황에서는 대기업이 중소기업보다 기술혁신활동에 더 많은 자원을 투입할 수 있다고 하였다(〈표 9-1〉 참조). 이후에도 이에 대한 몇 가지 이유가 더 거론되어 왔는데, 주로 기업의 보유자원 및 능력의 측면에서 대기업이 더 유리하다는 주장들이다. 첫째, R&D활동 자체에 규모의 경제(economies of scale)가 작용하고, 요구되는 임계치(critical mass)가 존재하기 때문에 대기업이 혁신에 더 유리하다는 것이다. 즉 대기업은 대규모 실험실을 갖추고 있으며, 서로 정보를 공유할 수 있는 다양한 분야의 전문가를 고용할 수 있다. 생산에 있어서 규모의 경제는 범위의 경제(economies of scope)도 가져올 수 있다(Acs and Audretsch, 2003). 둘째, 매출액이 큰 기업일수록 다양한 R&D투자 포트폴리오를 구성함으로써 투자위험과 고정비용을 분산시킬 수 있다고 한다(Klepper, 1996). 셋째, 발명의 성과를 활용하는데 도움이 되는 조직구조, 마케팅, 관리기법 등 경영활동 면에서도 대기업이 소기업보다 유리한 위치에 있다는 것이다(Cooper, 1964; Hitt et al., 1990; Graves and Langowitz, 1993). 따라서 혁신동기가 대기업이 소기업보다 클 수 있다. 넷째, 대기업들은

[표 9-1] 기술혁신활동 수행 시 소기업과 대기업의 장점

소기업의 장점	대기업의 장점
1. 규모의 비경제 • X-비효율 없음 • 소통원활 • 낮은 대리인 비용	1. 규모의 경제 • 대량생산으로 고정 R&D비용 분산 • 범위의 경제도 실현
2. 매우 큰 혁신동기 • 기업 내 동기부여가 쉬움 • 진입장벽 극복이 쉽고 경쟁 • 낮은 대리인 비용	2. 낮은 혁신위험 • 시장규모 크고 독점력 행사 가능 • 제품의 다각화
3. 지식의 파급효과 활용 가능	3. 사내유보이윤 등 R&D자금 풍부
4. '대체효과'	4. '효율성 효과'

'효율성 효과(efficiency effect)'를 얻을 수 있다. 효율성 효과란 부단한 기술혁신을 통해서 독점이윤을 얻는 것이다. Intel, MS, Apple 등이 계속적으로 획기적인 혁신을 추구하는 것은 독점이윤을 얻기 위한 것이다.

그러나 이에 대해 반론도 제기되었다. Scherer and Ross(1990) 등에 의하면 기업의 규모가 커갈수록 R&D의 효율성이 떨어질 수 있다고 한다. 대기업에서는 조직이 방만하게 관리되며, 관료주의로 말미암아 과학자나 기술자의 발명동기가 손상될 가능성이 커진다는 것이다. 뿐만 아니라 대기업에서는 소기업과 달리 발명가의 개별적 노력 혹은 성과에 대해서 보상이 분명하게 이루어지지 않음으로써 발명 의욕이 저하될 수 있다는 주장도 있다. 반면에 소기업들은 조직 내에서 소통의 라인이 짧아서 혁신을 위한 정보의 교환이 용이하고 이를 바탕으로 신뢰를 구축할 수 있다(Fielden et al., 2000). 또한 소기업들은 '대체효과(replacement effect)'를 누릴 수 있다. 효율성 효과와 달리 대체효과는 대기업들이 기존의 독점이윤을 보장해주는 기술패러다임을 깨지 않으려는 행동을 강조한다(Arrow, 1962b). 물론 효율성 효과가 지속되면 대기업들의 독점적 지위가 지속되겠지만 급속한 기술혁신에 직면하는 산업에서는 소기업들의 진입이 활발한 대체효과가 뚜렷하게 나타날 것이다.

이상을 요약하면 대기업은 자원보유 측면에서 기술혁신에 유리하지만, 소기업은 기업행동 측면에서 기술혁신에 유리하다고 할 수 있다(Rothwell and Dodgson, 1994).

2) 실증적 연구결과

기업가정신과 혁신에 대한 실증적 연구결과는 다음 세 가지의 측면에서 살펴볼 수 있다. 첫째는 소기업이 대기업보다 더 혁신적인가 하는 문제이다. 둘째는 소기업들은 획기적인 혁신을 수행하고 대기업들은 점진적인 혁신을 수행하는지의 여부이다. 셋째는 벤처기업은 항상 혁신적인가라는 질문이다.

① 소기업 대 대기업

소기업과 대기업 중 어느 부문이 더 혁신에 대한 기여도가 높은지에 대한 실증적 연구결과를 보면, 일률적으로 말하기 어렵다(Cohen, 1995; Parker, 2007). 구체적으로 혁신의 변수를 R&D지출 규모로 삼으면 대기업들이 소기업에 비해서 더 활발하나, R&D생산성으로 보면 소기업이 대기업보다 더 큰 것으로 나타나고 있다.[1] Horowitz(1962), Hamberg(1964), Comarnor(1967), Meisel and Lin(1983), 성태경(2003) 등은 대기업의 R&D활동이 더 활발한 것으로 보고하고 있는 반면에 Cooper(1964), Horowitz and Kolodny(1981), van Praag and Versloot(2007) 등에서는 소기업들의 R&D생산성이 더 높은 것으로 나타나고 있다.

또한 혁신의 지표를 투입으로 삼느냐 아니면 성과로 보느냐에 따라서 소기업과 대기업의 기여도가 다르게 나타나고 있다. 투입 기준으로 볼 때 대기업의 혁신활동이 활발하지만 성과 기준으로 보면 소기업 혹은 신규기업의 혁신성과가 더 크다는 것이다. 예를 들어 Scherer(1991)은 1980년대 미국의 대기업 부문에서는 종업원 백만 명당 225개의 혁신을 창출했지만 소기업 부문에서는 322개의 혁신을 창출한 것으로 보고하고 있다. Acs and Audretsch(1990)도 종업원 일인당 혁신의 개수가 소기업들이 대기업에 비해서 2.4배나 되는 것으로 추정한 바 있다. 특허를 혁신지표로 보았을 경우도 동일한 결론을 보여주고 있다. 미국 중소기업청이 조사한 SBA(2003)에서는 15개 이상의 미국 특허를 보유한 기업들 중에서 삼분의 일이 소기업으로 추정되었다.

② 획기적 혁신 대 점진적 혁신

소기업들은 획기적인 혁신을 수행하고 대기업들은 점진적인 혁신을 수행하

---

1) 사실상 Schumpeter(1942)는 초기에 단지 중소기업의 기술혁신활동과 대기업의 기술혁신활동 간의 정성적 차이에 관심을 가졌던 것으로 알려지고 있다(Cohen, 1995, p.184). 그럼에도 불구하고 기존의 실증연구들은 기술혁신활동에서 대기업이 더 유리하다는 슘페터의 주장을 기술혁신활동이 기업규모보다 더 크게 증가한다는 정량적인 가설로 해석하였다. 이를 반영하여 기업규모에 대한 슘페터 가설은 기술혁신활동변수를 기업규모변수에 회귀 분석하는 방법으로 검증되어 왔다.

는지에 대해서도 일치된 의견이 존재하지 않는다. 먼저 소기업들이 더 획기적인 혁신을 수행한다고 보는 연구는 SBA(2003), Gittleman(2006), Baumol(2007) 등이다. SBA(2003)에 따르면 과학적 연구 분야, 특히 첨단 및 프론티어 분야에서 소기업의 특허 수는 대기업의 두 배에 가까운 것으로 나타났다. 또한 중소기업의 특허가 다른 특허에 인용된 평균건수가 대기업보다 높은 것으로 보고하고 있다. Gittleman(2006)에서는 미국과 프랑스의 경우 바이오 분야에서 소규모 신규기업의 특허 인용이 대기업보다 더 많은 것으로 조사되었다. Baumol(2007)은 사례연구를 통해서 비행기, FM 라디오, 지퍼, PC 등이 소기업에 의해서 개발되었음을 지적하고 있다.

한편 대기업이 더 획기적인 혁신을 수행한다고 보는 연구는 Acs and Gifford(1996), Chandy and Tellis(2000), Bayus and Agarwal(2007) 등이다. Acs and Gifford(1996)는 대기업이 경로를 깨는 혁신(path-breaking innovation)을 상당수 수행했음을 밝히고 있다. Chandy and Tellis(2000)는 미국의 경우 적어도 내구재와 사무기기 분야에서 대기업들이 오랜 기간 동안 획기적인 혁신을 달성해 왔다고 주장한다. Bayus and Agarwal(2007)은 미국의 하드 디스크 드라이브 산업에서 기존 대기업들이 어떻게 획기적인 혁신을 성공적으로 수행해 왔는지를 설명하고 있다.

③ 벤처기업 대 비벤처기업

마지막으로 벤처기업은 비벤처기업에 비해서 더 혁신적인가의 문제이다. 벤처기업은 소기업 혹은 신규기업과 중복되는 개념이지만 우리나라에서는 벤처기업을 법적으로 지정하고 있으므로 벤처기업과 비벤처기업을 뚜렷하게 구분할 수 있다.

성태경(2002)은 “벤처기업은 항상 혁신적인가?”라는 연구문제를 가지고 과학기술정책연구원이 발표한 KIS(Korean Innovation Survey) 2002를 활용하여 답하고 있다. 이 연구에서는 기술혁신활동을 제품혁신, 제품개선, 그리고 공정혁신으로 구분하였으며, 기술혁신활동의 결정요인으로는 기업 간 네트워크, 기업규모, 이윤율, 수출비율, 해외지분, 기업연령, 시장집중도, R&D활동 착수여부, 그리고 산업별 R&D집약도를 고려하였다. 분석된 표본은 제조업에 속한 1,128개 기업으로 정성적 분석방법인 로지스틱 회귀모형(logistic regression)을 사용하였다.

분석결과, 첫째 벤처기업들은 평균적으로 비벤처기업들보다 기술혁신활동이 더 활발한 것으로 나타났다. 그러나 이는 제품혁신 및 제품개선의 경우에 국한되고, 공정혁신에 대해서는 성립하지 않았다. 둘째, 예측한 대로 벤처기업과 비벤처기업 간 기술혁신활동의 결정요인에 있어서 많은 차이점이 발견되었다. 벤처기업의 경우 제품분야의 혁신활동(제품혁신과 제품개선)에 있어서 네트워크가 중요하고도 유일한 결정요인으로 나타난 반면에, 비벤처기업의 경우에는 네트워크는 물론 기업규모, 기업연령, R&D활동 착수여부 등이 중요한 요인으로 작용하고 있다. 셋째, 벤처기업이든 비벤처기업이든 관계없이 기업 간 네트워크는 모든 유형의 기술혁신활동에 대해 정(+)의 효과를 나타내어, 기업의 혁신활동에서 협력의 중요성을 확인해 주었다.

마지막으로 네트워크와 관련하여 소규모 벤처기업들은 특히 대학과의 연계효과가 대기업보다 크다는 연구가 있어서 주목된다. Mansfield(1991, 1992, 1998)는 소기업이 대기업에 비해서 대학에 의한 발명을 더 잘 활용하는 것으로 보고하고 있다. Lowe and Ziedonis(2006)의 연구에서도 대학에 의해서 개발된 기술을 소규모 벤처기업이 기존의 대기업보다 빠르게 사업화시키는 것으로 나타났다. Acs et al.(1994)은 지식파급효과(knowledge spillover effect)가 대기업들의 혁신활동보다는 소규모의 벤처기업들의 혁신활동에서 더 중요한 역할을 수행하고 있음을 밝히고 있다.

Chapter **10**

경제성장의 원동력으로서의 기업가정신

Entrepreneurship: Theory and Practice

10.1 슘페터의 성장이론

10.2 신고전학파 성장이론

10.3 내생적 성장이론

10.4 내생적 성장모형에서의 기업가정신

10.5 지식파급자로서의 기업가와 경제성장

10.6 GEM 모형

“

슘페터는 기술혁신이 경제성장의 엔진, 즉 원동력이며, 기술혁신의 주체는 기업가들이라고 주장하였다. 이 장에서는 기존의 성장이론을 소개하고, 기업가정신을 내생변수로 고려한 최근 성장이론들을 정리하고 기업가정신과 경제성장 간 연관성에 대한 실증적 연구결과를 추적한다.

”

슘페터의 경제성장 이론 10.1

슘페터는 기업가정신과 경제성장의 연관성을 직접적이고도 명시적으로 언급한 최초의 경제학자이다. 그는 *The Theory of Economic Development*(1934)에서 경제발전의 가장 중요한 동인은 기술혁신이며, 경제발전과정에서 혁신자(innovator)로서의 기업가(entrepreneur)가 중심적인 역할을 수행한다고 보았다. 혁신적인 기업가는 기존의 기술과 제품을 진부화시키는 새로운 발명을 소개함으로써 기존 기업에 도전한다. 즉 기업가는 기존의 경제조건들을 바로 깨는 것이 아니라 이른바 슘페터의 '창조적인 파괴(creative destruction)'의 과정을 움직이게 한다. 기술 및 조직혁신—슘페터의 말로는 '새로운 조합(new combination)'—은 기업들의 기존 시장위치와 그들의 기계설비, 그들의 축적된 지식을 진부화시킨다. 경쟁은 새로운 조합을 확산시키고, 초기 혁신자에 의해서 획득된 경제적 이윤은 경제가 또 다른 균형을 향해서 나아가는 과정에서 잠식되어질 것이다. 그리고 다시 창조적인 파괴가 시작된다. 이러한 창조적 파괴의 과정이 이른바 'Schumpeter Mark I Regime'이라 불리는 혁신체계의 주요 특징이다.

이와 대조적으로, *Capitalism, Socialism and Democracy*(1950)에서 슘페터는 기존 대기업의 혁신적인 활동에 주목하고 있다. 그는 대기업들이 혁신 과정에서 중소기업들보다 더 좋은 성과를 얻을 수 있다고 주장하였다. 이러한 창조적 축적(creative accumulation)이 이른바 'Schumpeter Mark II Regime'이라 불리는 혁신체계의 주요 특징이다.

어떤 주어진 시점과 산업에서 두 유형의 혁신체제가 작동되는 정도는 다르게 나타난다. 그것은 혁신에 필요한 지식의 성격, 규모의 경제성, 수익의 전용가능성, 제도적 환경, 기술흡수능력, 수요의 다양성 등에 따라서 달라진다. 분명한 것은 'Schumpeter Mark II Regime'이 진행되는 산업은 독과점적 시장구조가 되는 반면에, 'Schumpeter Mark I Regime'을 경험하는 산업들에서는 중소기업들이 중요한 역할을 담당하는 경쟁적인 시장구조를 가지게 된다는 점이다.

한편 슘페터의 'Mark I'과 'Mark II'는 기업가정신과 경제성장의 관계를 서로 다르게 예측하게 만든다. Mark I의 경우에는 기업가정신이 경제성장에 정(+)의 영향을 미치지만, Mark II의 경우에는 그렇지 않을 수도 있다. 이러한 상반된 결과는 '지브라의 법칙(Gibrat's Law)'과 '조바노비치의 예측(Jovanovic's prediction)'을 대비시켜 생각해볼 수 있다. 지브라 법칙은 기업의 성장률은 기업의 규모나 업력과는 관계없이 임의적으로 결정된다는 것이고, 조바노비치의 예측은 기업의 성장률은 신생 중소기업에서 가장 높고, 기존 기업에서 가장 낮다는 주장이다. 만약 지브라의 법칙이 성립한다면 개별기업 차원에서 기업가정신의 성장에 대한 일관성 있는 관계를 예측하기 어렵다. Parker(2009)는 실증적 연구결과를 종합해 본 결과 조바노비치의 예측이 타당하다고 보고하고 있다. 즉 젊고 작은 기업들의 평균성장률이 오래되고 큰 기업들의 평균성장률에 비해서 높다는 것이다. 따라서 슘페터의 Mark I의 경우와 같이 기업가정신의 경제성장에 대한 정(+)의 효과를 기대할 수 있다.

10.2 신고전학파 성장이론

이상에서 살펴본 바와 같이 슘페터는 이미 오래전에 기업가정신과 경제성과의 연관성을 언급하였지만, 1960년대에 전개된 신고전학파 경제성장이론은 이를 고려하지 못하였다. 신고전학파의 경제성장이론은 Solow(1956)의 기본모델에 의해서 전개되어 왔는데, 경제성장과정에서 주로 저축과 자본축적의 역할에 초점을 맞추었다. 여기서 기술진보는 외생변수로 주어지고 있으며, 경제적 유인과는 무관하게 취급되고 있다. 그 결과 기업가의 역할이 들어갈 여지가 없었다(Baumol, 1968).

Solow에 의하면 국민경제 관점에서 본 집계생산함수(aggregate production

function)는 다음과 같이 표시될 수 있다고 한다.

$$Y = Af(L,\ K) \tag{10-1}$$

생산요소, 즉 노동(L)과 자본(K)이 주어지면 이 함수에 의해서 최대산출량(Y)이 구해진다. 여기서 A는 외생변수이다. 이 집계생산함수가 규모에 대한 보수불변(Constant Return to Scale: CRTS)이라고 가정하면 다음과 같이 쓸 수 있다.

$$\begin{aligned}\frac{Y}{L} &= Af\left(\frac{L}{L},\ \frac{K}{L}\right)\\ &= Af\left(1,\ \frac{K}{L}\right)\end{aligned} \tag{10-2}$$

일인당 산출량 $\frac{Y}{L}$을 y로, 일인당 자본량 $\frac{K}{L}$을 k로 표시하면,

$$y = Af(k) \tag{10-3}$$

이상의 성장함수에서 가장 중요한 것은 일인당 산출량 y에 일인당 자본량 k를 연결 짓는 $f(k)$가 증가하는 오목함수(increasing concave function)라는 특성에 있다. 즉 Y를 생산하는 과정에서 자본의 한계생산은 감소하므로, 자본집약도 k가 증가할수록 자본의 산출량에 대한 기여도는 점차 낮아진다는 것이다. 결과적으로 투자에 대한 유인이 줄어들게 되어 자본축적은 점점 어려워지고, 이에 따라 장기적으로 성장은 멈추게 될 것이다. 즉 0%의 경제성장률을 기록하게 될 것이다. 이 상태는 장기균형점으로서, 신고전학파 경제학의 전형적인 결론이다. 이 상태에서는 장기적인 경제성장은 단지 외생변수인 A의 변화에 의해서만 달성가능하게 된다.

현실 속에서 끊임없이 진행되는 경제성장을 설명하기 위해서, Solow는 시간이 지남에 따라 요소의 생산성을 향상시키는 외부적 요인, 즉 기술진보를 고려하였다.

$$Y = f(L,\ K,\ t) \tag{10-4}$$

여기서 t는 시간변수로서 기술변화의 영향을 나타낸 것이다. 다시 말하면, Solow에게 있어서 기술변화는 '생산함수를 변동시킬 수 있는 모든 요소를 종합한 것'이 된다. 만일 중립적 기술진보를 가정하면, 생산함수는 다음과 같이 두 가지 요소로 나누어질 수 있다.

$$Y = A(t)f(L,\ K) \tag{10-5}$$

여기서 $A(t)$는 기술변화에 의존하는 부분이고, $f(L,\ K)$는 노동과 자본에 의존하는 부분이다. 또한 규모에 대한 보수불변(CRTS)을 가정했으므로 다음의 식이 성립하게 된다.

$$\frac{\dot{y}}{y} = \frac{\dot{A}}{A} + w_k \frac{\dot{k}}{k} \tag{10-6}$$

여기서 y는 일인당 산출량($\frac{Y}{L}$)이고, k는 자본-노동비율($\frac{K}{L}$)다. 점(dot) 표시는 시간에 대한 변화분을 나타낸다. 예를 들어 $\dot{y} = \frac{dy}{dt}$이다. 그리고 w_k는 산출량과 자본비율을 나타낸다. 따라서 일인당 산출량, 자본-노동비율에 대한 시계열 자료가 주어지면 기술변화에 기인하는 부분 A를 구할 수 있다.

Solow가 실제로 이 식에 의해서 1909~49년간 미국 비농업부분의 성장원천을 추정해 본 결과, k에 의한 부분은 13%에 불과하였고 나머지 87%가 A에 의해서 설명되는 것으로 보고하였다. 그러나 기술진보에 기인하는 A의 의미는 단지 '잔차'(residual), 즉 성장에 대한 노동과 자본의 기여도를 고려한 후에 남는 것에 불과하다. 이러한 이유로 A는 '무지(ignorance)'의 소산으로도 해석되고 있다. 다시 말해서 A는 생산요소의 양적 증가에는 영향을 받지 않고 조직편성의 개선, 기술의 개량, 종업원의 교육훈련 등을 포함하는 모든 요인에 기인한 산출량의 증가분이라는 것이다. 이와 같이 Solow모델에서 기술진보의 요인이 구체적으로 설명되고 있지 못하다. 기술은 경제성장에 대해서 여전히 외생적 요인으로 남아 있으며, 기술혁신자로서의 기업가의 역할은 전혀 나타나지 않고 있다.

내생적 성장이론: '새(new)'성장이론 10.3

신고전학파 성장이론이 기술진보를 단순한 시간추세변수로 취급하고 있는 것과는 달리, 1980년대 말에 전개된 '새(new)'성장이론에서는 기술진보의 결정요인을 분석한다. 즉 '새'성장이론은 경제성장의 내생적 결정요인을 찾아내고자 한다.[1] 이 이론의 기본 논지는 규모에 대한 수확체증(Increasing Return to Scale: IRTS) 혹은 외부성(externality) 때문에, 요소의 축적과정에서 요소의 한계생산이 0으로 가지 않게 됨으로써 성장률의 영속적인 증가가 가능하게 된다는 것이다(Romer, 1986, 1990; Lucas, 1988).

'새'성장이론에 의하면 외부효과를 가지는 성장요인으로 기술혁신이 포함되고 있다.[2] 이때 기술혁신은 외부적으로 주어지는 것이 아니라 R&D에 투입되는 자원의 양과 기타 지식창출활동에 의해서 결정된다.

그러면 기술변화와 내생적 경제성과의 관계는 어떻게 설명되고 있는가? 이는 R&D자본과 실물자본의 축적과정에서 투자의 중개역할을 통하여 설명된다. 먼저 개별기업의 입장에서 시작해 보자. 어떤 한 기업이 신제품의 도입을 통하여 새로운 성장기회를 모색하기 전에, 기업이 보유하는 노하우에 맞는 기회를 찾으려고 할 것이다. 이 기업은 신제품 혹은 개선된 제품에 대한 수요추세를 평가한 후에, 생산을 위해서 기업의 기술지식스톡의 증가를 가져오는 R&D에 착수할 것이다. 그러나 기술지식스톡은 실물자본에 대한 투자가 뒷받침될 때만 효과를 가지게 된다. 만약 마케팅이 성공적이라면, 이러한 이중적인 투자의사결정은 기업의 확대를 가져올 것이다. 이 과정에서 기존의 제품은 진부화되면서 창조적인 파괴가 일어난다. 이에 대응하는 경영혁신은 새로운 유형의 기계장비의 잠재력에

---

1) 이미 오래전에 Kaldor(1957)와 Arrow(1962)에 의해서 기술변수의 내생화 작업이 이루어졌다. 이들은 공통적으로 기술진보의 원천으로서 학습효과(learning effect)를 부각시킨 바 있다. 그러나 기술을 경제성장의 내생변수로 취급하는 본격적인 노력은 1980년대 후반부터 시작되었다고 할 수 있으며, 이러한 일련의 노력을 우리는 '새'성장이론이라고 부르고자 한다.

2) 실물자본, 인적자본, 사회간접자본 등도 경제성장과정에서 외부효과를 가진다.

관한 정보에 영향을 받을 것이다. 이것은 일반적으로 실물자본에 대한 투자를 가져오며, 이는 다시 생산성 향상, 더 나아가서 기업의 시장점유율 증대를 초래할 것이다.

이러한 미시경제적 차원에서 R&D투자, 학습, 실물자본에 대한 투자, 그리고 시장압력의 선순환(virtuous cycle)은 거시경제적 차원에서도 그대로 적용된다. 즉 국민경제의 어떤 한 부문에서 R&D투자가 일어나고, 그것이 외부효과를 통해 경제전체의 생산성을 높일 수 있다면 경제성장률은 영속적으로 상승할 것이다. 이 과정을 보다 자세히 설명하면 다음과 같다. 거시경제적 차원에서도 R&D투자는 시장확대와 시장규모에 의해서 유발된다. 시장확대는 제품차별화와 비용절감 측면에서 치열한 경쟁을 가져오며, 이는 다시 잠재적인 생산성 향상과 다양한 수요층에 대한 적응 측면에서 기술적 및 조직적 혁신을 촉진시킨다. 더 나아가서 이러한 현상은 과학기술에 기반을 둔 부문들과 첨단기술 부문들에서 과학자와 R&D자원의 동원을 필요로 한다. 더 나아가서 과학 및 기술의 복잡성 및 다양성 때문에 이는 네트워크, 협력, 그리고 기술시장의 성장을 초래하게 된다. 즉 기술의 외부효과가 확대된다. 이러한 외부효과는 혁신기업, 산업, 그리고 국가를 넘어서 퍼져 나간다. 최신기술의 집중적인 생산으로 새로운 기계장비의 구입이 가속화되고, 그럼으로써 실물자본에 대한 투자가 증가한다. 그리고 새로운 투자는 생산성을 향상시키고, 신제품 혹은 차별화된 제품의 생산을 초래한다. 이러한 생산 활동은 수익체증의 법칙에 따라서 추가적인 수입을 창출하고 다른 제품과 서비스에 대한 추가적인 수요 및 새로운 기회들을 창출한다. 이렇게 되면 앞에서 언급한 성장의 선순환이 일단 끝나게 된다.

'새'성장이론은 기술과 경제성장간에 상호관계, 특히 기술의 수익체증효과를 중시한다. 그러나 기술과 성장간의 상호작용에 대한 체계적인 설명이 부족하다. 따라서 우리는 기술 및 실물투자와 관련된 특징을 추가적으로 언급할 필요가 있다. 우선 '새'성장이론에서 말하는 자본은 통상적인 의미에서의 자본의 개념과는 구별된다. 여기서 말하는 투자는 지식과 관련된 투자이거나 혹은 축적되지 않는 중간재를 말한다. 특히 중간재의 품질개선은 R&D 부문에서 유발되고, 소비재 부문에서의 생산성을 향상시키는 것으로 간주한다. 즉 R&D투자의 증대는 중간재의 품질을 향상시키고, 이로 인한 투자증대를 통해서 더 높은 경제성장률이 가능하다는 것이다.

'새'성장이론은 기술에 대해서도 특별한 의미를 부여한다. 기술은 두 가지의 특성을 가진다고 본다. 하나는 기술은 상품일 뿐만 아니라 공공재의 특성을 가진다. 그러므로 기술의 공급을 시장기능에 맡겨 둔다면 과소 생산될 가능성이 크다고 본다. 다른 하나는 기술의 공급수준이 경제성장률에 영향을 미친다는 것이다. 기술은 규모에 대한 수확체증을 보여준다. 따라서 R&D를 증대시키는 정책은 신고전학파에서 주장하는 것보다 훨씬 더 많은 생산증대효과를 가져다 줄 것으로 예측한다. 만약 '새'성장이론이 맞는다면 R&D지원정책으로 인해 초래되는 이득은 전통적인 경제성장이론에서 계산된 것보다 크게 나타날 것이다. 이와 같은 '새'성장이론은 아직까지 확고한 체계를 갖추고 있지는 않지만, 기술혁신에 대해서 보다 현실적인 가정을 채용함으로써 거시경제적 효과를 실증적으로 잘 설명하고 있는 것으로 평가되고 있다.

이상과 같이 '새'성장이론이 기술혁신을 하나의 내생변수로 다루다보니, 기업가정신이 고려될 수 있는 여지가 생긴다. 이는 기술혁신을 달성하기 위하여 자원을 동원함으로써 이윤을 추구하는 행동은 투자의 결과가 불확실하다는 의미에서 기업가적(entrepreneurial)이기 때문이다. 이에 따라서 최근 기술혁신과 경제성장의 동인으로서 기업가정신을 명시적으로 다루는 연구결과들이 나오고 있다(Carree and Thurik, 2010). 즉 내생적 성장모형의 틀 속에서 기업가정신의 문제를 다루는 연구들이다. 그 대표적인 예가 Aghion and Howitt(1992, 1997), Peretto(1998, 1999a, 1999b), Sanders(2007), Schmitz(1989) 등이다. 이하에서는 이 연구결과들의 논지를 차례로 소개한다.

10.4 내생적 성장모형에서의 기업가정신

1) 일반적인 슘페터 성장모형

앞에서 언급한 바와 같이 경제성장과정에서 기업가정신을 하나의 내생변수로서 명시적으로 다룬 최초의 경제학자는 슘페터이다. 따라서 우리는 솔로우(Solow)의 성장회계방정식에 기업가정신이라는 변수를 포함시킴으로써 기업가정신이 경제성장에 미치는 영향을 추정할 수 있다. 즉,

$$Y=A(E,\ R)f(L,\ K) \tag{10-7}$$

A는 기술을 반영하는 변수로 기업가정신 E와 기술통제변수인 R의 함수로 표시된다. 기업가정신 E는 기업가의 창업활동 등으로 측정할 수 있으며, 기술통제변수로 R&D투자규모, 지식자본 등이 들어갈 수 있다. 상기 식의 중요한 특징은 기업가정신, 지식자본 등이 포함되어 있어서 외부효과를 가질 수 있다는 것이다. 식 (10-7)을 변화율을 보여주는 식으로 변환하면 다음과 같다.

$$\frac{dY}{Y}=A_E\frac{dE}{E}+A_R\frac{dR}{R}+\alpha\frac{dK}{K}+(1-\alpha)\frac{dL}{L} \tag{10-8}$$

식 (10-8)에서 A_E와 A_R은 각각 기술에 대한 기업가정신의 탄력성과 통제변수의 탄력성을 나타낸다. α와 $1-\alpha$는 각각 자본의 몫과 노동의 몫을 의미한다. 따라서 식 (10-8)을 통해서 우리는 기업가정신 변수 E가 1% 변할 때 국민생산 Y가 몇 % 변할지를 추정할 수 있다.

2) 창조적 파괴 성장모형: Aghion and Howitt(1992)

Aghion and Howitt(1992)은 기업가에 의한 슘페터적인 창조적 파괴활동을 포함시키는 내생적 성장모형을 정립하였다. 이 모형에서 경제성장은 기술진보에 의해서 유발되는데, 기술진보는 혁신을 추구하는 기업들 간의 경쟁에 의해서 이

루어진다. 기업들은 하나의 성공적인 기술혁신이 이루어지면 특허 등에 의해서 당분간 독점적인 이윤을 얻을 것이라는 전망 하에 움직인다. 이때 슘페터적인 창조적 파괴활동을 수행하는 기업가가 새로운 기술혁신을 성공시키면, 기존 제품은 진부화되면서 기존의 독점적 이윤 혹은 지대는 사라지게 된다.

Aghion and Howitt(1992)의 기본 모형은 다음과 같이 표현된다.

$$y_t = A_t x_t^{\alpha}, \quad \text{여기서 } 0 < \alpha < 1 \tag{10-9}$$

y는 최종소비재이고 x는 중간재이며, A는 중간재의 생산성을 나타낸다. α는 0과 1 사이의 값을 가지는 계수로 중간재 시장의 경쟁정도를 나타낸다.

이 모형에서 중요한 역할을 가지는 기술진보는 다음과 같이 진행된다.

$$A_t = A_0 \gamma^t, \quad \gamma > 1 \tag{10-10}$$

즉 기술은 γ율로 지속적으로 진보한다.

이러한 전제하에서 그들은 한 국민경제의 평균성장률을 결정하는 함수관계를 최종적으로 도출한다.

$$g = \ln(\gamma)\left(\frac{\lambda(1-\alpha)\gamma L - r}{(1-\alpha)\gamma + \alpha}\right) \tag{10-11}$$

상기 식에서 λ는 R&D생산성, L은 노동가능인구, 그리고 r은 이자율을 각각 나타낸다. 이 식에서 우리는 경제의 평균성장률은 L, γ, 그리고 λ의 증가함수임을 알 수 있다. 특히 한 경제의 기술진보율(γ)과 R&D생산성(λ)이 증가하면 평균성장률(g)이 증가한다는 점은 경제성장과정에서 기업가의 역할이 존재함을 말해준다. 즉 기술진보율은 기업가의 혁신활동에 의해서 유발된 것으로 창조적 파괴효과(creative destruction effect)를 나타낸다. 또한 R&D생산성(λ)이 높다는 것은 그만큼 기업가의 지식에 대한 투자가 효율적임을 말해준다.

한편 경제의 평균성장률은 α와 r의 감소함수이다. 먼저 이자율(r)이 상승하면 평균성장률은 감소한다. α는 중간재시장의 경쟁정도를 나타내는데, 이 값이 커질수록 시장집중도는 낮아진다. $1-\alpha$는 독점도를 측정해주는 러너지수(Lener index)로 α값이 커진다는 것은 시장이 경쟁적으로 변한다는 것을 의미하며, 이때 평균성장률은 감소한다. 따라서 슘페터적인 기업가로 하여금 R&D활동에 종사하게끔 하기 위해서는 독점적인 이윤을 가능하게 하는 어느 정도의 시장집중도가 필요하다는 것을 알 수 있다. 기업가적인 노력을 이끌어내는 시장집중력은 경제성장과정에서 불완전경쟁의 중요성을 말해준다.

일종의 슘페터적 성장모형인 Aghion and Howitt 모형에서는 경쟁과 성장은 서로 역의 관계에 있다. 하지만 Nickell(1996) 등에서 보는 것처럼 실증적인 근거는 찾아보기 어렵다. 이에 대응하여 Aghion and Howitt(1997)에서는 보다 더 경쟁적인 시장구조가 경제성장에 기여할 수 있는 모형으로 확장하였다. 더 나아가서 Howitt and Aghion(1998)에서는 그들의 창조적 파괴 모형에 자본을 추가하여 분석하고 있다. 여기서는 자본축적과 기술혁신이 경제성장과정에 서로 보완적인 역할을 수행한다는 점을 추가적으로 보여준다.

결론적으로 Aghion and Howitt은 이윤추구를 목적으로 하는 지식투자와 이를 수행하는 개인, 즉 기업가를 연결시킴으로써 하나의 내생적 성장모형을 도출하였다.

3) 내생적 시장구조 성장모형: Peretto(1998)

Peretto는 내생적 시장구조가 포함된 내생적 성장모형을 정립하는 과정에서 기업가정신과 경제성장의 연관성을 분석하고 있다. 그의 내생적 성장모형은 Aghion and Howit모형에서처럼 중간재 산업을 대상으로 분석하고 있으며, 이 산업에서 투자 및 R&D 수익률을 결정하는 기업의 수가 핵심적인 역할을 한다. 이 모형과 Aghion and Howit 모형과의 가장 큰 차이점은 중간재 산업에서 독점적인 기업들은 비용감소를 가져오는 혁신을 계속적으로 달성하기 위해서 사내에 R&D시설을 구축한다는 가정이다.

Peretto모형에서 기업가는 명시적인 역할을 수행한다. 그의 모형은 발명을 기반으로 하는 독립적인 기업가에 의해서 행해진 R&D로부터 기존기업 내에서 수행된 R&D까지 혁신의 궤적이 어떻게 이동되는지를 찾는다. 이 모형에서 경제는 기업가적인 R&D투자 및 새로운 기업의 설립은 점차 없어지는 반면에 기존 과점기업들에 의해서 수행된 사내 R&D가 성장을 주도하는 안정적인 산업구조로 수렴한다.[3] 이는 가속효과(escalation effect)로 불리는데, 기업의 수는 기존 기업들로 하여금 R&D투자로 유인하는 기술적 기회의 확대 때문에 감소하게 된다. 이 상황에서 기업의 진입은 매몰비용 때문에 더욱 어렵게 되고 생산에 필요한 노동력은 더 희소하게 된다.

Peretto모형에서 기업가는 기존기업과의 경쟁에서 지는 경우 매몰비용을 부담해야 하기 때문에 새로우면서도 차별화된 제품을 개발해야 한다. 신규진입기업은 새로운 지식의 창출자이다. 경제가 어느 정도 발전된 단계에서는 기업가적 R&D활동으로부터 기업의 사내 R&D활동으로 전환되지만, 기업가정신은 경제발전과정에서 중요한 역할을 수행한다. 하지만 이렇게 되기 위한 필요조건은 일정 규모의 이상으로 기업수가 증가되어야 한다는 것이다. 따라서 기업수와 지속적 성장 간에는 역 U자의 관계를 갖게 된다는 것이 Peretto 모형의 핵심적 결론이다.

4) 과학지식 창출 기반 성장모형: Sanders(2007)

Sanders(2007)는 새로운 원천지식을 생산해 내는 기초과학 부문을 포함하는 내생적 성장이론을 전개하였다. 그는 과학지식 창출은 명성이나 평판을 목적으로 착수되는 패러다임 전환이라는 동태적인 과정을 따른다고 주장한다. 이러한 지식창출은 의도되지 않은 부산물로서 기업가적인 기회를 가져온다. 이때 기업가는 새로운 지식 창출이 초래하는 기회를 사업화하고, 그 대가로서 이윤을 향유한다. 바로 이러한 혁신적인 활동이 경제성장을 가능하게 한다. 따라서 그는 평

---

3) Peretto는 이를 경쟁적인 자본주의(competitive capitalism)에서 트러스트화된 자본주의(trustified capitalism)로의 전환이라고 표현한다.

판이나 명성을 얻기 위해서 원천지식의 흐름을 창출하는 과학자들로 구성된 독자적인 과학자집단이 경제발전의 기반을 제공한다고 본다. 요컨대 그는 과학제도와 기업가적 활동을 경제성장의 선행조건으로 간주한다. 왜냐하면 혁신기회는 과학자들이 잠재적 기회의 스톡을 증가시킬 때만 소진되지 않기 때문이다.

이러한 Sanders의 과학기술창출기반 내생적 성장이론은 새로운 혁신의 가능성은 원천과학기술의 증대로부터 온다는 사실을 이론화하였다는 점에서 의미가 있다. 아울러 Sanders의 성장모형은 경제성장과정에서 지식외부성의 역할을 강조함으로써 성장의 미시경제적 기초를 찾고 있다는 점에서도 이론적으로 기여하고 있다.

5) 모방 기반 성장모형: Schmitz(1989)

사실 기업가적 활동과 경제성장을 연결시키는 내생적 성장모형을 처음으로 소개한 사람은 Schmitz였다. Schmitz 성장모형의 주요 논지는 한 경제에서 균형기업가군의 규모는 사회적으로 최적인 수준보다 작다는 것이다. 따라서 정부가 기업가적 활동을 촉진시키는 정책을 펴야한다고 주장한다. 그러나 이 모형에서 기업가는 그들의 역할이 모방에 국한되어 있다는 점에서 다른 성장모형에 비해서 수동적이다. 이러한 측면에서 Schmitz의 성장모형은 Aghion and Howit 성장모형보다 이론적인 영향력이 작다고 할 수 있다.

6) 지대추구 성장모형: Peng(2000)

앞의 모형에서는 기업가정신 혹은 기업가적 활동이 경제성장을 가져온다는 점에서 일치를 보인다. 하지만 기업가정신이 경제성장을 위축시키는 효과를 보여주는 내생적 성장이론도 있다. 그 대표적인 예가 Peng(2000)의 연구이다. 그는 기업가들이 R&D활동을 하기보다는 여러 가지 연구프로젝트들 간 어떤 것을 선택할 것인지에 전념하는 사실을 반영하는 내생적 성장이론을 정립하였다. 즉 기업가들이 건설적인 R&D활동을 하기보다는 지대추구(rent-seeking)행동에 전념하는 경우에는 기업가정신과 경제성장 간에는 부(-)의 관계가 성립할 수 있다고 주장한다.

이는 Baumol(1990)의 주장과도 일치한다. Baumol은 기업가적 에너지가 경제성장을 이끌 만큼 충분하지 않을 수도 있다고 주장하였다. 심지어 기업가들이 비생산적 혹은 와해적인 행동을 할 경우에는 기업가적 활동이 경제성장에 부정적인 영향을 미칠 수도 있다고 한다. 이는 기업가들로 하여금 생산적인 역할을 하도록 이끄는 일이 매우 중요하다는 점을 역설적으로 보여준다고 할 수 있다.

지식파급과 경제성장 10.5

1) 지식파급자로서의 기업가

경제성장과정에서 외부효과는 지식파급(knowledge spillover)에서 나타나며, 기업가는 지식의 파급자로서 경제성장에 기여할 수 있다. Schmitz(1989)에 따르면, 기업가의 탐색 및 투자활동은 다른 사람들이 활용할 수 있는 지식의 스톡에 추가되며, 결과적으로 기업가정신은 경제 전체적으로 외부경제효과의 원천이 된다고 한다.

그렇다면 기업가들은 지식파급효과를 어떻게 활용하는가? 하나의 연결고리는 R&D활동을 수행하지만 회사 내에서 새로운 아이디어를 사업화시키지 않는 고용된 연구원이다. 이들의 아이디어는 경직된 내부 관례 때문에 사장되거나 혹은 R&D책임자가 잠재적 가치를 부여하지 않기 때문에 사업화가 되지 않는 경우가 많다. 하지만 기업가는 그 아이디어의 잠재적 가치를 발견하고 이를 사업화시킨다. 이 경우에 새로운 벤처기업의 설립만이 지식의 창출과 활용 간의 '갭'을 메워주는 유일한 방법이다. 물론 다른 기업에서 창출된 새로운 기술은 사내 벤처기업에 의해서 혹은 기존기업의 사업부 확대를 통해서도 가능하다(Cohen and Levinthal, 1989).

요컨대 경제성장은 개별 기업가가 지식의 생산에 직접 기여하지 않을지라도 새로운 벤처기업 창업을 통해 지식을 활용함으로써 달성될 수 있다. 따라서 기업가와 벤처기업 창업은 지식기반 기술혁신 및 경제성장 이론에서 중요한 역할을 가진다. 특히 지식기반경제에 있어서 기업가는 새로운 지식이 사업화될 수 있는 주요한 채널이 되며(Acs et al., 2004), 글로벌화와 더불어서 이러한 역할은 커지고 있다(Audretsch, 2003).

2) 지식 필터

완전한 정보를 가정하는 신고전학파 이론에서는 지식파급자로서의 기업가의 역할은 필요하지 않다. 그러나 정보가 불완전한 현실 세계에서는 새로운 지식이 가져오는 혁신의 잠재적 가치에 대해서 경제주체들은 다르게 평가한다. 앞에서 언급한 바와 같이 연구자, R&D책임자, 기업조직, 기업가 등 경제주체들은 하나의 아이디어가 가져올 경제적 가치에 대해서 달리 평가할 수 있다는 것이다. Carlsson et al.(2009)은 이러한 평가의 차이를 '지식 필터(knowledge filter)'라고 불렀다. 지식필터는 새로운 지식과 경제적 지식(혹은 상업화 지식) 간의 격차이다. 만약 기존기업이든 발명자든 창출된 아이디어의 혁신을 추진하지 않는다면 이러한 지식에 대한 평가의 차이는 상업화를 위한 지식파급을 지연시킬 것이다. 그러나 이러한 평가의 차이, 즉 지식 필터는 창업을 유인한다. 예를 들어 창출된 지식에 대해서 높은 가치를 부여하는 사내 고용연구원은 기업을 떠나서 자기의 사업을 추진할 것이다. 물론 사내에서 창출된 지식에 대해서 높은 가치를 주는 기업가가 있다면 그에 의해서 창업이 됨으로써 지식이 기존기업으로부터 신규기업으로 파급될 것이다.

3) 지식파급 기업가이론

이와 같이 지식파급자로서의 기업가의 역할이 매우 중요함에도 불구하고 기존 내생적 성장이론에서는 지식파급을 하나의 외생변수로 취급하고 있다. 이에 따라서 Acs et al.(2004, 2009), Acs et al.(2012), Acs and Sanders(2013) 등은 기업가적 지식파급을 하나의 내생변수로 하는 또 다른 유형의 내생적 성장모형을 정립하였다. 이와 같이 지식파급을 내생화시키는 일련의 모형은 '지식파급기업가이론(Knowledge Spillover Theory of Entrepreneurship: KSTE)'이라고 부른다. KSTE의 주요 내용을 Acs et al.(2012)을 중심으로 소개하고자 한다. 이 모형은 지식생산함수에 기업가의 활동을 포함시키고 이를 전형적인 소비자 최적화 문제 및 최종재의 생산함수와 결합하여 한 국민경제의 경제성장 경로를 도출해 내고 있다.

① 지식의 외부효과

이윤극대화를 추구하는 기업들은 어떤 한 기간에 지식(A)을 생산하고 이를 연속적으로 생산요소로서 사용한다. 기업 차원에서 생산된 새로운 지식은 기업에 의해서만 전유되는 것이 아니라 일부는 총 지식스톡에 스필오버되고 국민경제 내의 모든 경제주체들이 접근할 수 있다. 기업 차원에서의 지식생산함수는 규모에 대한 보수체감 현상을 보인다고 가정한다. 따라서 지식은 부분적으로 배제가능하며, 모든 기업들은 총 지식투자로부터 발생하는 스필오버로부터 이득을 얻는다. 지식 A는 다음과 같이 표현된다.

$$A = \sum \alpha_i = \sum l_i,\ R \qquad (10-12)$$

여기서 α_i는 각 기업의 지식스톡에 대한 기여로서 연구원(l_i, R)을 고용함으로써 달성된다.

② 경제성장에서 기업가정신의 역할

지식이 경제성장으로 전환될 수 있는 것은 외부성 때문이다. 여기에는 두 가지 경로가 있다. 하나는 기존기업이 연구원을 고용하여 R&D를 통해서 새로운 지식을 창출하는 활동이다. 다른 하나는 기업가적 활동이다. 기존기업이 창출한 새로운 지식은 모두 그 기업에 의해서 활용되지 않는다. 하지만 이 지식들은 기업가에 의해서 기회로 포착되고 창업으로 이어질 수 있다. 신생 창업기업들은 다른 기업들로부터 지식을 흐르게 하는 도관의 역할을 한다. 그러므로 기업가정신은 지식스톡에 영향을 미치고 궁극적으로는 경제성장에 기여한다.

③ 지식생산함수

이상과 같이 생산된 새로운 지식은 새로운 기계설비, 특허, 혹은 비즈니스 모델 등으로 국민경제 내에서 이루어지는 생산활동에 활용되어질 수 있다. 새로운 지식은 다음과 같이 생산되어진다.

$$\dot{A}=\sigma_R L_R A+\sigma_E AZ(L_E)A \qquad (10-13)$$

여기서 σ_R과 σ_E는 각각 기존기업(L_R)에 의해서 수행된 R&D의 효율성과 지식기반 기업가(L_E)에 의해서 수행된 활동의 효율성을 의미한다. 따라서 지식은 기업의 R&D부서에 종사하는 연구원들과 기업가적 활동에 전념하는 사람들에 의해서 생산된다. A는 일정 시점에서 활용 가능한 지식스톡이다.

(식 10 – 13)에서 양변을 A로 나누어 주면 기술진보율을 얻을 수 있다.

$$\frac{\dot{A}}{A}=\sigma_R L_R+\sigma_E AZ(L_E) \qquad (10-14)$$

기술진보율은 R&D, 기업가적 활동, 그리고 각 활동 효율성의 증가함수이다.

④ 기업가적 활동

기업가적 활동은 다음과 같이 표현된다.

$$Z(L_E)=L_E^{\gamma}, \quad \gamma<1 \qquad (10-15)$$

여기서 기업가적 활동은 규모에 대한 보수체감($\gamma<1$)의 특징을 가지며, 이는 총인구 중에서 기업가적 자질을 가진 사람들이 고루 분포되어 있지 않기 때문이다.

⑤ 경제성장 경로

(식 10－13)과 (식 10－15)를 소비자 최적화 문제와 최종재의 생산함수에 결합하면 한 국민경제의 경제성장의 경로를 도출해 낼 수 있다. 국민경제의 성장을 결정하는 함수식은 다음과 같다.

$$g=f(A,\ R,\ E,\ \lambda) \qquad (10-16)$$

g는 경제성장률이고, A는 기존 지식스톡, R은 R&D지출액, E는 기업가정신의 수준, λ는 성장에 영향을 미치는 기타 요인(자본, 노동, 제도 등)이다. 결론적으로 이 모형은 경제성장이 기업가정신의 증가함수임을 보여준다.

4) 실증적 연구결과

Acs et al.(2012)은 위의 모형을 1981~1998년에 걸친 18개국의 패널데이터에 적용하여 실증 분석하였다. 분석결과, 기업가정신은 경제성장에 정(+)의 유의한 효과를 미치는 것으로 나타났다. 즉 기업가들은 자신들의 활동이 없었더라면 사장되었을지도 모를 신지식을 상업화하여 시장에 가져옴으로써 국민경제 전체적으로 부가가치를 증가시키는 역할을 한다는 것이다. 이러한 결과는 암묵적으로 창업이 지식파급을 촉진하는 도관으로서의 역할을 수행한다는 것을 확인해 준다. 기업가정신의 경제성장에 대한 Acs et al.(2012)의 연구결과는 Acs et al.(2005)의 자료와 일치한다. 〈그림 10－1〉에서 보는 바와 같이 기업가정신과 경제성장률의 관계를 보면 목측으로 보더라도 정(+)의 상관관계에 있음을 알 수 있다.

한편 Acs et al.(2012)의 연구에서 R&D지출의 경제성장에 대한 효과도 정(+)의 영향을 미치는 것으로 나타났다. 하지만 모형에 따라 결과가 달리 나타나 기

[그림 10 - 1] 기업가정신과 경제성장의 상관관계

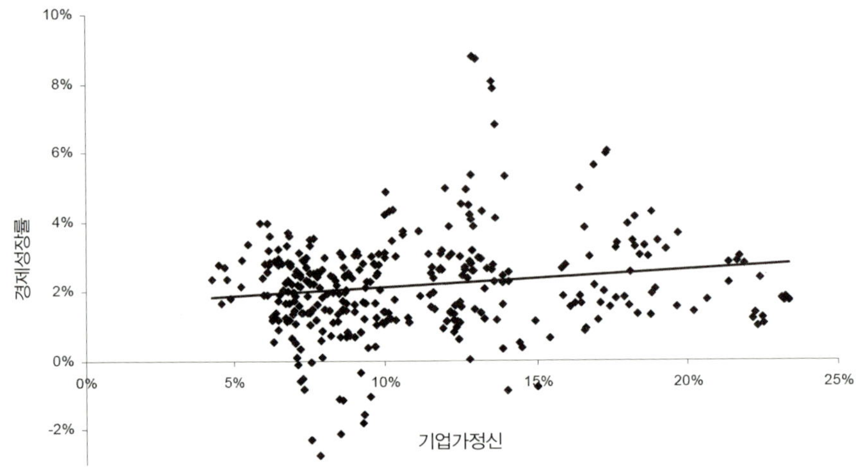

자료: Acs et al.(2005)

[그림 10 - 2] R&D와 경제성장의 상관관계

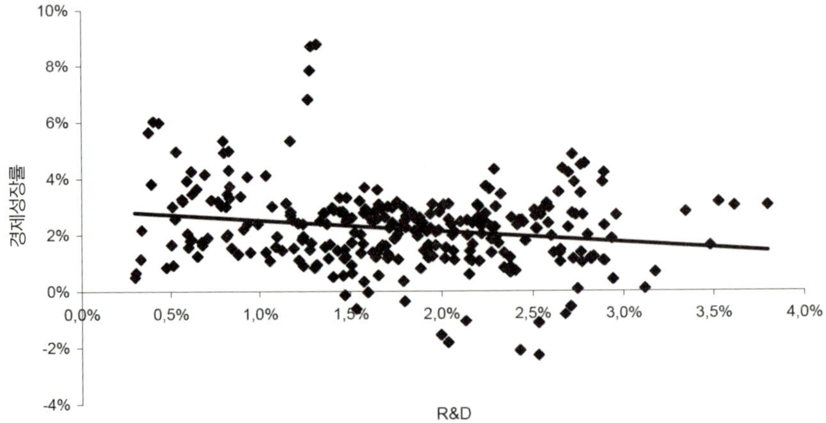

자료: Acs et al.(2005)

업가정신의 영향에 비해서 통계적으로 로버스트(robust)하지는 않았다. 이는 〈그림 10-2〉에서 확인해 볼 수 있다. 그림에서 경제성장률과 R&D지출 증가율 간에는 뚜렷하게 정(+)의 상관관계를 보이지 않고 있다.

따라서 우리는 R&D활동, 그리고 이에 따른 지식의 증가가 경제성장을 자동적으로 담보하지 않는다는 사실을 알 수 있다. 오히려 경제성장이 되려면 지식파급자로서 기업가들의 역할이 더 중요할 수 있다.

GEM 모형 10.6

GEM(Global Entrepreneurship Monitor)은 국가 차원의 기업가정신을 연구하기 위해서 1999년 미국 Bobson College와 영국의 London Business School이 공동으로 설립한 연구단체이다. GEM은 국가의 경제사회적 성과를 결정하는 모형을 설정하고, 이와 관련된 변수들을 설문조사를 통하여 측정하고 있다. 2021/2022년의 경우 50개국이 조사에 참여하였다.

먼저 2021/2022년 GEM 보고서에서 제시하는 GEM 모형은 〈그림 10-3〉과 같다. 한 국가의 사회경제적 성과는 그 국가의 사회적, 문화적, 그리고 경제적 체제에 의해서 영향을 받는 동시에 한편으로는 기업가적 활동에 의한 기업가적 성과에 의해서도 결정된다. 이때 기업가적 활동은 사회적, 문화적, 경제적 체제에 의해서 영향을 받거나 영향을 미치는 기업가에 대한 사회적 가치와 개인의 특성과 상호작용함으로써 결정된다.

특히 GEM은 기업가적 활동의 수준이 경제성장과 밀접하게 연결되어 있다는 일차적 자료를 제공하고 있어서 주목된다. van Stel et al.(2005)에서는 GEM에서 측정한 TEA(Total Entrepreneurship Activity)를 기업가적 활동변수로 하여 이것이 경제성장률에 미치는 효과를 회귀방정식을 통하여 추정하였다. 추정결과, 경

[그림 10-3] GEM 모형

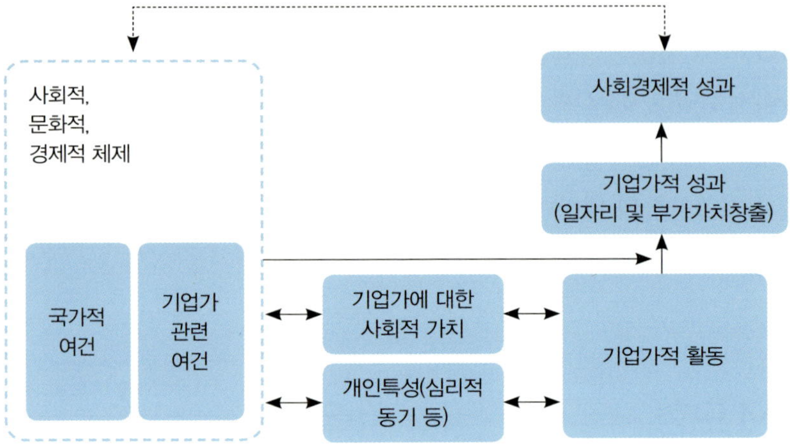

자료: GEM, 2021/2022 Report, p.23.

제발전단계에 따라서 그 효과가 다르게 나타났다. 즉 이미 경제발전을 이룩한 국가군에서는 기업가적 활동이 경제성장에 정(+)의 유의한 효과를 보여주고 있는 반면에, 개발도상국에서는 유의한 효과를 발견하지 못하였다. 이는 개발도상국에서는 기업가적 기회를 활용하는 기업가보다는 생계를 목적으로 하는 기업가들이 많기 때문인 것으로 분석되었다. Acs(2006)는 브라질, 우간다 등 개발도상국들에서는 생계형 기업가 대비 기회활용형 기업가의 비율이 매우 낮은 것으로 보고하고 있다. 따라서 기업가적 기회를 활용하는 기업가 활동은 단순히 생계형 기업가의 활동에 비해서 경제성장에 더 크게 기여할 것으로 예상할 수 있다.

Chapter **11**

글로벌 기업가정신

Entrepreneurship: Theory and Practice

이 장에서는 글로벌 경제하에서 전개되고 있는 기업가정신 현상을 소개하고, 이에 대한 연구를 체계적으로 소개한다.

글로벌화와 기업가정신 11.1

Friedman(2005)에 의하면 글로벌시대 1.0(~1800년)에서는 신대륙의 발견과 강대국의 세계 진출 등 국가 주도로 글로벌화(globalization)가 진행되었고, 글로벌시대 2.0(1801~2000년)에서는 다국적기업 주도로 글로벌화가 진행되었으며, 글로벌시대 3.0(2000년~)에서는 개인들이 전 지구적 차원에서 경쟁을 벌이는 개인 주도의 글로벌화가 진행되고 있다고 한다. 글로벌화의 주체와 성격이 어떠하든 글로벌화는 경제, 사회, 문화, 정치 등 제 분야에서의 상호작용으로부터 초래되는 국제적 통합의 과정이다. 특히 경제의 글로벌화는 상품 및 서비스, 자본, 기술 등이 국경을 넘어서 자유롭게 이동됨으로써 국가경제들 간 상호의존성이 증가하는 현상이다. 글로벌화의 요인으로는 무엇보다도 교통의 발달과 인터넷의 출현을 들 수 있다.

이러한 글로벌화와 기업가정신은 서로 밀접히 연관되어 있다. 글로벌화는 기업가정신에 영향을 미치지만, 반대로 기업가정신이 글로벌화에 영향을 미치기도 한다.

1) 글로벌화의 기업가정신에 대한 영향

Audretsch(2007)는 글로벌화로 말미암아 선진국경제는 산업적 모델(industrial model)에서 기업가적 모델(entrepreneurial model)로 전환되고 있다고 주장한다. 그는 글로벌화를, 세계경제에서 비숙련 노동자의 증가, 해외직접투자와 연관된 정치적 위험의 감소, 그리고 정보통신기술(Information and Communication Technology: ICT)의 보급으로 보았고, 이러한 글로벌화가 국민경제 차원에서 경제체질 자체에 영향을 미친다고 하였다. Gibb(2002)은 기업가적 사회(entrepreneurial society)를 형성하는 요인으로 ICT 혁명, 국제적 사업장벽의 완화, 자유무역지대의 증가, 영어의 보편화, 여행, 국제표준, 환경보호, 국제적 자본이동 등 8가지를 들고 있다. 이러한 글로벌 요인들은 기업가들에게 기회로만 다가오는 것이 아니라 하나의 위협으로서 압력으로 작용한다고 한다. 실제로 많은 실증적 연구들(예: Acs and Preston, 1997; Gibb, 2002; OECD, 2005)은 국가차원에서 글로벌화가 기업가정신에 미치는 실질적인 효과를 보고하고 있다.

산업 차원에서도 글로벌화는 기업가정신에 영향을 미친다. 글로벌화는 시장 변화를 초래하고, 기업 간 경쟁을 증대시키며, 국제적 마케팅 기회를 생성한다. 이 모든 요인은 중소기업의 운영과 성과에 영향을 미치며, 중소기업들이 활용할 수 있는 사업기회를 창출한다. 구체적으로 글로벌화로 소기업들은, 첫째, 국제적 전략적 제휴의 파트너가 될 수 있고, 둘째, 국가간 인수합병(Merges and Acquisition: M&A)의 대상이 될 수 있으며, 셋째, 다국적기업에 특정부품을 공급하는 생산주체가 될 수 있으며, 넷째, 글로벌 차원에서 비즈니스 네트워크의 참여자가 될 수 있다.

글로벌화는 기업가 개별 차원에도 기업가정신을 함양한다. 즉 기업가적 마인드셋(entrepreneurial mindset)에 영향을 미친다. 기업가적 마인드셋이란 어떤 개인이 창의성, 유연성, 혁신성 등을 증진시킴으로써 갖게 되는 성장지향적 성향을 말한다.

2) 기업가정신의 글로벌화에 대한 영향

이상과 같이 글로벌화가 기업가정신에 영향을 미치지만, 반대로 기업가정신이 글로벌화에 영향을 미친다. Knight and Cavusgil(2004)에 따르면 강한 혁신력과 해외시장을 추구하는 성향을 가진 신생 기업들은 혁신적 문화가 결여되어 있는 기업에 비해서 더 빨리 국제화하는 경향이 있다고 한다. 대우의 세계경영의 사례를 보면 1960년대 말 김우중 회장이 수출로부터 시작하여 1972년 대우실업을 국내 제2위의 수출기업으로 만든 것은 기업가 개인의 성향이 글로벌화에 미친 영향을 잘 보여주고 있다(신장섭, 2014). 우리나라 중소기업들을 대상으로 한 한상설·임덕순(2013)의 연구에서도 혁신성과 진취성을 가진 기업들이 신속하게 글로벌화를 추구하는 것으로 나타나고 있다.

사례 | 대우그룹 김우중 회장의 '세계경영'

우리나라의 대우그룹은 창업 초기부터 해외시장으로의 수출을 통해서 성장한 대표적인 'Born-global'기업이라고 할 수 있다. 한국CCO클럽이 펴낸 『한국경제를 만든 이 한마디』에서는 "세계는 넓고 할 일은 많다"라는 제목하에 김우중(1935~2019) (전)대우그룹회장을 '세계경영을 선보였던 킴키즈칸'으로 소개하고 있다. 즉 김우중 회장을 글로벌 기업가(global entrepreneur)로 묘사하고 있다.

1967년 5월 1일, 대한해운 소속 화물선 엔젤호가 부산항을 빠져나갔다. 태국으로 향하는 이 배에는 시아후아트사 등으로부터 주문받은 나일론 트리코트 5만 5천 야드, 1만 4,300달러어치가 실려 있었다. 트리코트지는 당시 동남아에서 남자 셔츠나 슬립, 파자마 등 내의류 원단으로 사용됐다. 원단을 수출하는 회사는 대우실업이었는데, 사장을 포함한 직원 수는 8명, 자본금 500만원에 불과한 신생회사였다. 놀랍게도 설립한 지 두 달이 채 안 된 이 회사는 벌써 약 30만 달러어치를 수주해 놓고 있었다. 이런 성과 뒤에는 대우그룹 창업주인 청년 김우중이 있었다. 갓 서른을 넘긴 그는 대학 졸업 후 한성실업에서 무역업무를 익힌 후 대우실업을 설립해 해외 영업을 주도하고 있었다. (중략) 대우실업은 창립 5년째인 1972년 국내 2위의 수출기업이 됐다. 김 회장은 이에 안주하지 않고 사업을 확장했다. (중략) 1982년 (주)대우로 상호를 변경한 김 회장은 세계시장을 가장 효과적으로 활용하는 글로벌 기업가(global entrepreneur)로 인정받는다.

1990년대 들어서면서 세계정세가 급변했다. 독일 통일, 소련붕괴 등으로 사회주의가 붕괴되었고, 유럽은 경제공동체를 형성했다. 그는 본격적으로 '세계경영'이라는 구호를 내걸었다. 그리고 사회주의에서 자본주의 체제로 변화를 모색하고 있던 폴란드, 헝가리, 루마니아, 우즈베키스탄 등에서 자동차 공장을 인수하거나 설립했다. 이 신흥시장이 머지않아 세계경제의 중심으로 떠오를 것이라 생각했기 때문이다. 대우의 해외사업은 빠른 속도로 확장됐다. 그는 젊은이들이 하루빨리 해외로 나아가 더 많은 기회를 잡을 수 있기를 소망했다. 대우맨들은 누구보다도 적극적으로 해외로 나갔고 가장 멀리까지 진출했다. 그래서 대우 사람들은 비행기 추락사고에 늘 민감한 반응을 보였다. 해외 각지에서 비행기 추락사고가 터질 때마다 사상자 명단에 대우 임직원이 포함되곤 했기 때문이다(한국CCO클럽, 2015).

이와 같은 '세계경영'을 바탕으로 1990년대 말 대우그룹은 국내계열사 41개, 해외법인 396개, 자산 83조원, 매출 62조원의 대한민국 재계서열 2위의 기업으로 성장했다. 하지만 2000년을 넘기지 못하고 해체되었다. 해체 후 15년이 지난 2014년 경제사학자인 싱가포르 국립대 신장섭 교수가 『김우중과의 대화: 아직도 할 일은 많고 세계는 넓다』라는 책을 펴냈다. 다음은 김우중 회장과 저자인 신장섭 교수와 대화 중 일부이다.

신장섭: 경영학이나 서양의 다국적기업에서도 '세계경영(global management)'이라는 말을 많이 쓰고 있습니다. 기업들이 국경을 뛰어넘어 세계적 범위에서 사업을 진행하고 현지화를 추진하는 전략이라 할 수 있습니다. 이런 일반적인 세계경영과 비교할 때에 대우의 세계경영이 갖고 있는 특징은 무엇이라고 할 수 있습니까?

김우중: 그런 이론들은 선진국 중심으로 만들어져 있어요. 선진국 기업들이 후진국 기업보다 경영을 잘하고 능력도 많고, 그러니까 그걸 갖고 후진국에 가서 그쪽의 자원이나 인력을 활용해서 사업한다는 것 아닙니까? 그런 식으로만 생각하면 능력 있는 선진국에서만 다국적기업이 나오고 후진국에서는 그런 능력 있는 기업들이 없기 때문에 다국적기업이 나오기 어려다고 보게 되는 거지요. 선진국 기업은 능력이 많고 후진국 기업은 능력이 적다, 그래서 후진국 기업들은 거기에서 배워야 한다는 생각부터 바꿔야 해요. 내가 일찍부터 일본, 미국 등 선진국에 있는 회사들을 여러 군데 가봤는데 그렇게 능률적이지 않아요. 내 눈에는 그렇게 해서 (회사 경영이) 잘 될 거라고 보이지 않더라고요. 백화점 같은 데는 비교적 괜찮았어요. 그런데 큰 회사들은 요란만 떨지 그렇게 경영을 잘한다는 생각이 들지 않았어요. (신장섭, 2014)

이상의 대담에서 우리는 김우중 회장의 도전정신, 기회포착 능력, 자신감 등을 바탕으로 하는 세계경영의 특징을 찾아볼 수 있다. 더 나아가서 이 책에서 신장섭 교수는 대우그룹의 해체의 요인을 정치적 측면에서 분석하고 있다. 당시 정부는 1990년대 말 외환위기를 놓고 이를 해결하는 방법으로 단기적인 구조조정을 선택한 반면에 전국경제인연합회 회장으로서의 김우중 회장은 안정된 산업기반 위에서 고용을 유지하면서 수출을 통해 곧 해결할 수 있다고 주장하였다. 결과는 구조조정 중심으로 정책이 진행되었고 대우그룹은 해체의 길로 들어섰다는 것이다. 신장섭 교수는 이 사건을 한국경제의 전환점으로 해석하고 있어 주목된다. 즉 '세계경영'이라는 기치를 내세운 대우그룹이 사라지면서 진취적인 기업가정신이 퇴색되고 한국경제의 활력이 장기적으로 떨어져 왔다는 주장이다.

대우그룹은 사라지고 글로벌 기업가로서의 김우중 회장은 역사의 무대에서 내려왔지만, 아직도 대우그룹에 속했던 기업들은 영속적으로 생존해 있다. 특히 동남아시아, 중동, 아프리카, 동유럽 등 해외에서는 자동차, 호텔, 비행장, 관개수로 등을 통해서 대우의 이름을 기억하는 사람들이 많다고 한다.

국제적 기업가정신 11.2

1) 정의

앞에서 잠깐 소개해 했던 Friedman(2005)의 책 이름은 *The World is flat: A Brief History of the Twenty-First Century*로 한때 뉴욕 타임즈 베스트셀러였다. 이 책의 서문에서는 Rao라는 사람의 이야기가 나온다. 그는 인도 뭄바이 출신으로서 미국 기업들의 회계업무를 수행하는 회계법인을 인도에 세운 사람이다. 한마디로 Rao는 국가적 경계를 넘어 기업을 운영하는 국제적 기업가(international entrepreneur)이다. 사실 이러한 국제적 기업가들은 세계적으로 수백만 명에 이르고 있으며, 국제경영, 기업가정신, 경제학, 사회학, 심리학, 지역학 등 여러 분야의 학자들뿐만 아니라 경영자와 정책입안자들에게 관심의 초점이 되고 있다. 이러한 상황 하에서 Wright and Ricks(1994)는 글로벌 기업가정신(international entrepreneurship)을 새로운 연구 분야로 부각시켰다. 그들에 의하면 글로벌 기업가정신의 연구영역은 다양한 국가와 문화에서의 기업가 행동을 비교하는 문제, 그리고 기업가적 마인드를 가지고 다른 나라로 조직을 확장하는 행동을 분석하는 문제를 포함한다고 한다.

국제적 기업가정신에 대해서 보다 명확하게 정의를 내린 연구는 Oviatt and McDougall(2005)이다. 그들은 국제적 기업가정신을 다음과 같이 정의한다.

> "국제적 기업가정신은 미래의 재화 및 서비스를 창출하기 위하여 국가적 경계를 넘어서 기회를 발견·실행·평가, 그리고 활용하는 활동이다."

따라서 미래의 재화 및 서비스를 창출하기 위하여 기회를 발견·실행·평가, 그리고 활용하되 이를 수행하기 위해서 국가적 경계를 넘어서는 개인, 조직, 그룹은 국제적 기업가가 될 수 있다. 이상의 정의에서 핵심은 "국가적 경계를 넘어서"라는 표현이다. 또한 기회의 관점에서 기업가정신을 정의하고 있으며, 기업가적 성향을 어떤 차원에서 다루어야 하는지에 대한 불필요한 논쟁을 차단한다. 또한 기업가를 개인 차원이 아닌 조직 차원에서도 정의하고 있다.

2) 활동 및 특성

그렇다면 국제적 기업가들이 국가적 경계를 넘어서 수행하는 활동들은 무엇인가? 먼저 성과 측면에서는 수출, 간접적 수출, 국제적 조인트 벤처 등을 들 수 있다. 투입 측면에서는 수입, 간접적 수입, 라이선싱, 전략적 제휴, 그리고 해외 직접투자의 유치 등을 들 수 있다.

또 하나의 질문은 국제적 기업들이 얼마나 빠르게 국가적 경계를 넘어서는 활동에 전념하게 되느냐는 것이다. 많은 경우 국제적 기업가들은 창업단계 이전 혹은 창업단계에서 국경을 넘어서는 활동을 추구한다고 한다(Moen and Servais, 2002; Oviatt and McDougall, 1994). 이러한 기업들은 'International New Ventures(-INVs)'(Oviatt and McDougall, 1994), 'Born-globals'(Rennie, 1993), 'Micro Multinationals' 등으로 불리기도 한다. 이들에 대해서는 다음 절에서 자세히 다루기로 한다. 여기서 중요한 것은 국제화는 항상 경로의존적이지 않다는 것이다. 심지어 일부 기업들은 역으로 국제화를 중단하고 대신에 국가화를 추진하기도 한다(Fletcher, 2001).

3) 동기

국제적 기업가정신을 유발하는 동기적 요인은 개인적 요인, 기업 특수적 요인, 그리고 환경 특수적 요인으로 나누어 살펴볼 수 있다.

개인적 결정요인으로는 연령, 교육수준, 경험 등이 있다. 일반적으로 교육수준이 높고 해외경험이 있는 사람이 처음부터 해외에서 사업을 계획하여 수행하는 것으로 보고되고 있다(Birley and Norburn, 1987; McDougall et al., 1994). 구체적으로 해외여행을 많이 한 사람, 이민자, 혹은 수출문서, 환위험, 소통과 문화 장벽에 대해 잘 이해하는 사람이 국제적 기업가가 될 것이다.

기업 특수적 결정요인으로는 기업규모, 내부자원, 기술, R&D, 경영능력, 기업목적 등이 있다. 지금까지는 대규모의 다국적기업들이 국제화활동을 주도해 왔으나, 뒤에서 보는 바와 같이 소규모기업들도 국제화를 추진하며, 창업초기단계에서 국제화를 계획하는 경우도 많다. 개인들이 전 지구적 차원에서 경쟁을 벌이는 개인 주도의 글로벌화, 이른바 글로벌시대 3.0(2000년~)에서는 소규모기업들이 빠른 속도로 국제화를 진행할 것으로 보인다. 내부자원, 기술, R&D, 경영능력 등은 기업의 자원기반으로서 이들이 각각 국제적 기업가정신에 미치는 영향은 일률적으로 평가하기 어렵다. 다만 이들을 조합하는 과정에서 유리한 경우에 국제화 활동의 동인으로 작용한다고 할 수 있다. 또한 기업의 강한 이윤 동기는 국제적 기업가정신을 유발할 것으로 예측할 수 있다.

환경 특수적 요인으로는 국내시장의 규모, 생산비용, 산업구조, 제도적 환경 등이 있다. 먼저 자국 내 시장규모가 작은 경우에 기업들은 국제적 기업가정신 활동에 눈을 돌리게 된다(Fan and Phan, 2007). 우리나라 기업들이 수출활동에 주력한 것은 협소한 내수에만 의존할 경우 기업성장 및 고도성장이 불가능했기 때문이었다. 자국시장에서의 생산비용이 낮아지는 경우에도 기업들은 국제화를 시도한다(Axinn, 1988). 독점적인 산업보다 경쟁적인 산업에 속한 기업들이 해외시장으로 눈을 돌릴 것이다. 왜냐하면 경쟁적 시장에서는 이미 내수시장이 포화가 되는 경우가 많으며, 국내에서 경쟁을 치열하게 해본 기업들은 해외시장에의 경쟁에서 이길 가능성이 크기 때문이다(Porter, 1990). 제도적 환경이 기업의 국제화에 미친 영향을 잘 보여주는 사례가 한국의 종합무역상사 제도이다. 1975년 정부가 주도적으로 만든 이 제도는 수출기업들에게 자금, 세금, 행정 등 여러 면에서 혜택을 줌으로써 많은 기업들이 수출활동에 전념하도록 유도하였다(김덕중, 1986).

4) 성과

국제적 기업가정신이 가져온 성과도 개인, 기업, 그리고 환경 차원에서 각각 살펴볼 수 있다. 먼저 개인적 차원에서는 인적자본과 사회적 자본의 형성을 대표적인 성과로 꼽을 수 있다. 기업 차원에서는 성과를 일률적으로 평가하기 어려우나 많은 기업들이 국제화를 통해서 이윤을 증가시키고 기술혁신과 고용증대에 기여한 것으로 보고되고 있다(Lu and Beamish, 2001). 환경적 차원에서도 국제화는 많은 성과를 보여주고 있다. 많은 기업들이 국가 간 거래, 협력, 해외의 지사운영을 통해서 생산요소를 적절하게 조달하고 새로운 시장에 접근하였다. 거시적 차원에서는 우리나라의 경험에서 보듯이 수출 및 국제화가 산업발전, 고용증대, 국제수지개선 등을 통해서 고도경제성장을 견인한다.

11.3 소기업의 글로벌화

1) 'Born-global' 기업의 출현

지난 1세기 동안 대부분의 기업들은 자국 내에서 어느 정도 사업기반을 마련한 다음에 해외로 진출해 왔다(Isenberg, 2008). 특히 해외사업을 생각할 때 초기에 너무 멀리 떨어진 지역을 선택하지 않았다. 소비자 건강제품 기업인 미국의 Johnson & Johnson은 1886년 회사를 설립한 이후 33년이 지난 1919년 캐나다 몬트리올에 처음으로 해외지사를 설립하였다고 한다. 1946년에 설립된 일본의 Sony사도 11년 후에야 미국에 처음으로 수출하기 시작하였다. Gap도 1969년에 설립된 이후 18년이 지난 1987년 처음으로 런던에 해외지사를 설립하였다.

이와 달리 최근에는 이른바 'Born-global' 기업들이 출현하고 있다. 즉 창업단계 이전 혹은 창업단계에서 국경을 넘어서는 활동을 수행하는 기업들이다. 이들 기업을 경영하는 국제적 기업가들은 지리적으로 가깝다고 해서 그곳에 기업을 설립하거나 부품공급자를 선정하지 않는다. 정보를 손쉽게 활용할 수 있고 정치적 및 경제적 장벽이 낮아진 상황 하에서 지구 전체에 걸쳐서 공장입지를 고른다. 글로벌 차원에서 인재를 채용하며, 현지에서 자금을 조달하기도 한다. 대표적 사례로는 풍차제조 회사인 Tecsis를 들 수 있다. 1995년에 브라질 사람 Koike에 의해서 설립된 이 회사는 항공기 산업이 발달한 상파울로 근처에 공장입지를 선정했다. 혁신적인 풍차날개를 디자인하고 생산 노하우를 개발하기에 가장 유리한 지역이었기 때문이었다. 하지만 원료는 북미와 유럽으로부터 구입했고, 수요처 역시 북미와 유럽이었다. 2007년 현재 Tecsis는 10개국에서 활동하며 3억 5,000만 달러의 매출을 올리고 있다(Isenberg, 2008).

그렇다면 정확히 'Born-global' 기업은 어떤 기업을 말하는가? Oviatt and McDougall(1994)은 'Born-global' 기업 혹은 NIV를 "창업 전부터 여러 나라에 걸쳐서 자원조달과 판매로부터 상당한 경쟁우위를 찾는 사업체"라고 정의한다. 그리고 기업의 잉태부터 해외시장에 초기진출 시까지 3년이 안된 기업으로 정의한다(McDougall and Oviatt, 2000).

Oviatt and McDougall(1994)은 'Born-global' 기업가가 가져야 하는 자질로서 다음 7가지를 들고 있다.

- 사업 시작 전부터 글로벌 비전이 존재하며, 이 비전이 회사 내의 다른 사람에게 쉽게 전달된다.
- 국제적인 경험을 가진다. 수출문서, 환위험, 소통과 문화장벽에 대한 이해가 필수적이다.
- 강한 국제적인 사업 네트워크를 구축한다. 이를 통해서 기회를 발견하고 의견을 들으며 협상을 유리하게 이끈다.
- 기술이나 마케팅에 있어서 경쟁우위를 갖는다. 이는 취약한 규모의 비경제를 극복하게 한다.
- 유일한 보이지 않는 자산을 가진다. 특정한 지식이나 노하우를 통해서 독특한 제품 및 서비스를 유지하는 것이 중요하다.
- 제품 및 서비스 면에서 관련다각화가 이루어진다. 지속적인 혁신을 통하여

틈새시장을 계속 활용한다.

- 기업조직을 전 세계적으로 밀접하게 조정한다. 따라서 지리적 거리에 관계 없이 기업의 가치사슬이 조정된다.

Knight and Cavusgil(2004)은 'Born global' 기업은 세계적으로 상당수에 이르며, 국제무역의 생태계 속에서 선도적인 역할을 수행하면서 새로운 패러다임을 형성하고 있다고 주장한다.

2) 소기업의 국제화 속도

이상과 같이 'Born global' 기업의 출현은 매우 중요하지만, 많은 기업이 자국을 기반으로 창업하여 국가 간 경계를 넘어서 국제화를 추진하는 경우도 많다. 따라서 우리는 이 두 경우를 포함하여 소기업의 국제화 속도를 결정하는 요인에 대해서 살펴볼 필요가 있다. 마침 Oviatt and McDougall(2005)이 기업가적 국제화 속도를 결정하는 모형을 제안한 바 있어서 이를 소개하고자 한다.

① 국제화 속도의 결정모형

〈그림 11 - 1〉에는 Oviatt and McDougall이 제시한 모형이 그려져 있다. 먼저 그림의 오른쪽에는 종속변수로서 국제화의 속도가 나타나 있다. 국제화의 속도는 세 가지 차원에서 살펴볼 수 있다. 첫째는 기회의 발견 및 실행부터 해외시장 최초 진입까지의 시간이다. 둘째는 국가의 범위가 확장되는 속도이다. 해외시장 속으로의 진입이 얼마나 빨리 진행되며 지리적으로 멀리 떨어진 국가들로 얼마나 빠르게 확장되는가이다. 셋째는 국제적인 활동에 전념하는 속도이다. 구체적으로 해외사업으로부터의 수입이 증가하는 속도를 말한다.

② 매개변수로서의 기업가정신

〈그림 11 - 1〉의 모형에서 기업의 국제화 속도를 결정하는 요인들은 크게 네 가지 유형으로 구분된다. 그것은 가능요인(enabling factors), 동기요인(motivating

[그림 11 - 1] 국제화 속도에 영향을 미치는 요인들

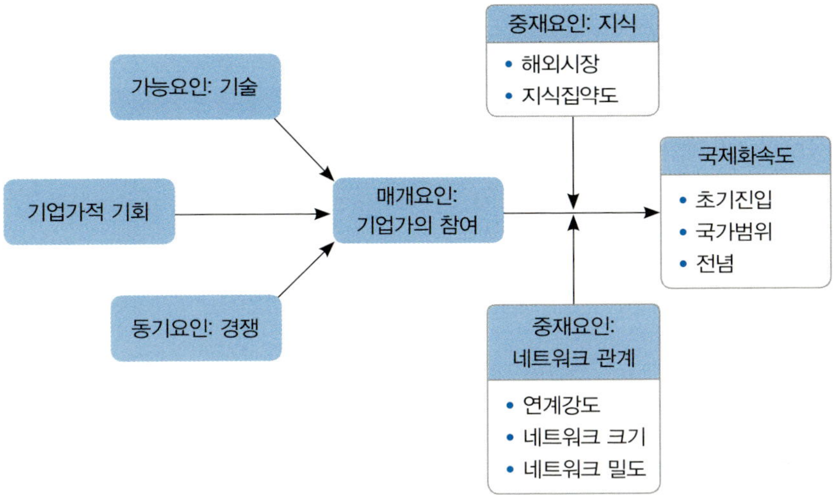

자료: Oviatt and McDougall(2005), p.541.

factors), 매개요인(mediating factors), 그리고 중재요인(moderating factors) 등이다. 먼저 가능요인은 기술의 발전이다. ICT의 발전이 가장 대표적인 요인이다. 인터넷이 국제화의 속도에 핵심적 요인임은 누구나 인식하는 현상이다. 동기요인은 경쟁이다. 경쟁심리가 있어야 다른 기업이 먼저 해외시장에서 선점하는 것을 용인하지 않기 때문이다.

국제적 기업가는 매개요인으로서 모형의 가운데 위치해 있다. 기회를 발견하고 이를 실현하기 위해서 행동을 취하는 사람이나 조직이 국제적 기회활용에 있어서 중심적 역할을 수행한다. 그들은 자신의 특성(예: 국제사업경험, 위험감수성향 등)을 통해서 기회의 잠재성, 소통 및 교통의 가능성, 국제화를 가능하게 하는 컴퓨터 기술, 경쟁자들부터의 위협정도 등을 관찰하고 평가한다. 이러한 평가 내용은 기업가의 인식에 영향을 미치며, 궁극적으로는 의사결정에 영향을 미친다. 따라서 국제적인 기업가 행동이 가속화될지 아니면 더디어질지는 기회, 가능

요인, 동기요인 등이 어떻게 해석되는지에 대한 이해와 국제적 기업가에 의한 매개기능에 의해서 결정된다.

이상의 과정에서 두 개의 중재요인이 있다. 하나는 이미 기업가에게 가용한 기회에 대한 지식집약도이고 다른 하나는 기업가가 구축하는 국제적인 네트워크의 특성이다. 기업가가 기회에 대한 정확하고 많은 지식을 가지거나 강한 국제적 네트워크를 구축하고 있다면 국제적 기업가의 인식 및 통찰력이 국제화 속도에 미치는 영향은 더욱 강화될 것으로 예측할 수 있다.

11.4 국제적 기업가정신의 이론적 틀

앞에서 설명해온 바와 같이 'Born global' 기업이 출현하고 소기업의 국제화가 진행되면서 국제적 기업가정신을 이론적으로 설명하려는 시도들이 활발하게 진행되어 왔다. 특히 연구자들은 국제무역이론뿐만 아니라 다양한 분야의 이론들을 채용하여 국제적 기업가정신을 이해하고자 하였다.[1] 하지만 기존의 국제경제 및 국제경영 분야의 이론들은 이를 충족시키지 못하는 것으로 평가되고 있다(McDougall et al., 1994; Yeung, 2002). 이 절에서는 먼저 전통적 국제무역이론과 국제경영이론들이 국제적 기업가정신을 왜 설명하지 못하는지에 대해서 살펴본 다음, 국제적 기업가정신을 설명하는 데 실마리를 제공할 수 있는 이론들을 소개하고자 한다.

---

1) 예를 들어 Keupp and Gaussmann(2009)은 국제적 기업가정신을 설명하기 위해서 25개의 이론들을 열거하고 있다. 국제화 단계이론, 조직학습이론, 국제생산이론, 기업 간 제휴 및 네트워크, 자원기반관점, 거래비용이론, 경험학습이론, 해외직접투자, 사회적 네트워크, 기업가적 성향, 산업경제학, 사회인식론, 국제적 신생기업이론, 대리인이론, 자원의존이론, 제품주기가설, 상황이론, 민족기업가정신, 지식기반관점, 진화경제학, 전략적 기업가정신, 신제도이론, 기업가경제이론, 경제지리학, 집중력기반이론 등이다.

1) 전통적 경제이론과 국제적 기업가정신

초기 국제무역이론에는 절대우위론, 상대우위론, 그리고 헥셔-올린 정리 등이 포함된다. 하지만 이들은 국가 간 국제무역이 왜 어떤 패턴으로 일어나는가를 설명하기 위해서 제시되었기 때문에 기업 혹은 기업가 차원에서 일어나는 국제화 현상을 다루지 못한다. 예를 들어 헥셔-올린 정리는 두 교역국가 간에 상대적으로 풍부한 요소를 집약적으로 사용하는 제품은 수출하고, 반대로 상대적으로 덜 풍부한 요소를 집약적으로 사용하는 제품은 수입한다고 예측할 뿐이다.

지난 50여 년 간에 걸쳐서 경제학에서는 기업의 국제화를 다루는 이론들이 제시되어 왔다. 이러한 이론으로는 독점적 우위이론, 제품생애주기가설, 거래비용이론, 국제생산이론 등이 있다. 이들은 대기업들의 국제화는 잘 설명하고 있지만 소기업들의 국제화 현상을 설명하는 데는 한계가 있다. 독점적 우위이론(Caves, 1971)에 따르면 어떤 기업이 자국 내에서 독점적 우위(예: 기술, 제품차별화, 특허 등을 통한 우월성)를 가지게 되면 해외에서도 추가적인 비용 없이 독점적 우위를 활용할 수 있다. 반면에 현지 기업들은 독점적 우위를 획득하기 위해서는 모든 비용을 부담해야 하므로 해외의 독점적 기업들과 경쟁할 수 없다. 이에 따라서 독점적 우위를 가진 기업에 의해서 해외투자가 일어나며, 다국적기업이 출현한다고 한다.

제품주기가설(Vernon, 1966)도 제품의 발전단계 때문에 다국적기업이 존재한다고 설명할 뿐이다. 이 가설에 따르면 선진국 기업들은 제품도입기에 개발도상국에 수출하던 시장을 보호하기 위해서 제품성숙기에 개발도상국 현지에 해외직접투자를 시도하며, 이로써 저생산비용을 강점으로 수출을 모색하려는 현지 기업가들과 경쟁할 수 있다고 한다.

거래비용이론은 시장의 불완전성으로 거래비용이 존재하며, 기업조직 등 제도는 거래비용을 최소화하기 위해서 생성된다는 이론이다. 거래비용의 발생요인으로는 경제주체의 기회주의적 행동, 제한된 합리성, 그리고 특유적 자산 등이다

(Williamson, 1975). Buckley and Casson(1976)은 이러한 기회비용을 줄이기 위해서 기업은 활동을 내부화하며, 국가 간에 걸친 내부화의 결과로 다국적기업이 생성된다고 설명하고 있다.

국제적 생산이론(Dunning, 1980)은 Dunning의 절충이론으로도 불리며 다국적기업의 해외투자를 설명하기 위한 것이다. 그에 의하면 기업이 해외투자를 하기 위해서는 소유권 및 국제경쟁우위를 보유해야 하며, 해외입지가 자국에 비해서 유리해야 한다고 주장한다. 이 이론은 오랜 기간 해외직접투자를 설명하는 근거로 사용되어 왔으나, 이를 중소기업에 적용한 논문(Lu and Beamish, 2001)은 하나에 불과할 정도로 소기업의 국제화를 설명하는 데에는 한계를 가진다.

2) 국제경영이론과 국제적 기업가정신

국제경영학에서 기업의 국제화 현상을 설명하는 대표적인 이론이 국제화 단계이론(stage theory of internalization)이다. 이 이론에 따르면 기업의 국제화는 점진적인 현상으로써 기업들은 우선 자국에서 내수기반을 다진 다음에 해외로 진출한다는 설명이다. 이는 기존 대기업들에 대한 연구에서는 잘 성립되는 이론이지만, 국제적 소기업들의 성장과정을 설명하지 못한다(Brush, 1992; Oviatt and McDougall, 1994).

한편 국제화이론(internationalization theory)도 다국적기업의 존재를 설명하는데 그치고 있다. 즉 해외시장에서는 시장실패요인이 존재하므로 한 기업이 여러 나라에서 해외지사를 운영함으로써 자사 내에서 거래를 통해서 비용을 절감할 수 있는 다국적기업을 구축한다는 것이다. 하지만 실증적 연구에서 비용절감은 핵심요소가 아닌 것으로 분석되었다(McDougall et al., 1994). 더 나아가서 이 이론의 분석단위는 기업가 차원에서 전혀 이루어지지 않았다.

3) 국제적 기업가정신을 설명하는 이론들

① 자원기반관점

자원기반관점(Resource-Based View: RBV)의 핵심적 논지는 기업은 유형 및 무형의 자원과 능력의 독특한 집합체로서 서로 이질적이라는 것이다(Wernerfelt, 1984). 이러한 기업보유자원은 유형적인 것과 무형적인 것으로 구분할 수 있다. 전자에는 화폐자산과 실물자산이 포함되고, 후자에는 종업원의 지식, 경험과 기능, 기업의 명성, 기술적 자원, 조직관행 등이 포함된다. Barney(1991)에 따르면 기업이 시장에서 경쟁우위를 가지기 위해서는 보유자원이 가치 있고, 희소하며, 대체가 어려워야 한다고 한다.

한편 기업가는 다른 사람과 달리 이윤창출 가능한 자원의 조합에 대한 정보에 민감한 사람이다. 바로 이러한 기회 및 자원조합에 대한 기업가의 각성 정도가 국제적 기업가정신을 설명하는 연결고리이다. 'Born global' 기업을 설립하는 사람들은 자신이 과거의 경험을 통해서 형성한 능력 때문에 상이한 여러 나라의 시장으로부터 자원을 조합하는 가능성을 예견한다. 'Born global' 기업이 이민자 혹은 개인적으로 해외사람들과 접촉이 많은 사람들에 의해서 설립되는 것은 이러한 이유에서이다(McDougall et al., 1994).

자원기반관점에 따르면 이러한 기업가들은 차별화되고 계속 유지될 수 있는 일련의 능력의 가진다. 이러한 능력을 가진 사람들만이 국가 간 경계를 넘어서 특정한 자원조합을 디자인할 수 있으며, 궁극적으로 국제적 신생기업을 설립한다.

② 자원의존이론

자원의존이론(resource dependency theory)은 기업이 특정한 환경 하에서 성장 및 발전하기 위해서는 결여된 자원을 다른 경제주체들로부터 자원을 지원받아야 한다고 주장한다. 자원의 희소성을 느끼는 기업가나 조직은 새로운 혁신을 통해서 대체자원을 사용하려는 노력을 할 수밖에 없다(Sherer and Lee, 2002). 자원문제를 해결하기 위하여 특히 신생 소기업들은 환경에 의존하게 된다.

이러한 자원의존이론은 기업의 국제화 활동을 설명하는 중요한 분석도구가 되고 있다. Tesfom et al.(2004), Hessels and Terjesen(2010) 등은 자원의존이론을 활용하여 기업이 수출활동에 소요되는 자원을 어떻게 조달하는지를 설명하고 있다. Porter(1990)의 국제경쟁력 결정모형도 자원의존이론의 관점에서 볼 수 있다. 그는 국제경쟁력 결정모형, 즉 다이아몬드 모형을 통해서 왜 특정 국가가 특정 산업에서 성공적인 기업의 본거지(home base)가 되는지를 설명한다. 즉 한 국가의 국제경쟁력은 국가 특유의 요인들, 즉 생산여건, 수요여건, 전략, 지원 및 연관산업, 정부정책, 심지어 우연에 의해서 결정된다는 것이다. 이때 발명활동이나 기업가정신도 이러한 국가적인 특성에 의해서 결정된다고 한다. 예를 들어 인슐린은 캐나다에서 발명되었으나 수요여건, 과학인프라 등이 미비되었기 때문에 캐나다에서 상용화되지 못하고 이들을 갖춘 미국과 덴마크에 기반을 둔 기업들에 의해서 제품화되었다고 한다. 요컨대 기업가정신, 즉 신생기업의 출현과 성공은 세계 어디서나 가능하지만 그것을 결정하는 요인은 국가의 독특한 특성이라는 것이다.

③ 사회적 자본이론

사회적 자본에 대한 정의는 다양하지만, 국제적 기업가정신과 관련하여서는 관계의 사회적 네트워크로부터 개인이 얻을 수 있는 실제적이고 잠재적인 자원의 총량이라고 할 수 있다(Nahapiet and Ghoshal, 1998). 특히 개인들은 사회적 네트워크로부터 신뢰, 정보, 상호호혜, 협력 등이 주는 이득을 향유할 수 있다. 이러한 사회적 네트워크는 자원에 대한 접근을 가능하게 해줌으로써 기업이 국제화 활동에 착수하는 경우에 성공요인으로 작용한다. Oviatt and McDougll(2005)에서도 기업가정신이 국제화속도에 영향을 미치는 과정에서 조절요인으로 작용한다고 보고 있다.

윤현덕 외(2012)는 우리나라 192개 중소기업에 대한 연구에서 사회적 자본의 하위변수인 네트워크, 신뢰, 호혜적 규범 등은 각각 수출성과에 정(+)의 유의적 효과를 가지는 것으로 분석하였다.

대우의 세계경영 사례를 보면 사회적 네트워크는 해외진출에 크게 기여한 것으로 알려져 있다. 김우중 회장은 미국 국무부 장관을 지냈던 키신저를 비롯하여 동남아시아, 중동, 동유럽 등 여러 국가의 정부수반들과 해외 네트워크를 형성하여 이를 세계경영에 직접 활용하였다고 한다(신장섭, 2014).

④ 중개기관이론

기존의 대기업들은 해외로 직접 수출할 수 있지만 중소기업들은 초기에 해외진출 능력이 부족하다. 이때 중소기업이 중개기관을 활용하여 수월하게 해외로 진출할 수 있다. 이러한 중개기관에는 다국적기업, 수출중개기관 등이 있다. 다국적기업이 중개기관이 되는 경우에는 중소기업이 공급사슬의 일원으로 활동하면 된다. 수출중개기관은 일본의 총합상사(일명 '소오고쇼사')와 한국의 종합상사가 대표적인 예이다. 한국의 경우 1975년 종합상사제도가 시행된 이후에 삼성물산, 현대종합상사, (주)대우 등 대기업들은 계열사의 수출은 물론 중소기업들의 수출을 대행하여 줌으로써 한때 수출물량이 총수출의 절반 정도를 차지하였다(김덕중, 1986).

⑤ 지식 스필오버이론

기업가정신에 대한 지식 스필오버이론은 제3자에 의해서 생성된 새로운 지식을 소유하는 개인에 초점을 맞춘다. 물론 이러한 지식은 경제적 가치를 가질 수도 있고 그렇지 않을 수도 있다. 이러한 불확실성은 경제활동주체들이 가지는 정보의 비대칭성과 함께 지식과 그 가치의 격차를 초래한다. 이러한 상황하에서 한 경제주체의 경험 혹은 지식은 다른 경제주체로 전파될 수 있다. 국제적 기업가정신과 관련하여서는 해외에서 들어온 다국적기업이 현지기업의 수출활동에 미치는 효과가 있다. 이러한 효과에는 전시효과나 모방효과가 있으며 어떤 한 국제적 활동을 수행하는 기업과의 상업상 연계, 훈련, 경쟁 등으로 현지기업들이 국제화하고자 하는 성향이 증대된다.

Oviatt and McDougll(2005)에서도 기업가정신이 국제화 속도에 영향을 미치는 과정에서 해외시장에 대한 지식과 지식집약도가 조절요인으로 작용한다고 보고 있다. 여기서 중요한 것은 지식을 받아들이는 기업의 학습능력이다. 특히 소기업에 있어서 지식은 창업자에게 내재되는 경향이 강하다. 따라서 개인적으로 해외시장에 대한 지식스톡이 많이 축적되어 있는 기업가는 가능한 한 빠른 시기에 해외로 진출하게 될 것이다. 더 나아가서 그들의 빠른 흡수능력은 해외시장에 대한 추가적인 지식을 축적시키고 해외시장에서의 위험을 감소시킴으로써 다른 국가들로 진출하면서 국제화 활동에 더욱 전념하게 될 것이다. 특히 소기업의 국제화에 있어서 '새로움에 대한 학습우위(learning advantage of newness)'(Autio et al., 2000)와 지식의 활용정도가 강하다면 해외에서의 성장뿐만 아니라 국제화 속도가 빨라질 것이다(Oviatt and McDougall, 2005).

Chapter 12

사내기업가정신

Entrepreneurship: Theory and Practice

“

지금까지는 독립적인 개인기업가에 대해서 공부하여 왔다. 이제는 눈을 돌려 대기업을 포함한 기존기업들의 기업가적 활동에 대해서 알아보고자 한다.

”

사내기업가정신이란? 12.1

기업가는 독립적인 창업기업으로서의 벤처기업을 설립하여 경영한다. 하지만 대기업을 포함하여 이미 설립된 많은 기존기업들도 기업가적인 활동에 전념하고 있다. 이러한 기존기업들의 기업가적인 활동을 사내기업가정신(Corporate Entrepreneurship: CE)이라고 부른다.

사내기업가정신은 "대기업을 포함한 기존기업 내에서 새로운 아이디어와 기회를 발전시키는 과정"이다. 구체적으로 기존기업 내의 팀들이 기존기업의 사업과는 전혀 다르지만 기존기업의 자원, 시장포지션, 경영능력을 활용하여 새로운 사업을 구상, 촉진, 착수 및 관리하는 과정이다.

사내기업가정신은 "새로운 기회"를 발전시킨다는 점에서 사내벤처창업(corporate venturing), 전략의 쇄신(strategic renewal), 그리고 기술혁신(innovation)을 포함한다(〈그림 12-1〉 참조). 사내벤처창업은 새로운 아이디어와 기회를 발전시켜 사내에 새로운 사업조직을 만드는 것이다. 전략적 쇄신은 획기적인 전략적 및 구조적 변화를 포함하는 조직의 쇄신을 말한다. 기술혁신은 시장에 새로운 제품 및 서비스를 소개하는 활동이다.

사내기업가정신 중 사내벤처창업은 분사(spin-off)와는 다르다. 분사는 독립된 회사로서 본사 경영활동의 지속적인 활용을 필요로 하지 않지만 사내벤처창업은 사내 경영활동의 지렛대 효과를 계속적으로 필요로 한다. 사내기업가정신은 외부 협력자 혹은 능력(예: 인수)을 필요로 하지만 기본적으로 기존기업의 자원을 활용하고 내부 팀들이 프로젝트를 관리한다. 또한 사내기업가정신은 단순히 외부기업들에게 자금을 투자하는 기업벤처자본(corporate venture capital)과는 다르다.

사내기업가정신의 대표적인 사례로 유전자변형작물(GMO) 업체로 유명한 몬산토(Monsanto)와 구글(Google)을 들 수 있다. 원래 몬산토는 플라스틱 제품 등을 생산하던 화학업체였다. 하지만 화학업계가 저성장 국면에 처하고 수익

[그림 12-1] **사내기업가정신의 개념**

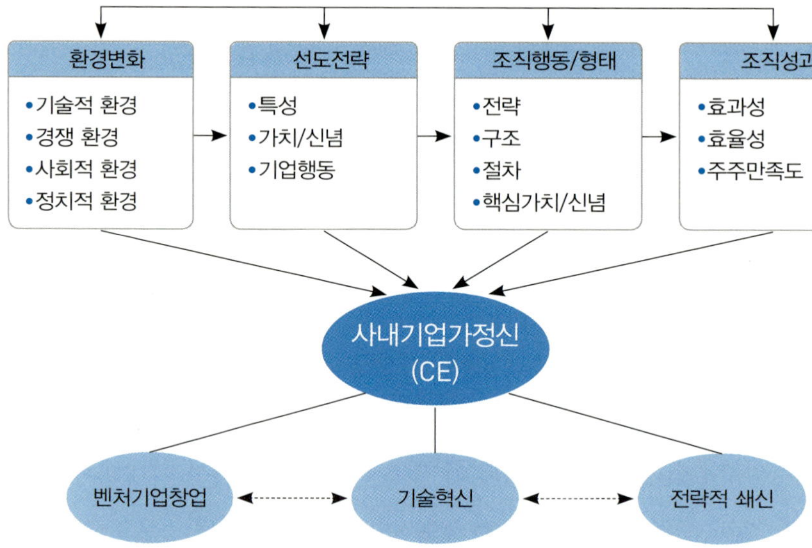

자료: Morris et al.(2011)을 참조하여 수정

성이 점점 압박을 받는 등 위기가 감지되자 종자 개량 등 농업 및 생명공학 중심으로 사업구조를 완전히 재편했다. 구글은 사내기업가정신의 고취를 위해서 '70/20/10의 룰'을 실천하고 있다. 종업원들은 근무시간 중 70%를 자신의 핵심 프로젝트에 쓰고, 20%를 프로젝트와 관련된 아이디어 창출에 사용하며, 나머지 10%를 자신이 원하는 아이디어 개발에 할애하라는 행동지침이다. 구글의 제품 중에서 gmail과 구글뉴스가 20%의 활동에서 탄생하였다고 한다.

사내기업가정신의 중요성 12.2

사내기업가정신은 모든 기존기업들에게 중요하지만, 특히 대기업에게 더욱 중요하다. 왜냐하면 대기업들은 대부분 성공한 기업들로서 현재에 안주하려는 경향이 강하기 때문이다. 대기업들은 일반적으로 위험기피성향과 관료적 기업문화를 가지고 있다. 따라서 급변하는 기업환경, 특히 기술변화, 시장변화, 그리고 경쟁환경의 변화에 적절히 대응하지 못한다. 2010년까지 노키아는 이동통신산업에서 글로벌 선두주자였으나 단 1년 만에 애플과 삼성에 자리를 내어주고 도산하고 말았다. 기술혁신과 조직혁신, 그리고 기업가정신에 취약하였기 때문이었다.

사내기업가정신은 대기업들로 하여금 기술혁신을 시도하게 하고, 경영자나 팀에게 보다 높은 수준의 기업가정신을 고취시킨다. 궁극적으로 사내기업가정신은 기존기업의 이윤을 증대시키고, 경쟁력을 향상시키며, 또는 전략적 우위를 확보하도록 한다. 실증연구들도 이를 뒷받침하고 있다. 108개의 기업들을 대상으로 사내기업가정신과 재무적 성과의 관계를 분석한 결과, 사내기업가정신이 재무적인 성과에 정(+)의 유의한 영향을 미치는 것으로 나타났다(Zahra and Covin, 1995).

물론 기존기업은 새로운 제품을 개발하고 유통채널, 브랜드, 그리고 서비스에서 혁신을 추구하고 있다. 기존기업들은 기존 경영기능과 활동에 적합한 혁신을 통해서 가치를 창출한다. 하지만 사내기업가정신은 그러한 활동에 그치지 않는다. 새로운 제품 및 서비스에 맞는 새로운 비즈니스 모델을 찾음으로써 제품을 시장으로 연결시킨다. 또한 종전에는 기술혁신의 선도적인 수행자를 부각시킴으로써 기업가정신을 함양하였다. 하지만 최근에는 오히려 '조직적인 느슨함(organizational slack)'이 성공의 열쇠가 되고 있다. 3M은 사내 엔지니어들과 과학자들에게 근무시간의 15%를 자신이 고안한 프로젝트에 할애할 수 있도록 하고 있으며, 이것이 기업성공의 요인이 되고 있다. 요컨대 기업조직 및 기업문화의 혁신도 추구하는 것이 사내기업가정신이다.

12.3 사내기업가의 특성 및 행동

사내기업가는 'Intrapreneur'라고 불리며, 사내에서 어떠한 형태로든 기회를 포착하고 책임을 지는 '실천력 있고 꿈을 가진 사람'으로 정의된다. 사내기업가들의 특성 및 자질은 독립기업가와 다르다.[1] 〈표 12-1〉에는 이러한 차이들을 요약하여 비교해 놓았다.

첫째, 기업가정신의 동기를 보면 양자 모두 다른 사람에 의해서 영향을 받기 보다는 스스로 동기부여된다는 점에서 같으나, 독립기업가는 자유감과 개인적 부의 축적이 중요한 역할을 수행하는 반면에, 사내기업가는 사내 자원에 대한 접근을 목적으로 하거나 회사가 기업가적 활동이나 성과에 대해서 제공하는 보상에 반응한다.

둘째, 기업가정신 전개과정에서의 위험 측면을 보면 독립기업가는 개인이

[표 12-1] 사내기업가와 독립기업가의 비교

구분	사내기업가(Intrapreneur)	독립기업가(Entrepreneur)
동기	사내 자원에 대한 접근과 회사가 제공하는 보상	자유감과 개인적 부의 축적
위험	회사가 위험 맡으나 개인적 경력 상의 위험 존재	직접적으로 위험/책임 감수
소유	소유하지 않거나 약간의 지분 보유	모두 혹은 상당 부분 소유
성공 시 보수	보수는 제한되며, 회사와 공유	잠재적 보수는 무제한이며 투자자와 공유
지위의 안정성	시행착오 가능하며 회사가 실패의 결과를 흡수	한 번의 실수는 실패를 의미
의사결정방식	집단적 합의로 이루어지며 긴 과정이 필요	독자적으로 의사결정하며 빠름
거래방식	계층구조 하에 거래하며 광범위한 네트워크 활용	독자적으로 거래 및 협력하며 소수의 사람들과 소통

자료: Morris et al.(2011)

[1] 물론 기업가라는 점에서 사내기업가와 독립기업가는 같은 점도 많다. 예를 들어 그들은 기회를 포착하여 활용하고, 제품 및 서비스 형태의 사업개념을 발전시켜야 하며, 고객에게 가치를 제공해야 한다.

대부분의 위험을 감수하며 실패에 대한 책임을 지지만, 사내기업가의 경우에는 회사가 기본적으로 위험을 감수한다. 다만 사내기업가가 혁신에 착수하여 실패할 경우에 개인적인 경력에 타격을 입을 수는 있다.

셋째, 독립기업가는 기업 자체 이상을 소유하나, 사내기업가는 기업을 소유하지 않거나 일부의 지분만을 보유한다. 독립기업가는 아이디어, 사업개념, 그리고 특허권을 소유할 수 있다. 하지만 기존 기업에서는 회사가 대부분을 소유한다. 따라서 사내기업가는 법적인 소유권을 가지지 못하며 심리적인 소유 의식도 강하지 않다.

넷째, 독립기업가의 경우 사업 성공 시에 잠재적 보수의 크기가 무한하나, 사내기업가는 회사규정에 의해서 제한받는다. 또한 독립기업가는 보수를 투자자와 공유하지만 사내기업가는 회사와 공유한다.

다섯째, 독립기업가의 경우 지위가 불안정한 반면에 사내기업가의 경우는 상대적으로 안정적이다. 독립기업가의 경우 한 번의 실수는 실패를 가져올 수 있지만, 사내기업가의 경우에는 그 충격을 흡수하며 또다시 시도할 수 있다. 또한 독립기업가는 초기에 거의 보수를 받지 못하며 도산 시에는 실업자가 된다. 반면에 사내기업가는 혁신 프로젝트가 진행되는 상황에 관계없이 회사가 제공하는 임금, 복지, 보험 등 각종 혜택을 안정적으로 누릴 수 있다. 이와 같이 사내기업가는 안정적 지위를 보장 받을 수 있기 때문에 회사를 떠나서 독자적으로 창업하지 않는 경향이 있다.

여섯째, 독립기업가는 독자적으로 바로 바로 의사결정하는 반면에, 사내기업가는 사내의 관련 그룹 혹은 조직과 연계하여 의사결정하며 오랜 승인기간을 기다려야 한다.

일곱째, 독립기업가는 독자적으로 거래 및 협력하며 소수의 사람들과 소통하는 반면에, 사내기업가는 계층구조하에서 거래하며 광범위한 네트워크를 활용한다.

여덟째, 자원의 가용성 면에서 보면 독립기업가는 대부분 심각한 자원부족 상황에 직면하는 반면에, 사내기업가는 기존조직이 가지는 자원을 비교적 용이하게 활용할 수 있다. 특히 사내기업가는 자금 이외에도 브랜드 명성, 유통채널, 마케팅능력, 인적 자원, 생산설비 등 여러 가지 면에서 유리할 수 있다.

더 알아보기 12.1 사내기업가의 특징 및 행동 리스트

사내기업가들의 일반적 특성 및 자질은 다음과 같다.

- 기업조직 내에서 일에 대한 열정과 동기가 매우 높다.
- 조직구성원들에게 동기부여를 통해 강한 연대의식을 구축하는 리더십을 발휘한다.
- 미래에 대한 비전을 가지고 있고, 다른 사람들과 그 비전을 공유한다.
- 자신이 종사하고 있는 분야의 환경을 이해하고, 사업 및 조직에 대한 지식을 가지고 있다.
- 자신감이 충만하고, 소속된 기업에서 일하는 것에 대해서 매우 긍정적이다.
- 적절한 수준의 위험을 감수하고, 책임감이 강하며, 회사에서 해고당하는 것에 대해 두려워하지 않는다.
- 사고가 유연하며, 필요시에 기업조직과 타협한다.
- 다양한 경영방식 및 선택대안을 창출하는 능력과 문제해결 능력이 뛰어나다.
- 팀워크를 잘 형성하고, 공개적 토론을 통해서 의견의 일치를 유도한다.
- 인내심이 많으며 상사, 고객 등 이해관계자와 좋은 관계를 유지하려고 노력한다.

사내기업가정신의 유형 및 사례 12.4

사내기업가정신의 유형은 조직의 성격과 자원투입의 정도를 기준으로 〈그림 12-2〉와 같이 네 가지 유형으로 구분할 수 있다(Wolcott and Lippitz, 2007). 조직의 성격은 사내기업가정신의 활동이 강한 단일조직에 의해서 수행되는지, 아니면 느슨하게 분산되어 이루어지는지의 여부를 나타낸다. 자원투입의 정도는 사내기업가정신에 자금이 할애되어 지속적으로 투입되는지, 혹은 간헐적으로 자금이 조달되는가의 여부이다.

그림에서 종축은 자원투입의 정도를 나타내고, 횡축은 조직의 성격을 나타낸다. 그림에서 유형 I은 생산자 모형, 유형 II는 조력자 모형, 유형 III은 기회주의자 모형, 그리고 유형 IV는 주창자 모형이다.

[그림 12-2] **사내기업가정신의 유형**

자원투입 \ 조직성격	느슨한 조직	강한 조직
정규적	**유형 II : 조력자** • 기업은 유망한 프로젝트에 대해서 자금과 관심을 제공함 • 사례: Google	**유형 I: 생산자** • 기업은 사내기업가정신 전담부서를 설립하여 지원하고 권한을 부여함 • 사례: Cargill
간헐적	**유형 III : 기회주의자** • 기업은 사내기업가정신에 대해 특별한 지원 없음. 개방적 기업문화와 네트워크에 의존함 • 예: Zimmer	**유형 IV : 주창자** • 기업은 사내기업가정신을 강조하나, 여기에 투입되는 자금은 해당 부서에서 조달함 • 예: DuPont

자료: Wolcott and Lippitz(2007)를 토대로 작성

1) 유형 I: 생산자 모형

생산자 모형(Producer model)은 사내기업가정신을 추진하기 위해서 공식적인 조직을 만들고 이에 대해서 상당한 자금으로 지속적으로 지원하는 유형이다. 이 유형의 목적은 사내에 숨어 있는 기업가들을 찾아내어 기업가정신을 촉진시키는 것이다. 또한 경쟁기업으로부터 유망한 프로젝트를 보호하거나 사내 부서간의 협력을 유도하며 미래에 와해적인 혁신을 구축하는 것을 목적으로 수행된다.

생산자 유형의 대표적인 예로 Cargill Inc.를 들 수 있다. Cargill Inc.는 미국 미네소타주에 본사를 두고 있는 농산품 업체로서 EBA(Emerging Business Accelerator)를 설립했다. 사내기업가정신과 관련하여 이 회사의 창업자이자 대표이사인 D. Patchen은 다음과 같이 말한 바 있다.

> "EBA 설립 이전에 우리는 기존의 사업단위 및 기능을 벗어나는 사업기회를 추진하는 과정이 분명하지 않았다. 우리는 우리의 사업단위들과 사내벤처그룹(Cargill Ventures)을 지원하는 새로운 접근방법이 필요하였다."

일반적으로 관리자들은 기존사업에 적합하지 않은 새로운 사업개념을 어떻게 다루어야 하는지를 알지 못하고, 혹시나 새로운 사업에 착수하여 적자를 내지 않나 하는 두려움을 갖는다. 바로 이러한 문제를 해결하기 위해서 설립한 것이 Cargill의 EBA이다. Cargill의 제빙(de-icing)사업부가 새로운 제빙기술을 개발했을 때 회사본부는 그 기술이 상업화되지 못할 것이라고 생각하였다. 결빙을 저지하기 위해 에폭시수지 도금을 사용하는 이 기술은 다리 결빙을 방지하기 위한 방법으로 도로건설업자 등이 최종제품으로 사용하는데 그칠 것으로 보았다. 하지만 제빙사업부는 이를 상품화하여 미국 교통수송부에 판매하였다. 결국 이 기술은 EBA가 접수하여 상업화에 성공하였다.

현재 EBA는 Cargill 전반에 걸쳐서 새로운 사업개념의 전개 및 가치창출을 돕는 글로벌 조직이 되었다. Cargill은 기업의 내부뿐만 아니라 외부로부터 아이디어를 받아들이는 웹사이트를 운영하고 있다. 하나의 사업기회가 전망이 좋다고 판단되면 EBA는 계획을 세우고, 관련된 활동을 수행하며, 인재를 채용한다. 만약 본부 이사회에서 사업계획이 승인되면 새로운 사업에 필요한 자금을 제공하고 진행상황을 확인한다. 초기 단계에서 프로젝트 팀들은 사업개념과 비즈니스 모델, 그리고 시장판매에 대해서 명확히 하는데 초점을 맞춘다. 이 과정에서 그들은 개발한 제품 및 서비스를 시장에서 검증하기 위해서 잠재적 고객들과 많은 시간을 함께한다. 마지막으로 실제 고객들로부터 검증받은 프로젝트들은 기존 혹은 새로운 사업부서로 이관된다.

생산자 모형도 단점을 가진다. 첫째, 수년 동안 상당한 자금의 투입을 필요로 한다. 예를 들어 Motorola의 사내기업가정신 부서는 1년 예산이 수천만 달러에 이르고 35명 이상의 전담직원을 보유하고 있다. 둘째, 성공한 프로젝트를 기존사업에 통합시키는 일은 어렵다. 프로젝트 팀들은 고립되기 쉽고 기존 사업부서들에게 위협적 존재로 인식되어질 수 있다. 결국 생산자 모형의 성공여부는 회사 전반에 걸쳐 믿음과 신뢰를 획득하는 데 있다. 사내기업가를 이끄는 관리자들은 많은 시간을 사내에서 소통하는데 할애해야 하며, 성공하기 위하여 사내 정치학의 달인들이 프로젝트를 이끄는 것이 바람직하다.

2) 유형 II: 조력자 모형

조력자 모형(Enabler model)에서는 조직에 소속되어 있는 모든 종업원들이 충분한 지원을 받는다면 새로운 사업개념을 개발할 수 있다. 공식적인 조직 소유권이 없을 지라도 사내에서 지원되는 자원과 절차가 팀들로 하여금 나름대로의 사업기회를 발굴하여 추진하도록 한다. 조력자 모형에서 고위관리자들은 다음과 같은 사항을 제공한다.

- 기회선택에 대한 분명한 선택기준
- 자금조달에 대한 적용지침

- 의사결정의 투명성
- 진취적인 종업원의 채용 및 보유
- 회사로부터의 적극적인 지원

조력자 유형의 대표적인 예로 앞에서 소개한 구글(Google)을 들 수 있다. 구글의 프로그램 매니저인 K. Desai는 다음과 같이 말한 바 있다.

> "구글은 하나의 기업가정신 생태계이다. 이는 실리콘 밸리가 한 지역에서 하나의 생태계인 것처럼 회사 내에서 작동하는 생태계이다."

구글의 종업원들은 동료들에게 자신의 아이디어를 설명하고, 팀을 조직하며, 개념을 탐구하는 활동에 근무시간의 20%를 쓸 수 있다. 프로젝트 그룹들은 팀들이 필요로 하는 자원을 토대로 하여 하나의 보호막을 형성한다. 초기 팀은 프로젝트 관리자, 기술리더, 마케팅관리자, 품질관리전문가, 법적 전문가 등으로 구성된다. 만약 프로젝트가 성공적이라고 판단되면 팀은 구글의 제품관리위원회에 자금을 요청한다. 구글의 창업자, 고위 관리자, 엔지니어링 팀 등이 참여하는 제품관리위원회는 전반적인 전략적 방향을 제시하고 최적의 자원을 지원한다. 아울러 프로젝트 팀은 제품전략포럼이라는 조직의 지원을 받아 비즈니스 모델과 중간목표들을 설정한다. 이 과정에서 구글은 사전적으로 어떠한 지침이나 기준을 주지 않고 프로젝트의 기각률도 정해 놓지 않는다.

구글은 항상 각 개발단계에서 100개 이상의 새로운 사업개념을 지원하고, 프로젝트에 대한 정보를 기업본부에서 관리하고 공개한다. 대체로 프로젝트의 70%는 구글의 핵심사업과 관련되고, 20% 정도는 막 출현하는 사업개념에 관한 것이고, 10% 정도는 투기적인 실험을 수행하는 것으로 알려져 있다. 프로젝트가 성공하는 경우에는 팀원들은 '창업자 상(Founder's Award)'이라고 불리는 상을 받게 되는데, 어떤 경우에는 수백만 달러도 부상으로 주어진다.

조력자 모형은 사내기업가정신을 위해서 자본을 적절하게 배분하는 것 이상이다. 인적 자원과 책임자의 전념하는 태도 역시 중요하다. 구글은 종업원 선발 시에 상당 수준의 시간과 노력을 투입한다. 프로그램 관리자 혹은 고급 기술자들이 고용되기 위하여 여러 단계에서 20번 정도의 인터뷰를 거쳐야 한다. 그리고 마지막에 기업가적 자질, 기술능력, 지적 민첩성 등이 갖추어졌다고 판단되면 채용한다. 또한 책임자가 전념하는 태도는 사람들로 하여금 기업이 기업가적 과정을 진지하게 생각하고 있음을 믿게 하는 요인이다. 고위경영자로부터의 지원 없이 새로운 프로젝트가 진행될 경우 기업에서 갈등의 소지만 남기고 중단될 수 있다. 또한 조력자 모형은 종업원들이 금전적인 보상을 위해서 통상적인 프로젝트나 실제로 중요하게 생각하지 않는 아이디어에 대해서도 자금을 요청할 수 있다.

구글의 기업가적인 기업문화, 동태적 시장 대처, 자본조달능력 등은 다른 기업들이 모방하기 어렵다. 그럼에도 불구하고 Boing, Whirlpool 등이 구글의 모델을 성공적으로 채용하고 있다.

3) 유형 III: 기회주의자 모형

유형 III은 기회주의자 모형(Opportunist model)으로 공식적인 조직이나 자원의 뒷받침 없이 주로 용감무쌍한 '프로젝트 챔피언(project champion)'들의 노력과 흥미에 기반하여 사내기업가정신이 수행된다.

기회주의자 유형의 대표적인 예로 미국 인디애나주에 본사를 둔 의료업체인 Zimmer Holdings Inc.를 들 수 있다. Zimmer는 신제품을 개발하는 R&D조직들은 갖추고 있지만 사내기업가정신 수행을 위한 공식적 조직을 설립하거나 자원을 지속적으로 투입하지 않는다. 한 예로 외과의사인 D. Mears가 전고관절 치환을 위해 외과적인 수술을 가장 최소화하는 아이디어를 창안하였을 때 그는 Zimmer의 관리자인 K. Gregg와 비공식적으로 상업화를 추진하였다. 이 두 사람은 당시 Zimmer의 CEO였던 R. Elliot에게 이 아이디어를 가지고 갔고 이사회의 승인을 받아 개발 및 실험에 소요되는 자금을 회사에서 지원받았다. 이들이 개발한 새로운 의료접근법은 인적자원훈련에 있어서 혁신을 필요로 하였기 때문에

Zimmer는 Zimmer Institute를 설립하여 외과 의사들을 훈련시켰다. 이러한 혁신의 결과로서 당시 경쟁이 심한 상황에서도 Zimmer는 선도적인 기업으로 발돋움하였다.

기회주의자 모형은 신뢰를 바탕을 하는 기업문화를 가진 회사에서 잘 작동된다. Zimmer의 경우에는 실험에 대해서 개방적이었고 공식적인 위계 뒤에 다양한 사회적 네트워크를 가지고 있었다. 다시 말해서 다수의 경영책임자들이 '좋다'라고 말할 수 있는 기업문화였다. 아무리 좋은 아이디어라고 하더라도 이러한 환경적 도움 없이는 조직적인 갈등이나 불충분한 자금 때문에 실패할 수밖에 없게 된다. 따라서 이러한 기회주의자 모형은 기업들에게는 채용하기 어려운 방법이다. 기회주의 모형에 의해서 기술혁신이 성공된다 하더라도 공식적인 조직의 필요성이 대두된다. Zimmer의 사례에서도 새로운 사업개념을 시장으로 연결시키기 위해서 느슨하지만 공식적인 조직을 만들었다. 요컨대 기회주의자 모형은 사내기업가정신 발현 및 수행의 첫걸음이라고 할 수 있다.

4) 유형 IV: 주창자 모형

유형 IV는 주창자 모형(Advocate model)으로 기업이 사내에서 기업가정신의 구현을 위해 조직적으로 움직이지만 유망한 프로젝트 팀에게만 약간의 자금을 지원하는 경우이다. 주창자 모형에서 혁신조직들은 혁신의 전도사 혹은 전문가로서 기존의 부서들과 연계하여 사내기업가정신을 추진한다.

주창자 모형의 대표적인 예로 200년 전통의 화학회사인 DuPont을 들 수 있다. 밀레니엄 도래를 1년 앞둔 1999년 DuPont의 CEO C. Holliday는 이윤율은 증가하지만 매출액이 감소하는 상황에 직면하여 사고의 전환이 필요하다고 생각하였다. 그래서 그는 DuPont에서 오랜 기간 근무해온 A. Cooper에게 기업의 매출액 증대에 초점을 맞춘 작은 사내그룹을 이끌어 줄 것을 요청하였다. 바로 그 그룹의 이름이 Market Driven Growth였다. 이 조직은 종업원들에게 아이디어의 개념화로부터 상업화까지 광범위한 지원을 제공한다. 예를 들어 종업원들로 하여금 서로 상이한 사업개념들을 창안하여 우선순위를 매기는 4일간에 걸친 '사업설계'모임을 진행한다. 이 모임이 끝난 후에 각 팀들은 4주 내지 8주에 걸쳐서 자세한 사업계획서를 작성하고 제안된 사업개념이 가지는 불확실성 등의 문제를 가지고 최고경영진과 180일 정도 접촉한다. 그리고 마지막으로 사업부서들의 책임자들로부터 승인을 받는다.

DuPont의 경우 한 사업부서의 성공에 대해 다른 부서들이 관심을 갖게 하는 메커니즘을 갖추고 있고 팀들은 변화의 핵심적인 대변자들이 되고 있다. 외부 컨설턴트들이 이러한 과정을 지원하지만 최상의 주창자는 회사 내에서 잘 알려지고 존경받으며 경험이 많은 사람이 된다.

DuPont의 고위 경영자들은 Market Driven Growth가 제공하는 프로그램을 적극적이고 공개적으로 지원하지만 다른 사업부서들이 그것을 채용하라고 강제하지는 않는다. Market Driven Growth의 프로그램들은 초기부터 사명, 성장영역, 그리고 기회에 대한 기준을 명확히 하기 위하여 기존 부서의 책임자들과 함께 일한다. DuPont 본사는 새로운 프로젝트에 투자를 하지만 나중에 각 부서들은 그것에 대해서 부담을 하여야 한다. DuPont은 부서들로 하여금 혁신활동에 참여하라고 하지는 않는다. 하지만 사내 부서들은 Market Driven Growth가 창출하는 가치를 인식하기 때문에 적극 참여한다. Market Driven Growth의 오랜 지지자였고 안전 및 보호분야 부사장이었던 E. Kullman은 다음과 같이 회고하고 있다.

> "만약 우리가 Market Driven Growth가 제공하는 프로그램을 활용하지 않았었더라면 약 5억 달러 정도의 새로운 수입을 창출할 수 없었을 것이다."

12.5 사내기업가정신 모형의 선택

이상의 사내기업가정신 모형들 중에서 어느 모형이 기업에게 적합할까? 물론 그것은 기업의 비전과 목표에 따라서 달라질 수 있다. 예를 들어 조직 및 기

[표 12-2] 사내기업가정신 모형의 비교

구분	생산자 모형 (Producer model)	조력자 모형 (Enabler Model)	주창자 모형 (Advocate Model)
전략적 목표	• 획기적인 기회 활용	• 기업가적 종업원과 팀의 활성화	• 사업조직의 쇄신 • 사내기업가정신 팀의 지원
기본적 기능	• 사내기업가정신 전 과정에 대한 충분한 지원	• 새로운 아이디어를 가진 종업원에 대한 최고경영층의 관심 및 독립적 재정지원	• 새로운 사업을 추진하기 위한 전도사적인 역할
투입	• 신망 있는 사내기업가 및 팀 구성 • 상당수준의 독자적인 자금 지원	• 자금 • 실행 • 신규종업원 채용 • 팀원에 대한 훈련	• 소규모 조직을 갖추고 폭넓은 네트워크를 갖춘 사내 베테랑
산출	• 스스로 지속가능하고 잠재적인 획기적 신사업(기존사업에 맞을 수도 안 맞을 수도 있음)	• 기업의 전사적 전략에 맞는 검증된 신사업 개념	• 기존 핵심사업에 밀접한 신사업
성공 요인	• 내부적 의사결정 권한을 가진 존경받는 리더십 • 신사업구축에 대한 전문지식 • 사내기업가정신 실행 경험에 대한 명시적 관심	• 혁신적 기업문화 • 팀에 대한 구조적 유연성 • 사내자원의 투입 시 최고경영자의 지원 • 프로젝트 선정기준 및 과정에 대한 효과적인 소통	• 신사업구축에 대한 전문지식 • 상당수준의 팀 운영 능력 • 사내 및 외부 네트워킹 능력 • 최고경영층의 지원
주요 해결 사항	• 성공적인 프로젝트를 핵심사업으로 통합하는 일 • 리더십을 계속적으로 지속하는 일 • 기존 사업부서의 지원을 획득하여 유지하는 일	• 임무수행에 필요한 시간 및 자금에 대한 최고경영층의 지원 • 기업 브랜드에 일치 및 원칙 유지 • 혁신 팀이 아이디어에 대해 블랙홀이 되지 않도록 하는 일	• 단기적인 사업성과 실현 압력 극복 • 경영층 중에서 혁신보다는 실행에 대해서 더 보상 받기를 원하는 '사업구축자'의 발견

자료: Wolcott and Lippitz(2007)

업문화의 전환을 추구하는지, 기존 특정부서의 개혁을 꾀하는지, 아니면 백지상태에서 새로운 플랫폼의 창출을 목표로 하는지에 따라서 적정한 모형이 다르다.

기회주의자 모형은 사내기업가정신의 출발점으로 기업이 조직이나 자금에 대한 지원 없이 새로움을 추구하는 '프로젝트 챔피언들'에 의해서 수행된다. 따라서 사내기업가정신을 발전시키려는 기업은 생산자 모형, 조력자 모형, 혹은 주창자 모형 중 하나 이상을 선택하여 수행해 나가면 된다. 특히 대기업의 경우는 세 개 모두 선택하여 활용할 수 있다.

먼저 생산자 모형은 블루오션을 찾거나 경쟁에서 선도기업이 되는 것을 목표로 하는 기업에게 적합하다. 일반적으로 사내의 기존부서들은 와해적인 사업개념에 몰두하기 어렵다. 하지만 생산자 모형은 이를 극복해줄 수 있다. 생산자 모형은 복잡한 기술들을 포함하고 상이한 부서 간에 통합을 필요로 하는 새로운 사업기회에 대해서 조정기능을 잘 수행할 수 있게 도와준다.

조력자 모형은 기업문화의 전환을 통해서 사내기업가정신을 촉진시키려는 기업들에게 적합하다. 만약 조직이 협력과 창의성을 갖추고 있다면 조력자 모형의 과정은 많은 종업원들로 하여금 혁신의 주체가 되도록 한다. 특히 사내뿐만 아니라 사외까지 걸쳐서 네트워크가 잘 구성된 기업이라면 조력자 모형을 통해서 지식근로자들로부터 나오는 아이디어를 상업화할 수 있다.

주창자 모형은 사내 기존부서들의 성장을 꾀하려는 기업들에게 적합할 수 있다. 이 모형에서는 자원의 부족 때문에 관리자들은 기존 사업의 연장선상에서 프로젝트를 추진해야 하고, 종업원들은 조직 전반에 걸쳐서 협력을 강화해야 한다. 혁신의 주창자들은 기존 부서들 스스로 할 수 없지만 변화해야만 살아남을 수 있는 처지에 있는 부서들을 도와준다. 특히 주창자 모형은 사내기업가정신이 사내 부서 간 장벽이 되지 않도록 할 수 있다.

12.6 사내기업가정신의 촉진

사내기업가정신의 수행과정에서 기업들은 혁신능력과 경쟁능력을 다시 정의하고, 갱신하며, 대체해야 한다. 동시에 기업들은 전략, 우선순위, 그리고 절차의 변화가 기존 조직 전반에 걸쳐서 받아들여져야 한다. 따라서 사내기업가정신을 촉진하기 위한 전략은 두 가지 차원에서 제안할 수 있다. 하나는 개별 종업원들에게 힘을 부여하는 것이고, 다른 하나는 기업가적인 조직을 고안하는 것이다.

1) 사내기업가 발굴 및 지원

개별적 기업가들은 조직적인 혁신의 엔진이 된다. 하지만 대기업에 있어서 사내기업가들은 기업의 기존 사업에 맞는 새로운 제품, 공정, 그리고 서비스를 창출한다. 이뿐만 아니라 독립기업가들과 달리 사내기업가들은 이미 정착된 기업문화, 가치, 그리고 절차에 의해서 제약을 받는다(〈표 12-1〉 참조). 따라서 사내기업가들을 자생적으로 나타나기 어려우며 기업들은 기업가적 자질을 가진 관리자나 종업원들을 발굴하여 지원해야 한다. 즉 대기업을 포함한 기존기업에서는 기업가적 사고를 가지고 사업기회를 인식하여 이를 활용하는 종업원들을 우대하는 조직문화를 창출해야 한다.

일반적으로 대기업에서는 새로운 제품이나 서비스를 개발하는 것보다는 기존 제품이나 서비스를 판매하는 데 초점을 맞춘다. 따라서 기회의 인식이 제대로 이루어지지 않는다. 설사 기회가 인식된다고 하더라도 그것이 연속적으로 활용되려면 추가적 자원이 필요하고 자원투입의 변화가 뒤따라야 한다. 또한 새로운 역량에 대한 학습과 개발이 필요하다. 물론 이러한 활동들은 기업에게는 위험의 요인이 된다. 그러나 대기업의 관리자들은 이와 다른 의사결정구조 속에서 업무를 수행한다. 그들은 모험을 하기보다는 최소의 위험하에서 성과를 유지하는 데 대해 보상을 받고 만족한다. 이러한 대기업의 보상제도는 사내기업가정신에 대해서 하나의 장애요인이 된다. 사내기업가정신을 고취시키기 위해서 최고경영자는 기업의 각 계층에서 위험감수활동과 기업가적 의사결정이 활발히 이루어질 수 있도록 유도해야 한다. 애매함에 대해서도 관대하고 유연성도 가져야 한다.

물론 모든 종업원들이 기업가적 활동에 종사할 필요는 없을 것이다. 일상적인 업무에 종사하는 종업원들은 기업가적 프로젝트를 추진하는 사람들과 협력하면 된다. 하지만 일상적인 업무를 추진하는 사람들은 변화에 저항하고 기업가적 활동을 수행하는 사람들은 일상적인 활동에 저항한다. 따라서 사내기업가정신이 성공하기 위해서는 양자 간의 갈등을 잘 해결해야 한다. 전통적인 조직은 이러한 복잡한 관계를 해결하는 데 적합하지 않을 수 있다.

2) 기업가적 조직 설계

사내기업가정신이 성공하기 위해서는 적절한 기업가적 조직을 갖추어야 한다. 기업가적 조직을 고안하려면 프로젝트의 전략적 중요성과 그것이 기업의 능력 및 기술과 갖는 연계성을 고려해야 한다. 이 두 결정요인에 근거하여 사내기업가정신은 사내뿐만 아니라 사외에서도 착수될 수 있다(〈그림 12-3〉 참조). 내부적 사내기업가정신의 예는 통합된 혁신시스템, 별도의 사내벤처팀, 직접적 통합 등이다. 만약 프로젝트가 전략적으로 매우 중요할 뿐 아니라 기업의 능력 및 기술과 갖는 연계성이 매우 크다면 직접적인 통합조직이 사내기업가정신을 수행하기에 적합한 조직이라고 할 수 있다. 한편 외부적 노력에 의한 조직의 예는 분사 혹은 합작투자이다. 만약 프로젝트가 전략적으로 중요하지 않을 뿐 아니라 기업의 능력 및 기술과 갖는 연계성이 없다면 완전한 분사(spin-off)가 적합한 조직이라고 할 수 있다. 이 경우는 사내기업가정신의 영역을 벗어난다.

물론 한번 결정한 조직형태는 지속적으로 유지되는 것은 아니다. 환경의 변화에 따라서 변할 수 있다. 일반적으로 조직의 형태는 신제품 개발의 초기단계에서 결정된다. 그러나 제품이 성숙단계로 들어가고 생산공정이 제도화되어져야 할 필요성이 제기되면 변화를 시도해야 한다. 예를 들어 별도의 벤처사업부가 다른 부서로 통합되거나 완전한 사업단위로 재편되는 경우이다. 요컨대 혁신의 초

[그림 12-3] 사내기업가정신 수행을 위한 조직적 설계

운영상의 연계정도				
	강한 연계	지원	새로운 벤처사업과	직접적 통합
	부분적 연계	계약	새로운 벤처사업부	신제품/신사업 부서
	연계 없음	완전한 분사	독립사업부팀	특별사업팀
		중요하지 않음	보통	매우 중요함
			프로젝트의 전략적 중요성	

기단계에서 성공을 가져오는 조직적 형태, 즉 핵심적인 사내기업가정신 조직은 장기적으로 성공을 보장하는 고정된 조직이 아니다. 이러한 점에서 사내기업가정신의 수행은 매우 복잡하고 어려운 일이다. 하지만 사내기업가정신은 기업의 추가적인 성장을 견인하고 고수익을 가져다 줄 수 있으므로 계속적으로 추진할 가치가 있다.

더 알아보기 12.2 사회적 사내기업가정신

우리는 제8장에서 사회적 기업가정신을, 제12장에서 사내기업가정신을 각각 공부하였다. 그런데 2002년부터 이 두 개념을 결합한 사회적 사내기업가정신(corporate social entrepreneurship)의 개념이 나타나기 시작하였다(Hemingway, 2002).[2)]

사회적 사내기업가는 기업에 소속되어 주어진 일을 수행하면서도 사회적인 문제를 해결하려는 개인을 말한다. 이들의 개인적인 성향은 자기초월적

2) Social intrapreneurship이라고 부르기도 한다(Hemingway, 2013).

(self-transcendent)이며 사회적 기업가와 같은 방법으로 행동한다(Hemingway, 2005). 사회적 사내기업가의 예로는 M-pesa를 설립한 Vadafone이 주도하는 팀을 들 수 있다. M-pesa는 아프리카, 인도, 아프가니스탄 등으로 돈을 송금하는 자금이체시스템으로 새로운 시장을 개척하고 수익창출을 위한 비즈니스 모델을 발전시키고 있다(http://outside-inc.nl).

사회적 사내기업가들은 기업의 사회적 책임(Corporate Social Responsibility: CSR)을 추구하는 성향을 가진 조직에서 일할 수도 있고 그렇지 않은 조직에서 일할 수도 있다. 또한 사회적 사내기업가의 직장 내에서의 공식적 역할은 기업의 사회적 책임과 연관이 없어도 되며, 기업대표나 고위경영층이 아니어도 된다(Austin et al., 2006).

Hemingway(2013)는 사회적 사내기업가를 개인적 가치와 기업의 사회적 책임의 지원 여부를 기준으로 4개의 유형으로 나누고 있다. 〈그림 12-4〉에서 횡축은 기업의 사회적 책임에 대한 지원 여부를 나타내고, 종축은 개인적 가치가 개인주의적이냐 아니면 집단주의적이냐의 정도를 나타낸다.

유형 I은 기업의 사회적 책임이 지지받는 상황에서 개인의 가치가 집단주의적(혹은 자기초월적)인 경우로 적극적인 사회적 사내기업가(Active corporate social

[그림 12-4] 사회적 사내기업가정신의 유형

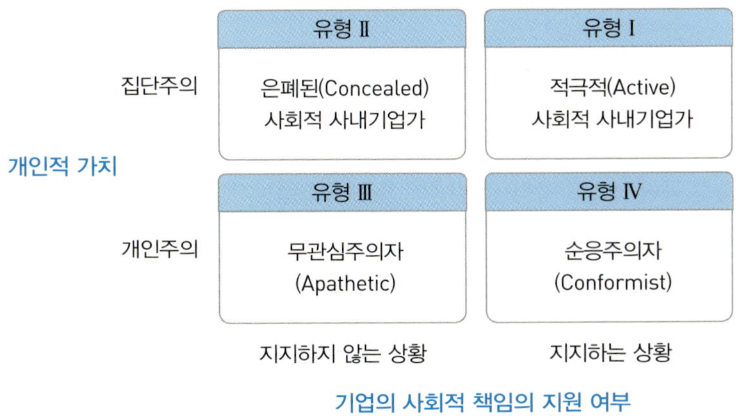

자료: Hemingway(2013)를 토대로 작성

entrepreneur)로 부를 수 있다. 적극적인 사회적 사내기업가는 사내에서 리더로서 사회적 책임을 고취시키려는 고위경영자인 경우가 많다. 대표적인 예를 든다면 영화 "It's a Wonderful Life"의 제임즈 스튜어트(James Stewart)에 의해서 투영된 조지 베일리(George Bailey)로, 그는 지역사회에 크게 기여한 은행관리자였다. 하지만 Hemingway(2013)는 기업의 사회적 책임을 강조하는 조직에서 어떤 종업원도 공식적인 역할에 관계없이 적극적인 사회적 사내기업가가 될 수 있다고 하였다. 또한 사내에서의 리더로서의 지위도 사회적 사내기업가의 필요조건이 아니라고 하였다.

유형 II는 기업의 사회적 책임이 지지받지 못하는 상황에서 개인적으로 집단주의적(혹은 자기초월적)인 특성을 가지는 경우로 숨겨진 사회적 사내기업가(Concealed corporate social entrepreneur)로 부를 수 있다. 숨겨진 사회적 사내기업가는 기업의 사회적 책임의 구현이 기업에 가져올 경제적 이득을 강조한다. 이들은 기업이 사회적 책임을 추구하는 것을 원하지만 조용히 있거나 아무것도 하지 않는다. 또는 사회적 책임을 구현할 수 있는 기회를 발전시키지만 그것을 상업적으로 수용 가능한 형태로 바꾸어 진행한다. 숨겨진 사회적 사내기업가의 대표적인 예로 영국 대형유통업체의 정책결정자들을 들 수 있다(Crane, 2000). 숨겨진 사회적 사내기업가는 최고경영층에서 나올 수 있지만 일선에서 일하는 종업원들도 숨겨진 사회적 사내기업가가 될 수 있다.

유형 III은 기업이 사회적 책임을 지지하는 상황이지만 개인주의적(혹은 이기적)인 성향을 가진 사람으로서 순응자(Conformist)라고 불린다. 순응자는 엄밀한 의미에서 사회적 사내기업가는 아니다. 순응자는 기업의 불법적인 사건에 연루되지 않음으로써 직장에서 자리를 유지하거나, 자신의 경력에 금이 가게 하지 않을 목적으로 도덕적 측면에서 느슨하게 행동한다. Hemingway(2013)는 순응자를 최고경영자의 지시에 의해서 사회적 책임도 구현하지만 개인주의라는 개인적 특성 때문에 재미없이 일을 하고 권한도 가지지 못하는 사람으로 규정한다.

유형 IV는 기업이 사회적 책임을 지지하지 않는 상황에서 개인주의적(혹은 이기적)인 성향을 가진 사람으로서 무관심자(Apathetic) 혹은 분리자(Disassociated)

로 불린다. 이 유형 역시 사회적 사내기업가는 아니다. 오히려 반대편에 서있다. 이들은 기업의 사회적 책임에 어떠한 관심도 표명하지 않으며 그 가치조차도 비하한다. 무관심자들은 기업의 사회적 책임의 수행이 경제적 이득을 가져오지 않을 것이라고 인식하기 때문에 자신이 속해 있는 기업이 사회적 책임에 적대적일 것으로 인식한다(Harris and Crane, 2002). 기업의 사회적 책임을 비하하는 사람들은 사내 조직문화가 사회적 책임을 지지하는 경우에도 나타난다.

2005~2008년 사이에 14억 달러의 매출액을 기록하는 한 다국적기업을 대상으로 연구를 수행한 결과, 이상의 4가지 유형 중에서 순응자가 가장 많고, 적극적인 사회적 사내기업가는 가장 적은 것으로 조사되었다. 특히 적극적인 사회적 사내기업가들은 회사 내에서 조직을 통합하는 책임 있는 개인적 리더로서의 명성을 가지고 있었다고 한다(Hemingway, 2013).

사회적 사내기업가들의 활동은 기업의 사회적 책임의 영역에 따라서 다르다. 예를 들어 어떤 사회적 사내기업가들은 환경문제를 전사적으로 공식화하여 그 해결을 위한 프로젝트를 추진한다. 또 어떤 사회적 사내기업가들은 동물들의 복지를 주창하거나 취약한 직장 동료들의 입지를 강화시키기도 한다.

마지막으로 Summers and Dyck(2011)은 사회적 사내기업가정신의 수행단계를 사회화, 외부화, 통합화, 그리고 내부화로 구분하였다. 첫 단계로서 사회화는 사회적으로 바람직한 아이디어를 구상하는 단계, 외부화는 그 아이디어를 구체적인 실행계획으로 전환하는 단계, 통합화는 가용한 자원을 사용하여 아이디어를 현실화시키는 단계, 그리고 내부화는 사회적으로 바람직한 관행을 기업 내부로 정착시키는 단계라고 하였다.

Chapter **13**

기업가정신 정책

Entrepreneurship: Theory and Practice

본 장에서는 기업가정신 정책은 무엇인지, 정부가 왜 기업가정신 정책을 수립하여 수행하는지, 어떠한 역할을 가지는지, 그리고 기업가정신 정책의 영역 및 수단에는 어떤 것들이 있는지에 대해서 알아본다.

기업가정신 정책이란? 13.1

최근 저성장, 고실업, 정보화 등 경제 환경의 변화로 미국을 비롯한 대부분의 국가들이 벤처창업 정책 혹은 기업가정신 정책(entrepreneurship policy)을 펴오고 있다. 이는 우리나라의 경우도 예외가 아니다. 1990년대 말 IMF 외환위기를 겪은 직후부터 벤처창업을 지원하는 수많은 정책수단 및 제도들(예: 벤처기업특별법, 창업자금지원, 창업아카데미, 창업성장기 기술개발사업 등)이 마련되어 시행되어 오고 있다.

기업가정신 정책은 기업가적 과정에 정부가 개입하는 활동으로 기업가적 자질을 갖춘, 즉 기업가정신을 가진 개인들의 공급을 증가시키고 그들의 창업활동을 지원하는 정책이다. 보다 정확히 말하자면, 기업가정신 정책은 기업가적 과정 중 창업 전, 창업, 그리고 창업 후 초기단계에 걸쳐서 개인들의 창업동기를 북돋우고, 기회 및 정보를 제공하며, 경영능력을 향상시키는 일련의 정책이다. 따라서 기업가정신 정책의 일차적인 목적은 최대한 많은 사람들이 창업을 하나의 대안으로 고려하게 하고, 실제로 창업을 계획하는 초도기업가(nascent entrepreneur)로 유도하며, 실제로 사업에 착수하여 사업초기단계에 올라서도록 자질을 향상시키는 것이다.

기업가정신 정책의 필요성 13.2

정부는 기업가시장에 개입하여 왜 기업가정신 촉진정책을 수행하는가? 이는 두 가지 이유로 볼 수 있다. 하나는 기업가들이 일자리를 창출하고 기술혁신을 가져오기 때문이다. 따라서 기업가정신을 가진 사람들이 많을수록 좋다. 다른 하나는 시장실패로 적정한 수준의 기업가들이 공급되지 않기 때문이다.

재화시장, 노동시장, 자본시장 등에서 시장이 완벽하게 작동하지 못하는 시장실패가 발생하기 때문에 정부의 개입이 요구된다. 기업가시장도 예외가 아니다. 〈그림 13 - 1〉에서 보면 시장균형 *e*점이 사회적 효율이 극대화되는 파레토 최적(Pareto optimum)이 아니라는 것이다. 기업가 시장에서 시장실패의 요인들은 외부성, 정보의 불완전성, 전유성의 문제, 정보의 비대칭성 등으로 인해 나타나며, 이로 인해서 자질 있는 기업가의 공급이 사회적으로 적정한 수준보다 적게 된다. 이제 기업가시장에서의 시장실패 요인들을 각각 살펴본다.

1) 외부성

경제관계에서 외부성이 존재하면, 시장실패가 나타난다. 대표적인 예로 양봉업자와 복숭아밭 주인의 이야기를 들 수 있다. 복숭아의 수확은 봄에 피는 꽃이 얼마나 잘 수정되느냐에 따라서 달라지기 때문에 주인은 암술과 수술을 인위적으로 건드려 준다고 한다. 그런데 마침 양봉업자가 복숭아밭 옆에 있으면 꿀

[그림 13 - 1] 기업가시장에서의 외부효과와 시장실패

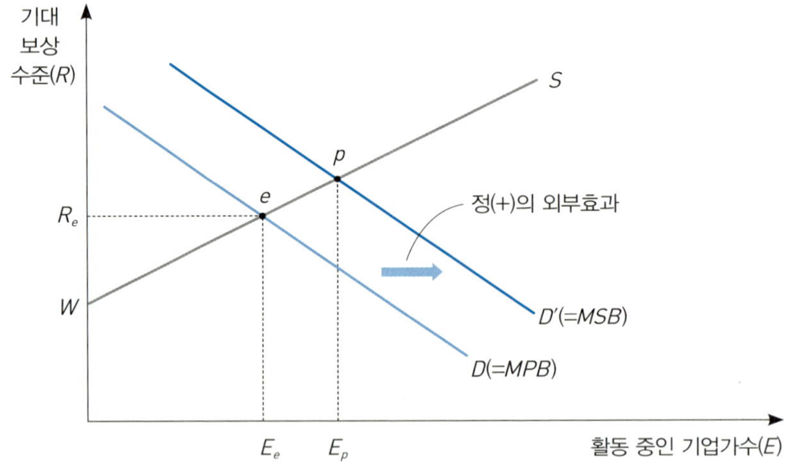

자료: MPB: Marginal Private Benefit, MSB: Marginal Social Benefit

벌들이 찾아오게 되고, 꿀을 채취하는 과정에서 암술과 수술의 수정을 도와준다. 분명 복숭아 수확은 단순히 바람에 의존하는 것보다 많아질 것이다. 양봉업자 입장에서도 복숭아밭이 옆에 있기 때문에 벌들이 쉽게 더 많이 꿀을 생산할 수 있다. 요컨대 양봉업자와 복숭아밭 주인이 직접 시장거래를 하지 않은 상황에서 서로에게 이득을 주게 된다. 경제학에서 이를 '외부성(externality)'이라 부르고, 서로에게 도움이 되는 경우 정(+)의 외부효과(positive external effect)가 나타난다고 한다.

기업가와 사회의 관계도 양봉업자와 복숭아밭 주인의 관계와 마찬가지이다. 기업가 역시 정(+)의 외부효과를 유발한다. 기업가는 새로운 아이디어, 새로운 제품, 고용창출, 그리고 경쟁력 향상을 통하여 사회적 후생을 증대시킨다.[1)] 문제는 기업가들이 의사결정 시에 이러한 사회적 이득을 고려하지 못한다는 점이다. 기업가들은 단지 자신의 사적 이득(private benefit)만을 감안하여 기업가적 노력을 투입한다. 구체적인 예를 들어보자. 기업가들이 생산공정혁신을 통하여 비용을 절감하고 제품의 가격을 인하시켰다고 하자. 시장에서의 경쟁은 그 기술혁신을 산업 내 혹은 산업 간에 확산시키고, 이에 따라 소비자잉여는 더욱 커질 것이다. 하지만 기업가들은 혁신으로 인해 발생하는 소비자잉여를 고려하지 않는다. 이러한 상황에서는 기업가적 자원은 사회적으로 바람직한 수준보다는 적게 투입된다.

이를 〈그림 13-1〉에서 보면, 시장균형 e점은 사적인 비용만을 반영하는 공급곡선 S와 사적인 이득만을 반영하는 수요곡선 D에 의해서 결정된 것이다. 따라서 사회적인 관점에서 보면 사회적 효율이 극대화되는 파레토 최적(Pareto optimum) 상태가 아니다. 그림에서 기업가의 사회에 대한 외부효과를 반영하면 기업가의 수요곡선 D는 D'로 이동하며, 새로운 D'와 S가 만나는 점에서 새로운 균형 p가 달성된다. 이 상태는 사회적 이득을 반영하였기 때문에 파레토 최적이다.

---

1) 사회적 기업가인 경우에는 더 큰 정(+)의 외부효과를 창출할 것이다.

다시 말하면, 기업가 자신의 이득(혹은 비용)만을 반영한 *e*점에서는 기업가적인 노력이 사회적으로 적정한 수준인 E_p보다 적게 투입된다는 것이다. 즉 시장실패가 발생한다.

기업가들이 얻는 사적 이득은 소비자잉여에 비해서 매우 적은 부분이 된다는 점은 실증분석을 통해서도 확인되고 있다. Nordhaus(2004)에 의하면, 1948~2001년 기간 미국의 비농업부문에서 혁신적 기업가들은 혁신으로 인한 총잉여 중 단지 2.2%만을 가져갔으며, 대체투자 대비 이윤율이 연간 0.19%에 불과한 것으로 보고하고 있다. 나머지는 모두 소비자잉여로 돌아갔다고 한다. 인터넷 판매라는 획기적인 기술혁신을 통해서 제품의 다양성, 편리성, 그리고 가격인하를 가능하게 했던 Amazon.com도 실제로 창출한 엄청난 소비자잉여에 비해서 실제로는 많은 이윤을 향유하지 못했던 것으로 알려지고 있다. 2002년에 겨우 흑자를 기록했고, 2005년 7,800만 달러의 이윤을 기록하였다(Parker, 2009).

따라서 만약 이러한 기업가들의 정(+)의 외부효과가 시장에 의해서 보정되지 않는다면, 전반적으로 혁신활동, 특히 기업가들의 노력이 과소하게 투입될 것이다. 이는 전형적인 시장실패 현상으로, 기업가들의 외부효과를 내재화시키는 정부의 정책개입이 필요하게 된다.

2) 전유성의 문제

전유성의 문제(appropriability problem)는 일반적으로 자신의 경제적 행동으로부터 오는 이득을 모두 향유하지 못하게 되는 현상을 말한다. 예를 들어 어떤 사람이 새로 발명한 제품을 다른 사람이 쉽게 모방한다면, 그 사업으로 오는 이득의 일부를 그 사람에게 뺏기게 될 것이다.

전유성의 문제는 기업가적 행동의 경우에도 나타난다. 이는 기업가가 창업을 하면 이는 다른 사람에게 가치 있는 기회임을 알려주는 신호가 되며, 이 사람이 같은 사업에 착수하여 경쟁하면 창업으로 인한 이득의 일부가 사라지게 된다. 이 과정에서 '선도자(first mover)'는 탐험비용(cost of discovery) 모두를 부담하게 되고, 완벽한 방어수단(예: 특허)이 없을 경우 추종자들(followers)은 비용부담 없이 무임승차한다(Alexander-Cook et al., 1998). 이 상황에서는 당연히 기업가적 노력과 자원이 위축될 것임은 자명하다(Klette et al., 2000). 이러한 전유성 문제는 시장에 의해서 해결되기 어려우므로 정부는 기업가적 행동이 위축되지 않도록 정책수단을 강구할 필요가 있다.

3) 정보의 불완전성

완전한 정보를 가정하는 완전경쟁시장에서는 자원이 효율적으로 배분되어 시장실패가 나타나지 않는다. 하지만 정보가 불완전한 기업가시장의 경우에는 그렇지 못하다.

정보의 불완전성(imperfect information)은 기업가들의 '무지(ignorance)'를 의미한다. 대부분의 기업가들은 창업으로부터 얻을 수 있는 자신의 사적 비용 혹은 사적 이득조차도 정확히 알 수가 없다. 따라서 창업하려는 사람의 수가 적정수준보다 적어지거나 많아질 가능성이 존재한다. 〈그림 13-1〉에서 보면 기업가의 사적 비용을 반영하는 공급곡선 *S*에 대한 정확한 위치를 알기 어렵다는 것이다.

이는 기존기업에 종사하고 있는 기업가들도 마찬가지이다. 기업효율을 증대시키는 방법에 대해서 완전하게 알 수 없다. 이 경우에는 기업가적 노력이 충분하지 않을 것이다.

또 하나의 문제는 기업가들의 '무지' 정도가 기존 대기업보다 창업기업인 경우 더 크다는 것이다. 예를 들어 금융자원이나 인적자원을 조달함에 있어서 대기업들은 상당한 정보력을 바탕으로 유리한 고지에 있지만, 창업기업들은 정보력이 부족하여 저비용으로 자금을 조달하기 어렵거나 유능한 인력을 채용하기 쉽지 않게 된다. 이러한 상황에서 기업가적인 노력이나 자원투입이 위축될 것이므로, 정부의 정책개입이 요청된다고 할 수 있다.

4) 주인 – 대리인 문제

주인 – 대리인 문제(principal-agent problem)는 정보의 비대칭성(asymmetric information) 때문에 발생한다. 정보의 비대칭성이란 거래자 쌍방 간에 정보가 동일하지 않다는 것이다. 예를 들어 중고차시장에서 판매자는 자신의 차의 상태에 대해서 잘 알고 있지만, 구매자는 전혀 알지 못한다. 이는 기업의 소유자와 경영자 사이에서도 나타나는 문제이다. 즉 소유자는 경영자의 진정한 목표와 행동 특성을 알지 못한다. 이 경우에는 대리인 비용(agency cost)이 발생한다. 예를 들어 소유자는 경영자가 자신의 이득을 위해서 최선을 다하는지를 파악하기 위한 감시비용(monitoring cost)을 지불해야 한다. 이외에도 경영자가 소유자의 이해에 상반되는 행동을 하지 않고 있음을 증명할 때 소요되는 확증비용(bonding cost)과 소유자와 경영자의 서로 다른 의사결정으로 인한 손실, 즉 잔여손실(residual loss)이 발생한다.

주인 – 대리인 문제는 주로 소유와 경영이 분리된 대기업에서 나타나는 현상으로, 소유와 경영기능을 모두 가진 기업가가 경영하는 창업기업에서는 크게 문제가 되지 않는다. 더 나아가서 작은 기업들로 구성된 시장구조는 경제력 집중의 문제를 경감시킬 수 있다. 따라서 정부가 창업기업 혹은 초도기업가를 지원하면 감시비용을 포함한 사회적 비용을 줄일 수 있고, 경제적 공정성도 달성할 수 있다.

기업가정신 정책의 수립 원칙 13.3

성공적인 기업가정신 정책이 되기 위해서는 다음과 같은 세 가지 원칙이 준수되어야 한다.

첫째 원칙은 부가성(additionality)으로, 정책프로그램이 목적으로 하는 활동을 수행하는 사람들을 정책시행 전에 비해서 많아지게 해야 한다는 것이다. 만약 창업기업에 대한 정부의 지원으로 기존기업에 비해 경쟁에서 유리해진 결과, 기존기업이 사라진다면 좋은 정책이 아니라는 것이다. 이 경우 기업가정신 정책이 경제의 효율성, 고용, 성장에 미치는 순효과는 없거나 극히 미미할 것이기 때문이다. 즉 기존기업 대체효과 혹은 '기업도둑효과(business stealing effect)'는 정책효과를 약화시킨다.

둘째 원칙은 정책수혜자에 대한 명확성(disclosure)으로, 정책프로그램이 목표로 하는 정책대상자에게 정책효과가 영향을 미쳐야 한다는 것이다. 물론 이 원칙에는 올바른 정책수혜자의 선정문제도 포함된다. 많은 경우 정책대상자를 잘못 선정하여 정책자금이 낭비되고 있는 것이 현실이다. 극단적인 예로 창업의도도 없이 보고서를 그럴듯하게 제출함으로써 정책자금을 지원받고, 평가가 허술한 틈을 타서 이득을 챙기는 사람들도 없지 않다. 이와 관련하여 Santarelli and Vivarelli(2007)는 '희망 없는' 신규창업자에게 돈을 낭비하기보다는 창업 후의 벤처기업들을 목표로 하여 보조금을 지원하는 것이 바람직하다고 주장한다.

셋째 원칙은 단순성(simplicity)으로, 정책프로그램이 복잡하여 정책목표그룹들이 쉽게 이해하지 못하거나 정책수혜를 받는데 많은 비용이 들어가서는 안 된다는 것이다. 이는 다른 정책에도 적용되는 일반적 원칙이다.

13.4 기업가정신 정책의 틀 및 파급경로

기업가정신 정책의 영역과 이에 따른 정책수단을 규정하는 일은 쉽지 않다. 기업가정신 정책은 중소기업정책과도 중복될 뿐만 아니라 일반 경제정책, 과학기술정책, 산업정책, 더 나아가서 사회문화정책 및 인구정책과도 연관되어 있다. 그럼에도 불구하고 여기서는 기업가정신 정책을 분석하기 위한 정책의 틀을 정립하고자 한다.

앞에서 우리는 기업가정신 정책(entrepreneurship policy)을 기업가적 과정(entrepreneurial process)에 대한 정부의 개입으로 정의하였다. 따라서 〈그림 13-2〉와 같이 기업가정신 정책 수립을 위한 틀을 모형화할 수 있다.[2)]

기업가정신 정책의 정책영역은 〈그림 13-2〉에서 보는 바와 같이 상자(box)에 의해서 표현되어 있다. 첫 번째 정책영역은 잠재적 사업기회의 집합을 나타내는 상자이다. 잠재적 사업기회는 기업가정신 정책의 수요측면(demand side)을 의미한다. 왜냐하면 기업가는 제품시장 혹은 서비스시장에 의해서 영향을 받는 파생수요(derived demand)이기 때문이다. 잠재적 사업기회는 수요변화, 기술진보, 산업구조의 변화, 글로벌화 등에 의해서 영향을 받는다. 컴퓨터와 통신기술이 급속히 발전하면서 사업기회가 급속도로 증가해온 것이 대표적인 사례이다. 수요측면에서 기업가정신 정책의 목표는 잠재적 사업기회를 극대화하는 것이다. 점선으로 나타낸 G1이 수요측면에서의 기업가정신 정책의 파급경로이다. 잠재적 사업기회는 일반적인 경제정책, R&D정책, 산업정책 등에 의해서 직접적으로 영향을 받으므로, 수요측면에의 기업가정신 정책의 역할은 제한적이다.

두 번째 정책영역은 잠재적 기업가집단을 나타내는 상자이다. 잠재적 기업가집단은 기업가정신 정책의 공급측(supply-side) 정책영역이다. 기업가의 공급은

---

2) 기업가정신 정책을 크게 적극적 정책(active policies)과 소극적 정책(passive policies)으로 나누기도 한다. 적극적 정책은 특정기업가 혹은 특정기업을 지원하는 정책이고, 소극적 정책은 기업유형이나 기업가에 관계없이 창업에 유리한 환경을 조성하는 정책이다.

[그림 13-2] 기업가정신 정책의 틀

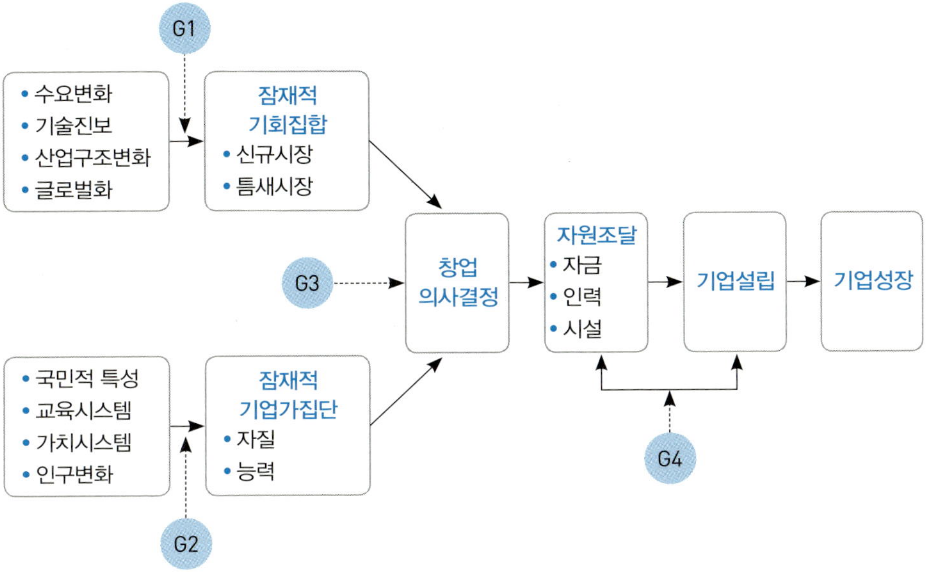

자료: Audretsch, et al.(2010), Henrekson, M. and M. Stenkula(2010), Hoffman, A.N.(2010) 등을 토대로 작성

기본적으로 국민적 특성에 영향을 받으며, 교육시스템, 가치시스템, 그리고 인구변화에 의해서도 영향을 받는데, 공급측면에서 기업가정신 정책의 목표는 능력과 자질을 갖춘 기업가들을 원활하게 공급하는 것이다. G2가 공급측면에서의 기업가정신 정책의 파급경로이다. 공급측면의 기업가정신 정책은 수요측면에의 기업가정신 정책에 비해서 상대적으로 통제가능하다.

세 번째 영역은 창업의사결정을 나타내는 상자이다. 그림에서 보는 바와 같이 자질을 갖춘 기업가들이 주어진 사업기회에 대한 정보를 가지고 창업결정을 하도록 유도하는 과정이다. G3가 창업의사결정 측면에서의 파급경로이다.

네 번째 영역은 창업의사결정 후 자원조달과 기업설립을 나타내는 상자이다. '처음'이기 때문에 창업기업 혹은 벤처기업이 가지는 자금, 인력, 설비 면에서의 약점을 정부가 지원하는 정책이다. G4가 바로 이러한 측면을 나타낸다.

13.5 기업가정신 정책의 수단

위에서 소개한 기업가정신 정책의 파급경로를 요약하면 다음과 같다.

- 수요측면의 기업가정신 정책(demand-sided entrepreneurship policy)
- 공급측면의 기업가정신 정책(supply-sided entrepreneurship policy)
- 창업의사결정을 위한 기업가정신 정책(entrepreneurship policy for start-up)
- 자원조달을 위한 기업가정신 정책(entrepreneurship policy for assembling resources)

이제 각 정책파급경로에 따른 구체적인 정책수단을 살펴보자. 우리나라의 경우 기업가정신 정책은 주로 중소벤처기업부에 의해서 수립되고 시행되는데, 참고로 현재 시행되고 있는 정책프로그램들을 각 파급경로별로 구분하였다.

1) 수요측면의 기업가정신 정책(G1)

〈그림 13 - 2〉의 G1은 수요측면에서의 기업가정신 정책을 의미한다. 이러한 유형에 속하는 정책들은 사업기회의 유형, 수, 그리고 접근가능성에 영향을 미친다. 예를 들면, R&D정책, 경쟁정책, 정부구매정책 등이다. R&D정책은 기술개발을 촉진시킴으로써, 새로운 아이디어와 응용을 활용한 사업기회포착을 가능하게 한다. 경쟁정책은 신규기업들의 시장접근 가능성을 높이며, 신생기업을 위한 정부구매정책은 새로운 사업기회를 제공한다. 정부의 기술이전촉진정책도 기업가들에게 사업기회를 제공한다. 더 나아가서 자유무역정책, 예를 들어 다른 나라와의 자유무역협정 체결은 기업가들에게 외국에서의 사업기회를 활용할 수 있게 도와줄 수 있다.

우리나라에서 수요측면의 기업가정신 정책은 광범위하며 매우 다양하다. 과학기술정책, 독과점정책, 중소기업정책 등 열거할 수 없을 정도의 많은 정책수단들이 포함되고 있다. 이 중 현재 중소벤처기업부에서 시행하고 있는 수요측면에서의 직접적 기업가정신 정책에는 다음과 같은 프로그램들이 있다.

- 창업성장기 기술개발사업
- 구매조건부 신제품개발사업
- 글로벌시장형 창업사업화 기술개발
- 재창업전용 기술개발사업

2) 공급측면의 기업가정신 정책(G2)

〈그림 13-2〉의 G2는 공급측면에서의 기업가정신 정책을 의미한다. 이러한 유형에 속하는 정책들은 기업가적 능력 및 자질을 가진 기업가의 공급을 증대시킨다. 구체적인 G2에 속하는 구체적 정책수단들은 다음과 같다.

① 기업가의 사회적 지위 향상

만약 조선시대처럼 '사농공상'의 가치체계 하에서는 기업가가 되려는 사람, 그리고 기업가적 자질과 능력을 갖추려는 사람은 많지 않을 것이다. 이와 반대로 기업가 혹은 창업자가 우대받는 사회에서는 기업가가 되려는 사람들이 많아질 것이다.

따라서 정부는 자질과 능력을 갖춘 기업가집단을 형성하기 위하여 기업가를 칭찬하고 활용하는 정책프로그램을 운영할 수 있다. 예를 들어 창업자를 대상으로 지역 혹은 전국적인 시상프로그램을 시행하거나, 창업자들이 다양한 분야에서 위원회나 토론자 등으로 참여할 수 있는 장을 마련할 수 있다.

② 기업가정신 교육

기업가는 교육을 통해서 공급된다. 교육을 통해 기업가적 자질과 능력을 갖춘 기업가를 배출하기 위해서는 초등학교부터 대학, 그리고 일반인에 이르기까지 교육내용 및 방법이 개발되고 시행되어야 한다. 기존의 전통적인 교육의 틀을 넘어서서 기업가정신 중심의 인턴제도, 강사 및 멘토교육, 그리고 연구가 이루어져야 한다.

미국의 예를 들면, 초등학교 2학년 때 경제원리, 시장 그리고 창업정신을 배울 수 있는 실질적인 프로그램이 시작된다. 방학 중에 학생들로 하여금 제품을 개발하여 제작하게 하고, 가격을 책정하여, 광고하게 하며 한 학기 내내 서로 거래하게 한다. 출시된 제품들은 가족들이 함께 부른 노래테이프, 자신이 직접 그린 만화책, 요리책, 간단한 마술도구 등으로, 학생들은 한 학기 동안 교환하는 즐거움과 돈 버는 성취감으로 학교를 다니게 된다. 이러한 학습활동을 통하여 학생들은 제품에 대한 아이디어를 내고, 나름대로 마케팅전략을 세우며, 이윤을 얻는 과정을 피부로 경험하게 된다.

③ 경영학 교육

경영학 교육도 기업가의 공급 및 질에 영향을 미친다. 대학에서 경영학 교육은 전통적으로 조직, 재무, 마케팅, 회계 등을 공부하는데, 창업 혹은 벤처기업에 대한 교육은 기업가정신을 함양시킨다. 경영학 교육은 나라에 따라서 많은 차이를 보여준다. 한국에서는 일부 대학에서만 창업 교육을 커리큘럼에 포함시키지만, 미국 등에서는 'Entrepreneurship'이 재무, 마케팅, 회계 등 전통적인 분야와 같이 하나의 독립된 분야로 등장하고 있다. Bobson College의 경우는 'Entrepreneurship'에 특화된 대학이다.

따라서 정책적 측면에서 정부는 대학에서의 경영교육이 창의적이고 능력 있는 기업가를 길러내도록 유도하는 정책프로그램을 수립하여 수행할 수 있다.

④ 기업가에 우호적인 가치관 형성

기업가정신 공급의 질과 양은 사회문화적 요인에 의해서 영향을 받는데, 이 중 가장 핵심적인 요인은 가치시스템(value system)이다. 예를 들어 '사농공상'이라는 가치체계가 지배하는 조선시대라면, 일부의 혁신적인 사람들(예: 다산 정약용, 거상 임상옥 등)을 제외하고 기업가의 배출에 제한을 받을 것이다. 반대로 자본주의의 뿌리가 된 '청교도정신'이 지배하는 사회문화적 환경에서는 청지기로서의 신의 소명을 가진 기업가집단이 형성될 수 있을 것이다.

따라서 정부는 정치, 사회, 문화, 교육 등 전 영역에 걸쳐서 기업가의 역할을 긍정적으로 평가할 수 있도록 하는 정책 프로그램을 시행할 필요가 있다. 예를 들어 사회에 기여도가 높았던 기업가들을 발굴하여, 이들에 대한 위인전을 집필하는 경우에 정부가 저술활동을 지원하는 것은 이러한 정책영역에 속한다.

우리나라의 경우 공급측면에서 기업가정신 정책의 프로그램들은 다음과 같다.

- 창업 아카데미
- 창업대학원 운영지원
- 청소년 비스쿨 지원사업
- 창업선도대학 육성사업
- 대한민국 실전창업리그

3) 창업의사결정 지원정책(G3)

〈그림 13 - 2〉의 G3는 창업의사결정에 긍정적인 영향을 미치는 기업가정신 정책을 의미한다. 이러한 유형에 속하는 정책들은 창업관련 각종 정보를 제공하고, 창업을 용이하게 하며, 기업가에게 유인을 제공한다. G3에 속하는 구체적 정책수단들은 다음과 같다.

① 정보제공

초도기업가(nascent entrepreneur)의 가장 큰 문제는 창업의사결정시에 활용할 수 있는 정보의 부족이다. 즉 한 개인으로서의 초도기업가는 기회에 대한 정보, 시장에 대한 정보, 경쟁자에 대한 정보, 기업설립에 관한 정보 등 각종 정보제약을 받을 수밖에 없다. 따라서 정부가 이들이 필요로 하는 정보를 적시에 제공한다면 창업활동은 활발하게 될 것이다.

예를 들어 미국 중소기업청(Small Business Administration: SBA)은 많은 지역사무소를 통하여 예비창업자들에게 각종 정보를 제공하며, 소규모기업 안내데스크와 홈페이지를 통하여 창업에 필요한 정보를 제공하고 있다. 물론 우리나라 중소벤처기업부도 이러한 정책프로그램을 운영하고 있다.

② 규제완화

만약 창업절차가 복잡하다면, 기업가들은 창업의사결정을 미루거나 창업을 포기할 것이다. 반대로 창업절차가 단순하고, 규제가 완화되면 기업가들은 주저 없이 창업을 결정할 것이다. 따라서 정부는 원스톱 서비스센터 등을 통해서 창업과정을 도와주거나 시간을 단축시키는 정책을 펴고 있다.

규제완화를 통해서 창업을 활성화시킨 대표적인 예가 미국의 바이돌법(Bayh-Dole Act)이다. 1980년 이전까지 미국에서는 연방정부가 재정 지원한 발명활동의 결과는 공공재산이었으므로 그 어느 누구도 그것을 사업화하려고 하지 않았으나, Bayh-Dole 법안이 통과된 이후에는 중소기업, 대학, 비영리법인, 심지어 대기업들도 연방정부로부터 자금을 지원 받고 연구한 발명도 특허화할 수 있게 됨에 따라 R&D기반의 창업활동이 크게 증가한 것으로 보고되고 있다(Audretsch and Beckmann, 2010; Mowery and Ziedonis, 2002).

③ 세제혜택

조세제도는 기업가에 대한 보수수준에 영향을 미치는 강력한 정책수단이다. 즉 창업시에 정부가 조세감면 혜택을 준다면, 하나의 인센티브로서 창업 쪽으로 의사결정을 유도할 것이다. 특히 기업가의 개인소득에 대한 세제감면정책은 창업의사결정에 큰 영향을 미친다. 법인세의 인하는 창업단계에서는 이윤이 없거나 작으므로 큰 영향이 없으나, 기업이 성장할수록 중요한 요인이 될 것이다. 하지만 기업가는 미래의 현금의 흐름을 예측하여 현재기에서 의사결정을 하므로 법인세의 수준도 창업의사결정에 영향요인이 된다.

④ 지식재산권 보호

벤처기업은 많은 경우 특허를 기반으로 창업되기 때문에 지식재산권이 강력하게 보호될수록 창업활동이 활발하게 될 것이다. 만약 자신이 개발하여 사업화시킨 제품을 다른 경쟁기업이나 대기업이 이를 모방하여 판매하는 경우 정부가 이를 방관한다면 기업가정신은 크게 위축될 것이다. 따라서 기업가정신을 촉진시키기 위해서는 적정한 보호수준의 특허제도가 필요하며,[3)] 특허법도 강력하게 시행되어야 한다.

우리나라의 경우 창업의사결정지원 측면의 기업가정신 정책에는 다음과 같은 프로그램들이 수립되어 시행되고 있다.

- 제조업 창업중소기업의 부담금 면제
- 기술보호상담
- 기술지킴이서비스
- 중소기업조세지원
- 중소기업옴부즈맨운영

4) 자원조달 지원정책(G4)

〈그림 13-2〉의 G4는 창업초기단계의 경영활동에 영향을 미치는 기업가정신 정책을 의미한다. 이러한 유형에 속하는 정책들은 창업에 필요한 자원을 지원한다. G3에 속하는 구체적 정책수단들은 다음과 같다.

① 자금조달지원

창업활동에 있어서 가장 어려운 장애는 사업에 필요한 자본을 조달하는 일로 알려져 있다. 기업가가 사업계획서를 작성하는 가장 중요한 이유도 이를 투자자들에게 알려서 투자자금을 유치하기 위한 것이다.

하지만 창업기업은 '초기'이고 '작은 규모'이기 때문에 축적해 놓은 사내유보금도 없고, 대출을 위한 담보물도 부족하므로 정부가 창업을 활성화하기 위해서는 유리한 조건으로 자금을 제공해 줄 필요가 있다. 이뿐만 아니라 엔젤펀드, 크라우드펀딩, 벤처캐피탈 등 각종 금융제도를 지원함으로써 창업기업들이 자금에

3) 특허의 보호수준이 너무 강하면, 독과점의 형성 등 다른 측면에서 부작용이 발생할 수 있다.

쉽게 접근하도록 도와줄 수 있다.

② 인력채용지원

창업활동에 있어서 자본조달 다음으로 어려운 문제는 사업에 필요한 인력의 조달이다. 기업에 일자리를 알아보는 대부분의 사람들은 창업기업보다는 중견기업, 중견기업보다는 안정적이고 사회적으로 명성이 있는 대기업을 선호하기 때문이다. 그러므로 창업기업에 대해서는 정부가 인력채용을 지원할 필요가 있다.

일반적으로 노동시장이 너무 경직화되어 있으면, 창업활동이 위축되는 것으로 알려져 있다(OECD, 1998; 2000). 예를 들어 미국은 노동시장에 대한 정부의 규제가 약하여 창업기업들이 고용을 크게 증대시키는 데 비하여 노동시장에 대한 규제가 강한 유럽에서는 그렇지 못한 것으로 알려지고 있다(OECD, 2003).

③ 시설지원

자금문제와 더불어 창업기업은 시설이나 입지 면에서도 도움을 필요로 한다. 이에 따라 각국 정부에서는 창업보육센터를 설립하여, 이곳에 입주한 신생기업들을 지원하고 있다.

우리나라의 경우 자원지원 측면의 기업가정신 정책에는 다음과 같은 프로그램들이 수립되어 시행되고 있다.

- 창업기업지원자금
- 청년전용 창업특례보증
- 사회적 기업 전용 특별보증
- 창업투자조합결성승인 및 관리
- 모태펀드투자관리
- 개인투자조합결성 및 투자확인서발급
- 실패기업인 재창업자금지원
- 창업보육센터지원
- BI경쟁력강화사업
- 벤처기업집적시설 지원제도

참고문헌

국내문헌

공병호(1998), 기업가, 자유기업센터.

권기환(2008), "벤처기업의 글로벌 성장통 극복수단으로서 기업가적 학습과 조직역량 재구축," 국제경영리뷰, 12(4), 195-218.

김기승·조준모(2006), "자영업에 관한 유인가설과 구축가설에 관한 검증: 월간 단기패널을 이용한 실증분석," 국제경제연구, 12(2), 163-189.

김기승·조준모(2009), "고용형태에 따른 자영업 진출결정요인 분석," 자영업 노동시장연구(Ⅰ), 한국노동연구원, 180-205.

김덕중(1986), "국제화와 종합무역상사," 경상논총, 11, 51-74.

김복순(2015), "사업체 규모별 임금 및 근로여건 비교," 월간노동리뷰, 2월호, 한국노동연구원, 43-59.

김성수(2002), 성공한 창업자의 기업가정신, 인간사랑.

김영록(1964), "한국 기업가정신의 반성: 불명예의 왕좌에서 물러서라," 사상계, 12(8), 36-41.

김원규(2011), "우리나라 기업가정신의 현황과 시사점," e-KIET 산업경제정보, 제515호(2011-17), 산업연구원.

김종년(2004), 기업가정신의 약화와 복원방안, 삼성경제연구소.

김종호·오준병(2009), 규제, 기업가정신과 경제성장의 간의 관계 분석, 산업연구원.

김주미·박재필(2011), 국제간 비교연구를 통한 기업가정신 지수 표준모델정립에 관한 연구, 중소기업연구원.

남문현(1998), "에디슨의 기업가정신과 기술혁신," 미국사연구, 7, 47-90.

노부호(2004), 기업가정신과 국가경쟁력, 서강대학교 출판부.

문근찬(2008), 창업론: 기업가적 과정, 한티미디어.

문원택·김원석(1996), 기업가와 기업가정신, AIM산업경영교육원.

박기혁(1989), 경제학사, 법문사.

박동수·구언회(2011), 사회적 기업설립과 경영, 영남대학교 출판부.

박영배·윤창석(2000), "벤처기업 경영성과의 영향요인에 관한 탐색적 연구," 벤처경영연구, 4(1), 3-34.

성태경(2002), "기업가이론의 고찰을 통한 벤처경영자의 바람직한 역할 모색," 벤처경영연구, 5(2), 37-59.

성태경(2003), "기업규모와 기술혁신활동의 연관성: 우리나라 제조업에 대한 실증적 연구," 중소기업연구, 25(2), 305-325.

성태경(2005a), "벤처기업은 항상 혁신적인가?: KIS 2002에 근거하여," 벤처경영연구, 8(1), 117-139.

성태경(2005b), 혁신시스템 이론의 비교분석과 정책적 시사점, 과학기술정책연구원.

성태경(2006), "과학기술정책의 새로운 접근방법으로서의 기술시스템: 그 개념 및 실제 적용 사례," 기술혁신학회지, 9(4), 715-739.

성태경(2008), 기술정보경제학, 글사랑출판사.

성태경(2015), "기업가정신 정책의 이론적 측면에 관한 소고," 벤처창업연구, 10(3), 15-26.

성태경(2017), 기업가정신의 경제학, 도서출판 정독.

성태경(2020a), 벤처창업경영론, 제2판, 도서출판 정독.

성태경(2020b), 특허경제학, 한국문화사.

성태경(2022), 경제학, 제2판, 도서출판 정독.

성태경·장동식·김형기(2014), 기술마케팅과 사업화, 경문사.

성태경·이정상·김달승(2016), "농식품 분야와 ICT 접목을 통한 창업기회 도출: 전북지역 사례를 중심으로," 산업경제연구, 29(3), 1089-1113.

신장섭(2014), 김우중과의 대화: 아직도 세계는 넓고 할 일은 많다, 북스코프.

양현봉·박종복(2014), 여성기술창업 실태 및 활성화방안, 연구보고서 2014-697, 산업연구원.

윤기창(2009), "한국벤처기업의 경영성과에 미치는 영향요인에 관한 연구: 국제적 기업가정신과 기업역량을 중심으로," 국제지역연구, 13(2), 405-432.

윤석철(2008), 기업가정신, 대경출판사.

윤현덕·곽기영·서리빈(2012), "글로벌 기업가정신과 공급사슬 내 사회적 자본이 수출성과에 미치는 영향," 벤처창업연구, 7(3), 1-16.

이명호·성기정(2020), 번아웃: 이론, 사례 및 대응전략, 행복에너지.

이윤재(2003), "기업가정신과 경제성장의 관계분석: GEM가설을 중심으로," 중소기업연구, 25(3), 105-127.

이윤준·김영환·김석관·배용호·임송·고명주(2014), 기업가정신의 국제 비교를 통한 창업환경 진단 및 개선방안, 과학기술정책연구원.

이장우(1997), 기업가정신과 벤처기업론, 벤처기업협회.

이현숙(2013), "혁신형 기업가의 양성을 통한 기업가정신 활성화 방안," 과학기술정책, 23(2), 22-33.

전국경제인연합회, 시장경제와 기업가정신, 전경련.

전병유(2003), "자영업 선택의 결정요인," 자영업 노동시장의 현상과 과제, 한국노동연구원, 134-163.

조형래(1995), 창업인의 특성, 제품혁신성과 벤처기업성과간의 상황적 관계, 한국과학기술원 박사학위논문.

중소벤처기업부 홈페이지, http://www.mss.go.kr

지은정(2012), "경기변동이 자영업 이행에 미치는 영향의 연령집단별 차이: 구축가설과 유인가설을 중심으로," 사회복지연구, 43(2), 141-178.

최동규(1999), 중소기업활력과 벤처기업육성: 조화와 활성화를 위한 과제, 정책연구자료(17-99-05), 중소기업연구원.

최문경·이명진(2005), "자영업 선택일까? 한국과 미국," 한국사회학, 39(1), 21-51.

한국노동연구원(2015a), 2015 KLI 비정규직 노동통계.

한국노동연구원(2015b), 2015 KLI 노동통계.

한상설·임덕순(2013), "기업가정신, 해외네트워크 수출지원정책이 신속한 글로벌화에 미치는 영향," 무역학회지, 38(5), 385-407.

홍 벤자민 역(2011), 사내기업가정신(Intrapreneurship by K. Desouza), IGMbooks.

황준욱·전병유(2010), 기업가정신과 노동, 한국노동연구원.

해외문헌

Acs, Z. J. (1996), "Small Firms and Economic Growth," in P. H. Admiral (ed.), *Small Business in the Modern Economy*, Oxford: Blackwell.

Acs, Z. J. (2006), "How Is Entrepreneurship Good for Economic Growth?," *Innovations*, 1(1), 97-107.

Acs, Z. J. (ed.) (2010), *Entrepreneurship and Regional Development*, Northampton, MA: Edward Elgar.

Acs, Z. J. and C. Armington (2006), *Entrepreneurship, Geography, and American Economic Growth*, New York: Cambridge University Press.

Acs, Z. J. and D. B. Audretsch (1989), "Small Firm Entry in Manufacturing," *Economica*, 56, 255-265.

Acs, Z. J. and D. B. Audretsch (1990), *Innovation and Small Firms*, Cambridge, MA: MIT Press.

Acs, Z. J. and D. B. Audretsch (1993), *Small Firms and Entrepreneurship: An East-West Perspective*, Cambridge: Cambridge University Press.

Acs, Z. J. and D. B. Audretsch (2003), "Innovation and Technological Change," in Z. J. Acs and D. B. Audretsch (eds.), *Handbook of Entrepreneurship Research: An Interdisciplinary Survey and Introduction*, Boston, MA: Kluwer.

Acs, Z. J. and D. B. Audretsch (2010a), "Knowledge Spillover Entrepreneurship," in Z. J. Acs and D. B. Audretsch (eds.), *Handbook of Entrepreneurship Research: An Interdisciplinary Survey and Introduction*, New York: Springer.

Acs, Z. J. and D. B. Audretsch (eds.) (2010b), *Handbook of Entrepreneurship Research: An Interdisciplinary Survey and Introduction*, New York: Springer

Acs, Z. J. and S. Gifford (1996), "Innovation of Entrepreneurial Firms," *Small Business Economics*, 8(3), 203-218.

Acs, Z. J. and L. Preston (1997), "Small and Medium-Sized Enterprises, Technology, and Globalization: Introduction to a Special Issue on Small and Medium-Sized Enterprises in the Global Economy," *Small Business Economics*, 9, 1-6.

Acs, Z. J. and M. Sanders (2013), "The Knowledge Spillover Entrepreneurship in an Endogenous Growth Model," *Small Business Economics*, 41, 775-795.

Acs, Z. J. and N. Virgill (2010), "Entrepreneurship in Developing Countries," in Z. J. Acs and D. B. Audretsch (eds.), *Handbook of Entrepreneurship Research: An Interdisciplinary Survey and Introduction*, New York: Springer.

Acs, Z. J., D. B. Audretsch, and D. S. Evans (1994), "Why does the Self-Employment Rate Vary across Countries and over Time?," Discussion Paper No. 871, CEPR.

Acs, Z. J., D. B. Audretsch and M. P. Feldman (1994), "R&D Spillovers and Recipient Firm Size," *Review of Economics and Statistics*, 100, 336-367.

Acs, Z. J., D. B. Audretsch and E. E. Lehmann (2013), "The Knowledge Spillover Theory of Entrepreneurship," *Small Business Economics*, 41, 757-774.

Acs, Z. J., B. Carlsson and C. Karlsson (eds.) (1999), *Entrepreneurship, Small and Medium-Sized Enterprises and the Macroeconomy*, Cambridge: Cambridge University Press.

Acs, Z. J., D. B. Audretsch, P. Braunerhjelm and B. Carlsson (2004), "The Missing Link: the Knowledge Filter and Entrepreneurship in Endogenous Growth," CERP Discussion Paper No. 4783, London, UK.

Acs, Z. J., D. B. Audretsch, P. Braunerhjelm and B. Carlsson (2005), "Growth and Entrepreneurship: An Empirical Assesment," CERP Working Paper No. 5409, London, UK.

Acs, Z. J., D. B. Audretsch, P. Braunerhjelm, and B. Carlsson (2009), "The Knowledge Spillover Theory of Entrepreneurship," *Small Business Economics*, 32(1), 15-30.

Acs, Z. J., D. B. Audretsch, P. Braunerhjelm, and B. Carlsson (2012), "Growth and Entrepreneurship," *Small Business Economics*, 39, 289-300.

Aghion, P. and P. Howitt (1992), "A Model of Growth through Creative Destruction," *Econometrica*, 60(2), 323-351.

Aghion, P. and P. Howitt (1997), "A Schumpeterian Perspective on Growth and Competition," in D. M. Kreps and K. F. Wallis (eds.), *Advances in Economics and Econometrics: Theory & Applications*, Cambridge: Cambridge University Press.

Aidis, R., S. Estrin, and T. Mickiewicz (2008), "Institutions and Entrepreneurship Development in Russia: A Comparative Perspective," *Journal of Business Venturing*, 23(6), 656-672.

Akyol, A. and A. Kartik (2005), *Exemptions: Limited Enforcement Encouraging Entrepreneurship*, Working paper, York University.

Aldrich, H. E. (1999), *Organizations Evolving*, London: Sage.

Alexander-Cook, K., D. Bernhardt, and J. Roberts (1998). "Riding Free on the Signals of Others," *Journal of Public Economics*, 67(1), 25-43.

Alhabeeb, M.J. (2015), *Entrepreneurial Finance: Fundamentals of Financial Planning and Management for Small Business*, Hoboken, New Jersey: John Wiley and Sons.

Alvarez, S.A. (2007), "Entrepreneurial Rent and the Theory of the Firm," *Journal of Business Venturing*, 22(3), 427-442.

Anderson, P. and E. Wadensjoe (2007), "Do the Unemployed Become Successful Entrepreneurs?," *International Journal of Manpower*, 28(7), 604-626.

Ardagna, S. and A. Lusardi (2010), "Explaining International Difference in Entrepreneurship," in J. Lerner and A. Schoar (eds.), *International Differences in Entrepreneurship*, Chicago: The University of Chicago Press, 17-62.

Armour, J. and D.J. Cumming (2005), *Bankruptcy and Entrepreneurship*, Centre for Business Research Working Paper, No. 300, University of Cambridge.

Aronson, R.L. (1991), *Self-Employment: A Labour Market Perspective*, New York: ILR Press.

Arrighetti, A. and M. Vinarrelli (1999), "The Role of Innovation in the Post Entry Performance of New Small Firms: Evidence from Italy," *Southern Economic Journal*, 65, 929-939.

Arrow, K. J. (1962a), "The Economic Implications of Learning by Doing," *Review of Economic Studies*, June, 153-173.

Arrow, K. J. (1962b), "Economic Welfare and the Allocation of Resources for Invention," in R. Nelson (ed.), *The Rate and Direction of Inventive Activity*, Princeton, NJ: Princeton University Press.

Atkinson, J. W. (1957), "Motivational Determinants of Risk-Taking Behavior," *Psychological Review*, 64, 359-372.

Audretsch, D.B. (2003), "Entrepreneurship Policy and the Strategic Management of Places," in D. M. Hart (ed.), *The Emergence of Entrepreneurship Policy*, Cambridge: Cambridge

University Press.

Audretsch, D.B. (2007a), "Entrepreneurship Capital and Economic Growth," *Oxford Review of Economic Policy*, 23(1), 63-78.

Audretsch, D.B. (2007b), *The Entrepreneurial Society*, New York: Oxford University Press.

Audretsch, D.B. (2012), "Entrepreneurship Research," *Management Decision*, 50(5), 755-76.

Audretsch, D.B. and Z.J. Acs (1994), "New Firm Start-ups, Technology, and Macroeconomic Fluctuations," *Small Business Economics*, 6, 439-449.

Audretsch, D.B. and I.A. Beckmann (2007), "From Small Business to Entrepreneurship Policy," in D.B. Audretsch et al. (eds.), *Handbook of Research on Entrepreneurship Policy*, Northampton: Edward Elgar, 36-63.

Audretsch, D. B. and M. P. Feldman (2004). "R&D Spillovers and the Geography of Innovation," *Handbook of Urban and Regional Economics*, 4, 2713-2739.

Audretsch, D.B. and M. Keilbach (2007), "The Theory of Knowledge Spillover Entrepreneurship," *Journal of Management Studies*, 44, 1242-1254.

Audrestch, D.B. and M. Keilbach (2008), "Resolving the Knowledge Paradox: Knowledge-spillover Entrepreneurship and Economic Growth," *Research Policy*, 37(10), 1242-1254.

Audretsch, D.B. and A.N. Link (2012), "Entrepreneurship and Innovation: Public Policy Frameworks," *Journal of Technology Transfer*, 37, 1-17.

Audretsch, D.B. and R. Thurik (2001), "What is New about the New Economy: Sources of Growth in the Managed and Entrepreneurial Economies," *Industrial and Corporate Change*, 10(1), 267-315.

Audretsch, D.B., I. Grilo, and A.R. Thurik (2007a), *Handbook of Research on Entrepreneurship Policy*, Northampton, MA: Edward Elgar.

Audretsch, D.B., I. Grilo, and A.R. Thurik (2007b), "Explaining Entrepreneurship and the Role of Policy," in D.B. Audretsch et al. (eds.), *Handbook of Research on Entrepreneurship Policy*, Northampton, MA: Edward Elgar, 1-17.

Audretsch, D.B., O. Falck, S. Heblich, and A. Lederer (2011), *Handbook of Research on Innovation and Entrepreneurship*, Northampton, MA: Edward Elgar.

Austin, J., H. Stevenson, and J. Wei-Skillern (2006), "Social Entrepreneurship and Commercial Entrepreneurship: Same, Different, or Both?," *Entrepreneurship, Theory and Practice*, 30(1), 1-22.

Autio, E. (2005), "Creative Tension: The Significance of Ben Oviatt's and Patricia McDougall's Article 'Toward a Theory of International New Ventures'," *Journal of International*

Business Studies, 36, 9-19.

Autio, E. (2007), "GEM's Report 2007: Global Report on High-Growth Entrepreneurship," Produced in Association with Mazars, London Business School, and Babson College.

Autio, E., H.J. Sapienza, and J.G. Almeida (2000), "Effects of Age at Entry, Knowledge Intensity, and Imitability on International Growth," *Academy of Management Journal*, 43, 909-924.

Axinn, C.N. (1988), "Export Performance: Do Managerial Perceptions Make a Difference?," *International Marketing Review*, 5(5), 67-71.

Bailetti, T. (2012), "Technology Entrepreneurship: Overview, Definition, and Distinctive Aspects," *Technology Innovation Management Review*, 2(2), 35-12.

Backman, M. and C. Karlsson (2013), "Determinants of Entrepreneurship: Is It All about the Individual or the Region?," Working Paper No. 338, Center for Excellence for Science and Innovation Studies, The Royal Institute of Technology.

Barclay, S. J. (2015), *Burnout, Fatigue, and Stress Factors in Solo Entrepreneurs*, MBA Thesis, Australian Institute of Business.

Bardhan, P. (1997), "Corruption and Evidence: A Review of Issues," *Journal of Economic Literature*, 35, 1320-1346.

Barney, J. B. (1991), "Firm Resources and Sustained Competitive Advantage," *Journal of Management*, 17(1), 99-120.

Baron, R. A. and S. A. Shane (2008), *Entrepreneurship: A Process Perspective*, Mason: South-Western Cengage Learning.

Barreto, H. (1989), *The Entrepreneur in Microeconomic Theory: Disappearance and Explanation*, London and New York: Routledge.

Barzel, Y. (1997), *Economic Analysis of Property Right*, Cambridge: Cambridge University Press.

Bascavusoglu-Moreau, E. (2011), "Entrepreneurship and the National System of Innovation," in A. Szirmai, W. Naude, and M. Goedhuys(eds.), *Entrepreneurship, Innovation, and Economic Development*, Oxford: Oxford University Press.

Baumol, W. J. (1968), "Entrepreneurship in Economic Theory," *American Economic Review (Papers and Proceedings)*, 58, 64-71.

Baumol, W. J. (1990), "Entrepreneurship: Productive, Unproductive, and Destructive," *Journal of Political Economy*, 98(5), 893-921.

Baumol, W. J. (1993), *Entrepreneurship, Management, and the Structure of Pay-offs*, Cambridge, MA: MIT Press.

Baumol, W. J. (2007), "Small Firms: Why Market-driven Innovation Get along without Them," Paper Presented at IFN Conference, Stockholm.

Baumol, W. J. (2010), *The Microtheory of Innovative Entrepreneurship*, Oxford: Princeton University Press.

Baumol, W. J. (2011), "Invention and Social Entrepreneurship: Social Good and Social Evil," in D. B. Audretsch et al. (eds.), *Handbook of Research on Innovation and Entrepreneurship*, Northampton, MA: Edward Elgar.

Baumol, W. J., R.E. Litan and C.J. Schramm (2007), "Sustaining Entrepreneurial Capitalism," *Capitalism and Society*, 2(2), 1-36.

Bayus, B. L. and R. Agarwal (2007), "The Role of Pre-entry Experience, and Entry Timing, and Product Technology Strategies in Explaining Firm Survival," *Management Science*, 53(12), 1887-1902.

Becker, M.C., T. Knudsen and R. Swedberg (eds.) (2011), *The Entrepreneur: Classic Texts by Joseph A. Schumpeter*, Stanford: Stanford University Press.

Bednarzik, R.W. (2000), "The Role of Entrepreneurship in US and European Job Growth," *Monthly Labor Review*, July, 3-16.

Berkowitz, J. and M.J. White (2004), "Bankruptcy and Small Firms Access to Credit," *Rand Journal of Economics*, 35, 69-84.

Bertland, M. and A. Schoar (2006), "The Role of Family in Family Firms," *Journal of Economic Perspectives*, 20(2), 273-289.

Bessant, J. and J. Tidd (2011), *Innovation and Entrepreneurship*, West Sussex: John Wiley and Sons.

Bhide, A. (2000), *The Origin and Evolution of New Businesses*, New York: Oxford University Press.

Binks, M. and P. Vale (1990), *Entrepreneurship and Economic Change*, Berkshire, UK: McGraw-Hill.

Birch, D.L. (1979), *The Job Generation Process*, Cambridge MA: MIT Programme on Neighborhood and Regional Change.

Birkinshaw, J. (2000), *Entrepreneurship in the Global Firm*, London: SAGE Publications.

Birley, S. and D. Norburn (1987), "Owners and Managers, the Venture 100 vs the Fortune 500," *Journal of Business Venturing*, 2(4), 351-353.

Bjørnskov, C. and N. Foss (2010), "Economic Freedom and Entrepreneurial Activity: Some Cross-Country Evidence," in A. Freytag and R. Thurik (eds.), *Entrepreneurship and Culture*, New York: Springer, 201-225.

Blanchflower, D.G. (2000), "Self-Employment in OECD Countries," Labor Economics, 7(5), 471-505.

Blanchflower, D.G., A. Oswald, and A. Stutzer (2001), "Latent Entrepreneurship across Nations," *European Economic Review*, 45, 680-691.

Boettke, P.J. and C.J. Coyne (2003), "Entrepreneurship and Development: Cause or Consequences?," *Advances in Austrian Economics*, 6, 67-88.

Bosma, N., S. Wennekers, G. de Wit, and W. Zwinkels (2000), "Modeling Business Ownership in the Netherlands," *EIM Business Policy Research*, Research Report 9911/E, Zoetemeer.

Bregger, J.E. (1996), "Measuring Self-employment in the United States," *Monthly Labor Review*, 119, 3-9.

Bridge, S., K. O'Neill, and S. Cromie (1998), *Understanding Enterprise, Entrepreneurship and Small Business*, Basingstoke: Macmillan.

Brixy, U., S. Kohaut, and C. Schnabel (2007), "Do Newly Founded Firms Pay Lower Wages? First Evidence from Germany," *Small Business Economics*, 29, 161-171.

Brouard, F. and S. Larivet (2010), "Essay of Classifications and Definitions of the Related Concepts of Social Enterprise, Social Entrepreneur, and Social Entrepreneurship," in F. Brouard and Larivet (eds.), *Handbook of Research on Social Entrepreneurship*, Northampton, MA: Edgar Elgar.

Brown, S., L. Farrell, and J.G. Sessions (2006), "Self-Employment Matching: An Analysis of Dual Earner Couples and Working Households," *Small Business Economics*, 26, 155-172.

Brüderl, J. and P. Preisendörfer (1998), "Network Support and the Success of Newly Founded Businesses," *Small Business Economics*, 10, 213-225.

Brush, C.G., L. Kolvereid, L. Widding, and R. Sorheim (eds.) (2010), *The Life Cycle of New Ventures*, Chelttenham: Edward Elgar.

Brush, G.G. (1992), *Factors Motivating Small Companies to Internationalize: The effect of Firm Age*, Boston MA: Doctorial Dissertation, Boston University.

Bruyat, C. and P. Julien (2001), "Defining the Field of Research in Entrepreneurship," *Journal of Business Venturing*, 16(2), 165-180.

Buckley, P.J. and M. Casson (1976), *The Future of the Multinational Enterprise*, New York: Holmes and Meier.

Burgelman, R.A. (1983), "Corporate Entrepreneurship and Strategic Management: Insights from a Process Study," *Management Science*, 29(12), 1349-64.

Burke, A.E., F.R. Fitz-Roy, and M.A. Nolan (2000), "When Less is More: Distinguishing between Entrepreneurial Choice and Performance," *Oxford Bulletin of Economics and Statistics*, 62, 565-587.

Burke, A.E., F.R. Fitz-Roy, and M.A. Nolan (2002), "Self-employment Wealth and Job Creation: The Roles of Gender, Non-pecuniary Motivation and Entrepreneurial Ability," *Small Business Economics*, 19, 255-270.

Caballero, R.J. and M.L. Hammour (1994), "The Clearing Effect of Recessions," *American Economic Review*, 84, 1350-1368.

Calvo, G. and S. Wellisz (1980), *Technology, Entrepreneurs, and Firm Size*, Quarterly Journal of Economics, 95, 663-77.

Cantillon, R. (1755), "The Circulation and Exchange of Goods and Merchandise," in M. Casson (ed.) (1990), *Entrepreneurship*, Vermont: Edward Elgar.

Carland, J. W. (1984), "Differentiating Entrepreneurs from Small Business Owners: A Conceptualization," *Academy of Management Review*, 9(2), 354-339.

Carlsson, B. and R. Stankiewicz (1991) "On the Nature, Function, and Composition of Technological Systems," *Journal of Evolutionary Economics*, 1(2), 93-118.

Carlsson, B. and R. Stankiewicz (1997) "Diversity Creation and Technological Systems: A Technology Policy Perspective," in C. Edquist (ed.), *Systems of Innovation: Technologies, Institutions and Organizations*, London: Pinter.

Carlsson, B., Z. Acs, D.B. Audretsch, and P. Braunerhjelm (2009), "Knowledge Creation, Entrepreneurship, and Economic Growth: A Historical Review," *Industry and Corporate Change*, 18, 1193-1229.

Carrasco, R. (1999), "Transitions to and from Self-Employment in Spain: An Empirical Analysis," *Oxford Bulletin of Economics and Statistics*, 61, 315-341.

Carree, M. A. and A. R. Thurik (2008), "The Lag Structure of the Impact of Business Ownership on Economic Performance in OECD Countries," *Small Business Economics*, 30(1), 101-110.

Carree, M.A. and A.R. Thurik (2010), "The Impact of Entrepreneurship on Economic Growth," in Z. J. Acs and D.B. Audretsch (eds.), *Handbook of Entrepreneurship Research: An Interdisciplinary Survey and Introduction*, New York: Springer, 557-594.

Carroll, R. D., D. Holtz-Eakin, M. Rider and H.S. Roen (2000), "Income Taxes and Entrepreneur's Use of Labor," *Journal Labor Economics*, 18, 324-351.

Carter, N. M., W. B. Gartner, and P. D. Reynolds (1996), "Exploring Start-up Event Sequences," *Journal of Business Venturing*, 11(3), 151-166.

Casson, M. (1982), *The Entrepreneur: An Economic Theory*, Oxford: Martin Robertson.

Casson, M. (1987), "Entrepreneur," in J. Eatwell, M. Milgate, and P. Newman (eds.), *The New Palgrave: A Dictionary of Economics*, Vol. 2, London: Macmillan.

Casson, M. (ed.) (1990), *Entrepreneurship*, Vermont: Edward Elgar.

Casson, M. (2003), *The Entrepreneur: An Economic Theory*, Second Edition, Cheltenham: Edward Elgar.

Casson, M. (2010a), *Entrepreneurship: Theory, Networks, History*, Northampton: Edward Elgar.

Casson, M. (2010b), "Entrepreneurship, Business Culture and the Theory of the Firm," in Z.J. Acs and D.B. Audretsch (eds.), *Handbook of Entrepreneurship Research*, New York: Springer, 249-271.

Caves, R. E. (1971), "International Corporations: The Industrial Economics of Foreign Investment," *Economica*, 38, 1-27.

Chandy, R. K. and G. J. Tellis (2000), "The Incumbent's Curse? Incumbency, Size, and Radical Product Innovation," *Journal of Marketing*, 64(3), 1-17.

Chaston, I. (2017), *Technological Entrepreneurship: Technology-Driven vs Market-Driven Innovation*, Cham, Switzerland: Palgrave Macmillan.

Chowdhury, F., S. Terjesen, and D. Audretsch (2015), "Varieties of Entrepreneurship: Institutional Drivers across Entrepreneurial Activity and Country," *European Journal of Law and Economics*, 40, 121-148.

Cogregado, E. (2010), *Measuring Entrepreneurship: Building a Statistical System*, New York: Springer.

Cohen, W. M. (1995), "Empirical Studies of Innovative Activity," in P. Stoneman (ed.), *Handbook of the Economics of Innovation and Technological Change*, Oxford: Blackwell.

Cohen, W. M. and D. Levinthal (1989), "Innovation and Learning," *Economic Journal*, 99, 569-586.

Cole, A. (1946), "An Approach to the Study of Entrepreneurship: A Tribute to Edwin F. Gay," *Journal of Economic History*, 6, 1-15.

Colombatto, E. and A. Melnik (2008), "Productive and Non-Productive Entrepreneurship and the Interaction between Founders and Funders," *New Perspective on Political Economy*, 4(1), 1-21.

Comarnor, W. S. (1967), "Market Structure, Product Differentiation, and Industrial Research," *Quarterly Journal of Economics*, 81, 639-57.

Cooke, P. (1998), "Introduction: Origins of the Concept," in H. J. Braczyk, P. Cooke, and M. Heidenreich (eds.), *Regional Innovation System*, London: Routledge.

Cooke, P. (ed.) (2002), *Knowledge Economies-Clusters, Learning and Cooperative Advantage*, London: Routledge.

Cooper, A. (1964), "R&D Is More Efficient in Small Companies," *Harvard Business Review*, 42, 75-83.

Cornelius, B., H. Landstorm, and O. Persson (2006), "Entrepreneurship Studies: The Dynamic Research Front of a Developing Social Science," *Entrepreneurship Theory and Practice*, 30, 375-399.

Corona-Trevino, L. (2016), "Entrepreneurship in an Open National Innovation System (ONIS)," *Journal of Innovation and Entrepreneurship*, 5, 1-13.

Cosh, A. D., A. Hughes, and E. Wood (1999), "Innovation in UK SMEs: Causes and Consequences for Firm Failure and Acquisition," in Z. J. Acs, B. Carlsson, and C. Karlsson (eds.), *Entrepreneurship, Small and Medium-Sized Enterprises and the Macroeconomy*, Cambridge: Cambridge University Press.

Coviello, N. C., P. P. McDougall, and B. M. Oviatt (2011), "The Emergence, Advance and Future of International Entrepreneurship Research— An Introduction to the Special Forum," *Journal of Business Venturing*, 26, 625-631.

Cowling, M. (2000), "Are Entrepreneurs Different across Countries?," *Applied Economics Letters*, 7, 785-789.

Cowling, M. (2003), *The Contribution of the Self Employed to Employment in the EU*, Report to the Small Business Service, DTI, London.

Cowling, M., P. Mitchell, and M. Talyer (2004), "Job Creators," *Manchester School*, 72, 601-617.

Coyne, C.J. and P.T. Leeson (2004), "The Plight of Undeveloped Countries," *Cato Journal*, 24(2), 235-249.

Crifo, P. and H. Sami (2008), "Entrepreneurship and Turnover and Endogenous Return to Ability," *Economic Modelling*, 25(4), 585-604.

Cullen, J.B. and R.H. Gordon (2007), "Taxes and Entrepreneurial Risk-taking: Theory and Evidence for the US," *Journal of Public Economics*, 91(7-8), 1479-1505.

Cumming, D. and D. Li (2013), "Public Policy, Entrepreneurship, and Venture Capital in the United States," *Journal of Corporate Finance*, 23, 345-367.

Dana, L.P. (2010), *Entrepreneurship and Religion*, Northampton, MA: Edward Elgar.

Davidsson, P. and B. Honig (2003), "The Role of Human and Social Capital among Nascent

Entrepreneurs," *Journal of Business Venturing*, 18, 301-333.

Davis, S.J., J.C. Haltiwanger, and S. Schuh (1996), "Small Business and Job Creation: Dissecting the Myth and Reassessing the Facts," *Small Business Economics*, 8, 297-315.

Dawn, S. (2006), *Narratives of Enterprise: Crafting Entrepreneurial Self-identity in a Small Firm*, Northampton, MA: Edward Elgar.

de Clercq, D. and H.J. Sapienza (2005), "When Do Venture Capital Firms Learn from their Portfolio Companies," *Entrepreneurship Theory and Practice*, 29(4), 517-535.

Dejardin, M. (2011), "Entrepreneurship and Rent-seeking Behavior," in D.B. Audretsch et al. (eds.), *Handbook of Research on Innovation and Entrepreneurship*, Northampton, MA: Edward Elgar.

Delmar, F. and K. Wennberg (2010), *Knowledge Intensive Entrepreneurship*, Northampton: Edward Elgar.

Desai, M., B. Gompers, and J. Lerner (2003), "Institutions, Capital Constraints, and Entrepreneurial Firm Dynamics: Evidence from Europe," Working Paper No. 10165, NBER.

Dew, N., A. Ramesh, and S. Read (2011), "The Market for Entrepreneurs," Available at SSRN: http://ssrn.com/abstract=1923407 or http://dx.doi.org/10.2139/ssrn.1923407

Djankov, S., E. Miguel, Y. Quian, G. Roland, and E. Zhuravskaya (2005), "Who are the Russia's Entrepreneurs?," *Journal of the European Economic Association*, 3(2-3), 587-597.

Douhan, R. and M. Henrekson (2008), "Productive and Destructive Entrepreneurship in a Political Economy Framework," IFN Working Paper No. 761, Stockholm.

Drucker, P.F. (1985), *Innovation and Entrepreneurship: Practice and Principles*, New York: Harper & Row.

Drucker, P.F. (1986), *Innovation and Entrepreneurship*, London: Pan Books.

Drucker, P.F. (2002), The Next Society, 이재규 역, 한국경제신문사.

Dunning, J.H. (1980), "Toward an Eclectic Theory of International Production: Some Empirical Tests," *Journal of International Business Studies*, 11(1), 9-31.

Estrin, S. and T. Mickiewicz (2010), "Entrepreneurship in Transition Economies: The Role of Institutions and General Change," IZA Discussion Paper No. 4805, The Institute for the Study of Labor (IZA).

Estrin, S., K.E. Mayer, and M. Bytchkova (2006), "Entrepreneurship in Transition Economies," in M. Casson, B. Yeung, A. Basu, and N. Wadeson (eds.), *The Oxford Handbook of Entrepreneurship*, Oxford: Oxford University Press, 693-725.

Evans, D. S. and L. S. Leighton (1989a), "The Determinants of Changes in US Self-Employment, 1968-1987," *Small Business Economics*, 1, 111-119.

Evans, D. S. and L. S. Leighton (1989b), "Small Business Formation by Unemployed and Employed Workers," *Small Business Economics*, 2, 319-330.

Fagenson, E. A. (1993), "Personal Value Systems of Men and Woman Entrepreneurs versus Managers," *Journal of Business Venturing*, 8, 409-430.

Fagerberg, J., D. Mowery, and R. Nelson (2004), *The Oxford Handbook of Innovation*, Oxford: Oxford University Press.

Failie, R.W. and A.M. Robb (2007), "Families, Human Capital, and Small Business: Evidence from the Characteristics of Business Owners Survey," *Industrial and Labor Relations Review*, 60(2), 225-245.

Fairlie, R.W. (2006), "The Personal Computer and Entrepreneurship," *Management Science*, 52(2), 187-203.

Fan, T. and P. Phan (2007), "International New Ventures: Revisiting the Influence behind Born Global Firm," *Journal of International Business Studies*, 38, 1113-1131.

Fan, W. and M.J. White (2003), "Personal Bankruptcy and the Level of Entrepreneurial Activity," *The Journal of Law and Economics*, 46, 545-567.

Fayolle, A. and H. Matlay (2010), *Handbook of Research on Social Entrepreneurship*, Northampton: Edward Elgar.

Fielden, S. L., M. J. Davidson, and P. J. Makin (2000), "Barriers Encountered during Micro and Small Business Start-up in North West England," *Journal of Small Business and Enterprise Development*, 7, 295-304.

Fletcher, T.L. (2001), "A Holistic Approach to Internalization," *International Business Review*, 10(1), 25-49.

Foellmi, R. and M. Oechslin (2007), "Who Gains from Non-Collusive Corruption," *Journal of Development Economics*, 82(1), 95-119.

Foss, K. and N.J. Foss (2002), "Economic Organization and the Trade-offs between Productive and Destructive entrepreneurship," in N. J. Foss and P. G. Klein (eds.), *Entrepreneurship and the Firm: Austrian Perspectives on Economic Organization*, Aldershot: Edward Elgar.

Frederick, H., A. O'Connor, and D.F. Kuratko (2016), *Entrepreneurship: Theory, Process, Practice*, South Melbourne: Victoria Cengage Learning.

Freeman, C. (1988), "Japan: A New National System of Innovation?," in G. Dosi et al. (eds.), *Technical Change and Economic Theory*, London and New York: Pinter.

Freytag, A. and R. Thurik (2007), "Entrepreneurship and its Determinants in a Cross-Country

Setting," *Journal of Evolutionary Economics*, 17(2), 117-131.

Freytag, A. and R. Thurik (eds.) (2010), *Entrepreneurship and Culture*, New York: Springer.

Friedman, T.L. (2005), *The World is Flat: A Brief History if the Twenty-first Century*, New York: Farrar, Straus and Giroux.

Fritsch, M. and J. Schmude (2006), *Entrepreneurship in the Region*, New York: Springer.

Fritsch, M. and P. Mueller (2004), "Effect of New Business Formation on Regional Development over Time," *Regional Studies*, 38(8), 961-975.

Fritsch, M. and P. Mueller (2008), "The Effect of New Business Formation on Regional Development over Time: The Case of Germany," *Small Business Economics*, 30, 15-29.

Fritsch, M. (1997), "New Firms and Regional Employment Change," *Small Business Economics*, 9, 437-488.

Fritsch, M. (2008), "How does New Business Affect Regional Development? Introduction to the Special Issue," *Small Business Economics*, 30, 1-14.

Frye, T. and A. Shleifer (1997), "The Invisible Hand and the Grabbing Hand," *American Economic Review*, 87, 354-358.

Fuduric, N. (2008), *The Source of Entrepreneurial Opportunities: Individuals and Environment*, Doctoral Dissertation, Department of Planning and Development, Aalborg University.

Garcia-Ruiz, J. L. and P.A. Toninelli (2010), *The Determinants of Entrepreneurship: Leadership, Culture, Institutions*, London: Pickering and Chatto.

Gartner, W.B. (1988), "Who is the Entrepreneur? Is the wrong Question?," *American Journal of Small Business*, 12(4), 11-32.

Gartner, W.B. (2001), "Is There an Elephant in Entrepreneurship? Blind Assumptions in Theory Development," *Entrepreneurship Theory and Practice*, 25(4), 27-39.

Gartner, W.B., K.G. Shaver, N.M. Carter, and P.D. Reynolds (eds.) (2004), *Handbook of Entrepreneurial Dynamics: The Process of Business Creation*, London: Sage Publication.

GEM (1999-2021), *GEM Global Report*, Global Entrepreneurship Monitor.

Georgellis, Y. and H. J. Wall (2000), "What Makes a Region Entrepreneurial?: Evidence from Britain," *Annals of Regional Science*, 34, 385-403.

Geroski, P. A. and R. Pomroy (1990), "Innovation and the Evolution of Market Structure," *Journal of Industrial Economics*, 38, 299-314.

Ghatak, M., M. Moelli, and T. Djostrom (2007), "Entrepreneurial Income, Occupational Choice, and Trickle-up Policies," *Journal of Economic Theory*, 137, 27-48.

Gibb, A. (2002), "In Pursuit of a New Enterprise and Entrepreneurship Paradigm for Learning: Creative Destruction, New Values, New Ways of Doing Things and New Combination of Knowledge," *International Journal of Management Reviews*, 4(3), 233-69.

Gittelman, M. (2006), "National Institutions, Public-Private Knowledge Flows, and Innovation Performance: A Comparative Study of the Biotechnology Industry in the US and France," *Research Policy*, 35, 1052-1068.

Golden, W., E. Higgins, and S. H. Lee (2003), "National Innovation Systems and Entrepreneurship," Working Paper No. 8, Center for Innovation and Structural Change.

Gomez, R. and E. Santor (2001), "Membership has its Privileges: The Effect of Social Capital and Neighbourhood Characteristics on the Earnings of Microfinance Borrowers," *Canadian Journal of Economics*, 34, 943-966.

Grant, D. (1996), "The Political Economy of New Business Formation across the American States, 1970-1985," *Social Science Quarterly*, 77, 28-42.

Graves, S. and J. Langowitz (1993), "Innovative Productivity and Return to Scale in the Pharmaceutical Industry," *Strategic Management Journal*, 14, 593-605.

Grilo, I. and A. R. Thurik (2006), "Entrepreneurship in the Old and the New Europe," in E. Santarelli (ed.), *Entrepreneurship, Growth, and Innovation*, Berlin: Springer Verlag.

Grossman, G. M. and E. Helpman (1991), *Innovation and Growth in Global Economy*, Cambridge, MA: MIT Press.

Hadad, S. and O. Găucă (2014), "Social Impact Measurement in Social Entrepreneurial Organizations," *Management and Marketing*, 9(2), 119-136.

Haltiwanger, J. and C.J. Krizan (1999), "Small Business and Job Creation in the United States: The Role of New and Young Businesses," in Z. C. Acs (ed.), *Are Small Firms Important? Their Role and Impact*, Dordrecht: Kluwer.

Haltiwanger, J. (2006), "Entrepreneurship and Job Growth," in D.B. Audretsch, R. Strom, and Z.C. Acs (eds.), *Entrepreneurship, Growth, and Public Policy*, Cambridge: Cambridge University Press.

Hamberg, D. (1964), "Size of firm, Oligopoly, and Research: The Evidence," *Canadian Journal of Economics and Political Science*, 30, 62-75.

Hansen, M., H.W. Chesbrough, N. Nohria, and D.N. Sull (2000), "Networked Incubators: Houses of the New Economy," *Harvard Business Review*, Sep.-Otc., 74-83.

Haper, D.A. (1998), "Institutional Conditions for Entrepreneurship," in P.J. Boettkem, I.M. Kirzner, and M.J. Rizzo (eds.), *Advances in Austrian Economics*, Vol. 5, Connecticut: JAI Press, 241-275.

Hasle, P. and H.J. Limborg (2006), "A Review of the Literature on Preventive Occupational

Health and Safety Activities in Small Enterprises," *Industrial Health*, 44(1), 6-12.

Hawley, F.B. (1907), *Enterprise and the Productive Process*, New York: G.P. Putnam's Son's.

Hayek, F.A. (1937), "Economics and Knowledge," *Economica*, 4(13), 33-54.

Hayek, F.A. (1949), "The Meaning of Competition," in F.A. Hayek, *Individualism and Economic Order*, London: Routedge and Kagan Paul (1959).

Hebert, R.F. and A.N. Link (2009), *A History of Entrepreneurship*, Oxford: Oxford University Press.

Heldman, M. and D. B. Audretsch (1999), "Science-based Diversity, Specialization, Localized Competition and Innovation," *European Economic Review*, 43, 409-429.

Helmers, C. and M. Rogers (2010), "Innovation and the Survival of New Firms in the UK," *Review of Industrial Organization*, 36, 227-248.

Hemingway, C.A. (2013), *Corporate Social Entrepreneurship: Integrity Within*, Cambridge: Cambridge University Press.

Hemingway, C.A. (2002), "An Exploratory Analysis of Corporate Social Responsibility: Definitions, Motives and Values," Research Memorandum No. 34, University of Hull Business School.

Hemingway, C.A. (2005), "Personal Values as a Catalyst for Corporate Social Entrepreneurship," *Journal of Business Ethics*, 60(3), 233-249.

Hendrickson, L., S. Bucifal, A. Balaguer, and D. Hamsell (2015), "The Employment Dynamics of Australian Entrepreneurship," Research Paper 4/2015, Office of Chief Economist, Department of Industry and Science, Australia.

Henley, A. (2005), "Job Creation by the Self-employed: The Roles of Entrepreneurial and Financial Capital," *Small Business Economics*, 25, 175-196.

Henrekson, M. and M. Stenkula (2010), "Entrepreneurship and Public Policy," in Z. J. Acs and D. B. Audretsch (eds.), *Handbook of Entrepreneurship Research*, New York: Springer, 595-637.

Herron, L. and R.B. Robinson (1993), "A Structural Model of the Effects of Entrepreneurial Characteristics on Venture Performance," *Journal of Business Venturing*, 8, 281-294.

Hessels, J. and S. Terjesen (2010), "Resource Dependency and Institutional Theory Perspective on the Choice of Direct and Indirect Export," *Small Business Economics*, 34(2), 203-220.

Hitt, M., R. Hoskisson, and R. Ireland (1990), "Mergers and Acquisitions and Managerial Commitment to Innovation in M-Firm Firms," *Strategic Management Journal*, 11, 9-47.

Ho, W.P. and P.K. Wong (2007), "Financing, Regulatory Costs and Entrepreneurial Propensity," *Small Business Economics*, 28, 187-204.

Hoffman, A.N. (2010), "A Rough Gide to Entrepreneurship Policy," in D .B. Audretsch et al. (eds.), Handbook of Research on *Entrepreneurship Policy*, Northampton: Edward Elgar, 1-17.

Holmes, T.J. and J.A. Schmitz (2001), "A Gain from Trade: from Unproductive to Productive Entrepreneurship," *Journal of Monetary Economics*, 47, 417-446.

Holtz-Eakin, D., D. Joulfaian, and H.S. Rosen (1994), "Ticking It out: Entrepreneurial Survival and Liquidity Constraints," *Journal of Political Economy*, 102, 53-75.

Horowitz, I. (1962), "Firm Size and Research Activity," *Southern Economic Journal*, 28, 298-301.

Horowitz, I. and R. Kolodney (1981), "The Impact of Rule Making on R&D Investment of Small High-Technology Firms," *Journal of Accounting, Auditing and Finance*, 4, 102-113.

Hornaday, J. A. and C. S. Bunker (1970), "The Nature of Entrepreneur," *Personal Psychology*, 23(1), 47-54.

Howitt, P. and P. Aghion (1998), "Capital Accumulation and Innovation as Complementary Factors in Long-run Growth," *Journal of Economic Growth*, 3, 111-130.

Hung, S. C. and R. Whittington (2011), "Agency in National Innovation Systems: Institutional Entrepreneurship and the Professionalization of Taiwanese IT," *Research Policy*, 40, 526-538.

Ilmakunnas, P. and V. Kanniainen (2001), "Entrepreneurship, Economic Risk, and Risk Insurance in the Welfare State: Results from OECD Data 1978-93," *German Economic Review*, 2, 195-218.

Ilmakunnas, P. and V. Kanniainen, and U. Lammi (1999), *Entrepreneurship, Economic Risk, and Risk Insurance in the Welfare State*, Department of Economics, University of Helsinki.

ILO (1990), The Promotion of Self-Employment, Geneva: ILO.

Isenberg, D.J. (2008), "The Global Entrepreneur," *Harvard Business Review*, Dec., Harvard University.

Iyer, R. and A. Schoar (2010), "Are There Cultural Determinants of Entrepreneurship," in J. Lener and A. Schoar (eds.), *International Differences in Entrepreneurship*, Chicago: University of Chicago Press, 209-240.

Jefferson, P.N. (1997), "Unemployment and Financial Constraints Faced by Small Firms,"

Economic Inquiry, 35, 108-119.

Johnson, S., J. McMillan, and C. Woodruff (2000), "Entrepreneurs and Ordering of Institutional Reform: Poland, Slovakia, Romania, Russia, and Ukraine Compared," *Economic Transition*, 8, 1-36.

Johnson, S., J. McMillan, and C. Woodruff (2002), "Property Right and Finance," *American Economic Review*, 92, 1335-1356.

Jones, L.P. and I. Sakong (1980), *Government, Business, and the Entrepreneurship in Economic Development: The Korean Case*, Cambridge, Mass.: Harvard University Press.

Jovanovic, B. (1982), "Selection and the Evolution of Industry," *Econometrica*, 50, 649-70.

Kaiser, C.P. (1990), "Entrepreneurship and Resource Allocation," *Eastern Economic Journal*, 1(1), 9-20.

Kaldor, N. (1957), "A Model of Economic Growth," in N. Kaldor, *Essays on Economic Stability and Growth*, London: Duckworth.

Kaplan, J.M. and A.C. Warren (2013), *Patterns of Entrepreneurship Management*, Hoboken, NJ: Wiley and Sons.

Kariv, D. (2011), *Entrepreneurship: An International Introduction*, London and New York: Routledge.

Katz, J. and W. B. Gartner (1988), "Properties of Emerging Organizations," *Academy of Management Journal*, 13(3), 429-441.

Kerr, W. and R. Nanda (2009), "Financing Constraints and Entrepreneurship," NBER Working Paper No. 15498, National Bureau of Economic Research.

Keupp, M.M. and O. Gassmann (2009), "The Past and Future of International Entrepreneurship: A Review and Suggestions for Developing the Field," *Journal of Management*, 35(3), 600-633.

Kim, H. P. and H. E. Aldrich (2005), "Social Capital and Entrepreneurship," *Foundations & Trends in Entrepreneurship*, 1(2), 55-104.

Kirzner, I.M. (1973), *Competition and Entrepreneurship*, Chicago: University of Chicago Press.

Kirzner, I.M. (1979), *Perception, Opportunity and Profit*, Chicago: University of Chicago Press.

Klapper, L., A. Amit, and M. F. Guillen (2010), "Entrepreneurship and Firm Formation across Countries," in J. Lerner and A. Schoar (eds.), *International Differences in Entrepreneurship*, Chicago: The University of Chicago Press, 129-158.

Klepper, S. (1996), "Entry, Exit, Growth and Innovation over the Product Life Cycle," American Economic Review, 86, 562-583.

Klette, T. J., J. Moen, and A. Griliches (2000). "Do Subsidies to Commercial R&D Reduce Market Failure? Microeconometric Evaluation Studies," *Research Policy*, 29 (4-5), 471-495.

Knight, F.H. (1921), *Risk, Uncertainty and Profit*, Boston: Houghton Mifflin.

Knight, G.A. and S.T. Cavusgil (2004), "Innovation, Organizational Capabilities, and the Born-Global Firm," *Journal of International Business Studies*, 35, 124 – 141.

Kolonowski, D. (ed.) (2014), *Entrepreneurial Finance: Critical Concepts in Finance*, New York: Routledge.

Kritikos, A.S. (2014), *Entrepreneurs and their Impact on Jobs and Economic Growth*, IZA World of Labor, 2014:8.

Kuhn, P.J. and H.J. (2001), "Self-Employment Dynamics and Self-Employment Trends: A Study of Canadian Men and Women, 1982-1998," *Canadian Journal of Economics*, 34, 760-784.

Lambert-Mogiliansky, A., M. Majumdar, and R. Radner (2007), "Strategic Analysis of Petty Corruption: Entrepreneurs and Bureaucrats," *Journal of Development Economics*, 83, 351-367.

Lazear, E.P. (2005), "Entrepreneurship," *Journal of Labor Economics*, 23, 649-680.

Le, A.T. (1999), "Empirical Studies of Self-Employment," *Journal of Economic Surveys*, 39, 1303-1319.

Lee, J.H. and S. Venkataraman (2006), "Aspirations, Market Offerings, and the Purrsuit of Entrepreneurial Opportunities," *Journal of Business Venturing*, 21, 107-123.

Lee, J.H. (2013), "A Study on the Ways to Vitalize Students' Entrepreneurship," *Asia-Pacific Journal of Business Venturing and Entrepreneurship*, 8(2), 63-74.

Lee, S.H., M.W. Peng, and J.B. Barney (2007), "Bankruptcy Law and Entrepreneurship Development: A Real Options Perspective," *Academy of Management Review*, 32, 257-272.

Leibenstein, H. (1968), "Entrepreneurship and Development," *American Economic Review*, 58(2), 72-83.

Lekachman, R. (1959), *A History of Economic Ideas*, New York: McGraw-Hill.

Lerner, J. and A. Schoar (eds.) (2010), *International Differences in Entrepreneurship*, Chicago: The University of Chicago Press.

Licht, A.N. (2007), "The Entrepreneurial Spirit and What the Law Can Do about it," *Comparative Labor Law and Policy Journal*, 28(4), 817-862.

Licht, A.N. (2010), "Entrepreneurial Motivations, Culture, and the Law," in A. Freytag and R. Thurik (eds.), *Entrepreneurship and Culture*, New York: Springer.

Link, A. N. and J. R. Link (2009), *Government as Entrepreneur*, Oxford: Oxford University Press.

Lowe, R. A. and A. A. Ziedonis (2006), "Over-Optimism and the Performance of Entrepreneurial Firms," *Management Science*, 52(2), 173-186.

Lu, J. W. and P. W. Beamish (2001), "The Internationalization and Performance of SMEs," *Strategic Management Journal*, 22 (6-7), 565-586.

Lucas, R. E. (1978), "On the Size Distribution of Business Firms," *Bell Journal of Economics*, 9, 508-523.

Lucas, R. E. (1988), "On the Mechanics of Economic Development," *Journal of Monetary Economics*, 22, 3-39.

Lundstrom, A. and L.A. Stevenson (2005), *Entrepreneurship Policy: Theory and Practice*, New York: Springer.

Mansfield, E. (1991), "Academic Research and Industrial Innovation," *Research Policy*, 20(1), 1-12.

Mansfield, E. (1992), "Academic Research and Industrial Innovation: A Further Note," *Research Policy*, 21(3), 295-296.

Mansfield, E. (1998), "Academic Research and Industrial Innovation: An Update of Empirical Findings," *Research Policy*, 26 (7-8), 773-776.

Marshall, A. (1890), *Principles of Economics*, London: Macmillan.

Marshall, A. (1920), *Principles of Economics*, London: MacMillan.

Maslach, C., W. B. Schaufeli, and M. P. Leiter (2001), "Job burnout," *Annual Review Psychology*, 52(1), 397 – 422.

Mass, G. and P. Jones (eds.) (2019), *Transformational Entrepreneurship Practices: Global Case Studies*, Cham, Switzerland: Palgrave Macmillan.

Mata, J. (1996), "Market, Entrepreneurs and the Size of New Firms," *Economics Letters*, 52, 89-94.

Matthews, C. H. and R. F. Brueggenmann (2015), *Innovation and Entrepreneurship, A Competency Framework*, New York: Routledge.

McClelland, D.C. (1961), *The Achieving Society*, Princeton, NJ: Van Nostrand.

McDougall, P.P. and B.M. Oviatt (2000), "International Entrepreneurship: The Intersection of Two Research Path," *Academy of Management Journal*, 43, 902-908.

McDougall, P.P., S. Shane, and B.M. Oviatt (1994), "Explaining the Formation of International New Ventures: The Limits of Theories from International Business Research," *Journal of Business Venturing*, 43, 902-908.

McMillan, J. and C. Woodruff (2002), "The Central Role of Entrepreneurs in Transition Economies," *Journal of Economic Perspectives*, 16(3), 153 – 170

McNaughton R.B. and J. Bell (eds.) (2009), *Entrepreneurship and Globalization*, Vol. 1-5, London: SAGE Publications.

Meager, N. (1992), "Does Unemployment Does Lead to Self-Employment?," *Small Business Economics*, 4, 415-444.

Meisel, J. B. and S. A. Y. Lin (1983), "The Impact of Market Structure on the Firm's Allocation of Resources to Research and Development," *Quarterly Review of Economics and Business*, 23, 28-43.

Menudo, J.M. and J.M. O'Kean (2014), "The Market for Entrepreneurs: The Story of a Failure," WP Econ 14.09, Department of Economics, Universidad Pablo de Olavide.

Moen, Ø. and P. Servais (2002), "Born Global or Gradual Global? Examining Export Behavior of Small and Medium-Sized Enterprises," *Journal of International Marketing*, 10(3), 49-72.

Morck, R. and B. Yeung (2004), "Family Control and the Rent-Seeking Society," *Entrepreneurship Theory and Practice*, 28(4), 391-409.

Morris, M.H. and D.F. Kuratko (2002), *Corporate Entrepreneurship*, New York: Harcourt Collage Publishers.

Morris, M.H., D.F. Kuratko, and J.G. Covin (2011), *Corporate Entrepreneurship and Innovation*, Mason OH: Thomson.

Mowery, D.C. and A.A. Ziedonis (2002), "Academic Patent Quality and Quantity before and after the Bayh-Dole Act in the United States," *Research Policy*, 31, 399-418.

Mueller, P., A. van Stel, and D.J. Storey (2008), "The Effects of New Firm Formation on Regional Development over Time: The Case of Great Britain," *Small Business Economics*, 30(1), 59-71.

Murphy, K., A. Shleifer, and R. W. Vishny (1993), "Why is Rent-Seeking so Costly to Growth," *American Economic Review*, 83(2), 409-414.

Murphy, P.J., J. Liao, and H.P. Welsch (2006), "A Conceptual History of Entrepreneurial Thought," *Journal of Management History*, 12(1), 12-35.

Nahapiet, J. and S. Ghoshal (1998), "Social Capital, Intellectual Capital, and the Organizational Advantage," *Academy of Management Review*, 23(2), 242-266.

Naudé, W.A. (2010). *Entrepreneurship and Economic Development*, Basingstoke: Palgrave Macmillan.

Naudé, W.A. (2013), "Entrepreneurship and Economic Development: Theory, Evidence, and Policy," IZA Discussion Paper No. 7507, The Institute for the Study of Labor (IZA).

Nelson, R. R. and N. Rosenberg (1993), "Technical Innovation and National Systems," in R.R. Nelson (ed.), *National Systems of Innovation-Comparative Analysis*, Oxford: Oxford University Press.

Nickell, S.J. (1996), "Competition and Corporate Performance," *Journal of Political Economy*, 104, 724-746.

Nielsen, S.L., K. Klyver, M.R. Evald, and T. Bager (2012), *Entrepreneurship in Theory and Practice*, Northampton, MA: Edward Elgar.

Niittykangas, H. and H. Tervo (2005), "Spatial Variations in Intergenerational Transmission of Self-Employment," *Regional Studies*, 39, 319-332.

Nordhaus, W.D. (2004). "Schumpeterian Profits in the American Economy: Theory and Measurement," NBER Working Paper, No. 10433, Cambridge MA.

Norke, V. (2006), "A Gap for Me: Entrepreneurs and Entry," *Journal of the European Economic Association*, 4(5), 929-956.

North, D. (1990), *Institutions, Institutional Change and Economic Performance*, Cambridge: Cambridge University Press.

Noseleit, F. (2010), "The Entrepreneurial Culture: Guiding Principles of the Self-Employed," in A. Freytag and R. Thurik (eds.), *Entrepreneurship and Culture*, New York: Springer, 41-54.

Nystrom, K. (2007), "An Industry Disaggregated Analysis of the Determinants of Regional Entry and Exit," *Annals of Regional Science*, 41, 877-896.

O'Connor, A. (2013), "A Conceptual Framework of Entrepreneurship Education Policy," *Journal of Business Venturing*, 28, 546-563.

OECD (1998), *Fostering Entrepreneurship*, Paris: OECD.

OECD (1999), *Employment Outlook*, Paris: OECD.

OECD (2000), *OECD Employment Outlook*, Paris: OECD.

OECD (2003), *The Sources of Economic Growth in the OECD Countries*, Paris: OECD.

OECD (2005), *Measuring Globalization, OECD Handbook on Economic Globalization indicators*, Paris: OECD.

Ogbor, J.O. (2000), "Mythicising and Reification in Entrepreneurial Discourse: Ideology-Critique of Entrepreneurial Studies," *Journal of Management Studies*, 37, 605 – 635.

Olsthoorn, X. and A. Wieczorek (eds.) (2010), *Understanding Industrial Transformation: Views from Different Disciplines*, Dordrecht: Springer.

Oviatt B.M. and P.P. McDougall (1994), "Toward a Theory of International New Ventures,"

Journal of International Business Studies, 25(1), 45-64.

Oviatt B.M. and P.P. McDougall (2005a), "Defining International Entrepreneurship and Modelling the Speed of Internationalization," *Entrepreneurship Theory and Practice*, Sep., 537-553.

Oviatt B.M. and P.P. McDougall (2005b), "Internationalization of Entrepreneurship," *Journal of International Business Studies*, 26, 2-8.

Pandey J. and N.B. Tewary (1979), "Locus of Control and Achievement Values of Entrepreneurs," *Journal of Occupational Psychology*, 52(2), 107-111.

Parker, S.C. and C.M. von Praag (2006), "Schooling, Capital Constraints and Entrepreneurial Performance: The Endogenous Triangle," *Journal of Business and Economic Statistics*, 24, 416-431.

Parker, S.C. and M. T. Robson (2004), "Explaining International Differences in Entrepreneurship: Evidence from a Panel Data of OECD Countries," *Southern Economic Journal*, 71, 287-301.

Parker, S.C. (1996), "A Time Series Model of Self-Employment under Uncertainty," *Economica*, 63, 459-475.

Parker, S.C. (2008), "Entrepreneurship among Married Couples in the United States: A Simultaneous Probit Approaches," *Labour Economics*, 15(3), 515-537.

Parker, S.C. (2009), *The Economics of Entrepreneurship*, Cambridge: Cambridge University Press.

Paul, S. (2000), "High Growth Firms and Employment," STI Working Papers, Paris: OECD.

Peng, B. (2000), "Is Entrepreneurship always Good for Growth?," CRIEFF Discussion Paper 0024, University of St. Andrew.

Peretto, P.F. (1998), "Technological Change, Market Rivalry, and the Evolution of the Capitalist Engine of Growth," *Journal of Economic Growth*, 3, 53-80.

Peretto, P.F. (1999a), "Firm Size, Rivalry, and the Extent of the Market in Endogenous Technological Change," *European Economic Review*, 43, 1747-1773.

Peretto, P.F. (1999b), "Industrial Development, Technological Change, and Long-run Growth," *Journal of Development Economics*, 59, 389-417.

Perrni, F. and C. Vurro (2004), "Social Entrepreneurship: Innovation and Social Change across Theory and Practice," in J. Mair, J. Robinson, and K. Hockerts (eds.), *Social Entrepreneurship*, New York: Palgrave Macmillan.

Pickermell, D., J. Senyard, P. Jones, G. Packham, and E. Ramsey (2013), "New and Young Firms: Entrepreneurship Policy and the Role of Government," *Journal of Small Business and Enterprise Development*, 20(2), 358-382.

Porter, M.E. (1990), *The Competitive Advantage of Nations*, London: Macmillan.

Praag, C.M. van and J. S. Cramer (2001), "The Root of Entrepreneurship and Labour Demand: Individual Ability and Low Risk Aversion," *Economica*, 68, 45-62.

Praag, C.M. van and P. H. Versloot (2007), "What is the Value of Entrepreneurship: A Review of Recent Research," *Small business Economics*, 29(4), 351-382.

Radosevic, S. (2007), "National Systems of Innovation and Entrepreneurship: in Search of a Missing Link," Working Paper 73, Centre for the Study of Economic and Social Change in Europe.

Radu-Lefebvre, M., V. Lefebvre, E. Crosina, and U. Hytti (2021), "Entrepreneurial Identity: A Review and Research Agenda," *Entrepreneurship Theory and Practice*, 45(6), 1550-1590.

Rampini, A.A. (2004), "Entrepreneurial Activity, Risk, and the Business Cycle," *Journal of Monetary Economics*, 51, 555-573.

Rennie, M.W. (1993), "Global Competitiveness: Born Global," *The McKinsey Quarterly*, 4, 45-22.

Reynolds, P.D. and S.B. White (1997), *The Entrepreneurial Process: Economic Growth, Men, Women, and Minorities*, Westport, CT: Quorum Books.

Reynolds, P.D., D.J. Storey, and P. Westhead (1994), "Cross-National Comparisons of the Variation in New Firm Formation Rates," *Regional Studies*, 28, 443-456.

Reynolds, P.D., W.D. Bygrave, E. Autio, and M. Hay (2002), *Global Entrepreneurship Monitor Executive Report*, Wellesley and Boston: Bobson College and London Business School.

Reynolds, P.D., W.D. Bygrave, E. Autio, L.W. Cox, and M. Hey (2002), *GEM Global 2002 Executive Report*, University of Illinois at Urbana-Champaign's Academy for Entrepreneurial Leadership Historical Research Reference in Entrepreneurship.

Reynolds, P.D., N. Bosma, E. Autio, S. Hunt, N. de Bono, I. Servais, P. Lopez-Garcia, and N. Chin (2005), "Global Entrepreneurship Monitor: Data Collection Design and Implementation 1998-2002," *Small Business Economics*, 24(3), 205-231.

Ricketts, M. (1994), *The Economics of Business Enterprise: An Introduction to Economic Organization and the Theory of the Firm*, New York: Harvester Wheatsheaf.

Robson, M. (2010), "Explaining Cross-National Variation in Entrepreneurship: The Role of Social Protection and Political Culture," in A. Freytag and R. Thurik (eds.), *Entrepreneurship and Culture*, New York: Springer, 245-267.

Rocha, H.O. and R. Sternberg (2005), "Entrepreneurship: The Role of Clusters-Theoretical Perspectives and Empirical Evidence from Germany," *Small Business Economics*, 24, 267-292.

Roed, K. and J.F. Skogstrom (2014), "Job Loss and Entrepreneurship," *Oxford Bulletin of Economics and Statistics*, 76(5), 727-744.

Rogers, E. M. (1995), *Diffusion of Innovations*, New York: Free Press.

Roman, C., E. Congregado, and J.M. Millan (2013), "Start-up Incentives: Entrepreneurship or Active Labor Market Programme?," *Journal of Business Venturing*, 28, 151-175.

Romer, P. (1986), "Increasing Returns and Economic Growth," *American Economic Review*, 94, 1002-1037.

Romer, P. (1990), "Endogenous Technical Change," *Journal of Political Economy*, 98, 71-102.

Rosegger, G. (1996), *The Economics of Production & Innovation: An Industrial Perspective*, Oxford: Butterworth Heinemann.

Rothwell, R. and M. Dodgson (1994), "Innovation and Size of firm," in R. Rothwell and M. Dodgson (eds.), *The Handbook of Industrial Innovation*, Vermont: Edward Elgar.

Rumelt, R.P. (2005), "Theory, Strategy, and Entrepreneurship," in S.A. Alvarez, R.R. Agarval, and O. Sorenson (eds.), *Handbook of Entrepreneurship Research: Disciplinary Perspectives*, New York: Springer.

Sakhdari, K. (2016), "Corporate Entrepreneurship: A Review and Future Research Agenda," *Technology Innovation Management Review*, 6(8), 5-18.

Salim, M.S. and J.B. Cullen (2010), "Formal and Informal Institutional Effect on Entrepreneurship: A Synthesis of National Level Research," *International Journal of Orgarnizational Analysis*, 18(3), 358-385.

Samli, A.C. (2009), *International Entrepreneurship: Innovative Solutions for a Fragile Planet*, Jacksonville: Springer.

Sanders, M. (2007), "Scientific Paradigms. Entrepreneurial Opportunities, and Cycles in Economic Growth," *Small Business Economics*, 28, 339-354.

Santarelli, E. and M. Vivarelli (2007), "Entrepreneurship and the Process of Firms' Entry, Survival and Growth," *Industrial and Corporate Change*, 16(3), 455-488.

Santarelli, E. (ed.) (2010), *Entrepreneurship, Growth, and Innovation*, New York: Springer.

Sapienza, H.J., D. De Clercq, and W.R. Sandberg (2005), "Antecedents of International and Domestic Learning Effort," *Journal of Business Venturing*, 20(4), 437-457.

Sarasbathy, S.D., N. Dew, S.R. Velamuri, and S. Venkataraman (2010), "Three Views of

Entrepreneurial Opportunity," in Z. J. Acs and D. B. Audretsch (eds.), *Handbook of Entrepreneurship Research: An Interdisciplinary Survey and Introduction*, New York: Springer, 77-97.

Sauer, R., D.S. Siegel, A.N. Link, and D.B. Audretsch (2016), "Advancing the Economics of Entrepreneurship," *European Economic Review*, 86, 1-3.

Sauka, A. and F. Welter (2008), *Productive and Unproductive Entrepreneurship in Latvia*, TeliaSonera Institute Working Paper No. 6, Stockholm: TeliaSonera Institue.

Sauka, A. (2008), *Productive, Unproductive and Destructive Entrepreneurship*, William Davidson Institute Working Paper No. 917. University of Michigan.

Sautet, F. (2005), *The Role of Institutions in Entrepreneurship: Implications for Development Policy*, Mercatus Policy Series, Policy Premier No. 1, Mercatus Center, George Mason University.

Say, J. B. (1828), *Discours d"Ouverture du Cours d"Economie Industrielle*, Paris: Guillaumin

Say, J. B. (1843), *Cours Complet d'Economie Politique Practique*, Rome: Edizione dell'Ateneo Bizzarri.

Say, J. B. (1803), *A Treatise on Political Economy*, New York: Augustus M. Kelly (1964),

Say, J. B. (1826), *A Treatise on Political Economy*, New York: Ludwig von Mises Institute.

SBA (2003), *Small Serial Innovators: The Small Firm Contribution to Technical Change*, Small Business Administration, USA.

Schaffner, J.A. (1993), "Rising Incomes and the Shift from Self-Employment to Firm-based Production," *Economics Letters*, 41, 435-440.

Scherer, F. M. (1991), "Changing Perspectives on the Firm Size Problem," in Z. J. Acs and D. B. Audretsch (eds.), *Innovation and Technological Change*, Ann Arbor, MI: University of Michigan Press.

Scherer, F. M. and D. Ross (1990), *Industrial Market Structure and Economic Performance*, Boston: Houghton-Mifflin.

Schmitz, J. A. (1989), "Imitation, Entrepreneurship, and Long-run Growth," *Journal of Political Economy*, 97, 721-739.

Schumpeter, J. A. (1934), *The Theory of Economic Development*, Cambridge, MA: Harvard University Press.

Schumpeter, J. A. (1939), *Business Cycle: A Theoretical, Historical, and Statistical Analysis of the Capitalist Economy*, Maidenhead: McGraw-Hill.

Schumpeter, J. A. (1943), *Capitalism, Socialism, and Democracy*, London: George Allen and Unwin.

Schwartz, S. H. (2003), "A Proposal for Measuring Value Orientations across Nations," in the Questionnaire Development Package of the European Social Survey, Retrieved from www.Europeansocialsurvey.org

Seifert, R.W., B.F. Leleux, and C.H. Tucci (2008), *Nurturing Science-based Ventures: An International Case Perspective*, London: Springer.

Sereghyova, J. (1993), *Entrepreneurship in Central East Europe: Conditions, Opportunities, strategies*, Yew York: Springer-Verlag.

Shahabadi, M.M. and S.A.R. Etemad (2013), "Effect of Globalization on Entrepreneurship: An Economical Point of View," *International Journal of Management and Humanity Sciences*, 2, 1033-1038.

Shane, S. (2001), "Technological Opportunities and New Firm Creation," *Management Science*, 47(2), 205-220.

Shane, S. (2003), *A General Theory of Entrepreneurship: The Individual-Opportunity Nexus*, Cheltenham: Edgar Elgar.

Shane, S. (2010), *Born Entrepreneurs, Born Leaders: How Your Genes Affect Your Work Life*, New York: Oxford University Press.

Shane, S. and S. Venkataraman (2000), "The Promise of Entrepreneurship as a Field of Research," *Academy of Management Review*, 26(1), 13-17.

Sherer, P. D. and K. Lee (2002), "Institutional Change in a Large Law Firms: A Resource Dependency and Institutional Theory Perspective," *Academy of Management Journal*, 45(1), 102-119.

Sine, W.D. and R.J. David (eds.) (2010), *Institutions and Entrepreneurship*, Bingley: Emerald.

Smallbone, D. (ed.) (2010), *Entrepreneurship and Public Policy*, Vol. I and II, Northampton, MA: Edgar Research Collection.

Smith, D.G. and M. Ueda (2006), "Law and Entrepreneurship: Do Court Matters," *Entrepreneurial Business Law Journal*, 2, 353-368.

Solow, R. (1956), "A Contribution to Theory of Economic Growth," *Quarterly Journal of Economics*, 70, 65-94.

Stauss, J.H. (1944), "The Entrepreneur: the Firm," *Journal of Political Economy*, 22, 112-127.

Stenberg, R. (1996), "Regional Growth Theories and High-tech Regions," *International Journal of Urban and Regional Research*, 3, 518-538.

Storey, D.J. (1994), *Understanding the Small Business Sector*, London: Routledge.

Sundbo, J. (1998), *The Theory of Innovation: Entrepreneurs, Technology, and Strategy*, Northampton, MA: Edward Elgar.

Sung, T.K. and B. Carlsson (2003), "The Evolution of a Technological System: The Case of CNC Machine Tools in Korea," *Journal of Evolutionary Economics*, 13(4), 435-460.

Syrjä, P., H. Sjögren, and A, Ilmarinen (2015), "Performance Measurement in Social Enterprise-A Conceptual Accounting Approach," 5th EMES International Research Conference on Social Enterprise, June 28th-July 3rd, Helsinki.

Szirmai, A., W. Naude, and M. Goedhuys (2011), *Entrepreneurship, Innovation, and Economic Development*, Oxford: Oxford University Press.

Taymez, E. (2005), "Are Small Firms Really Less Productive?," *Small Business Economics*, 25(5), 429-445.

Teece, D.J. (2016), "Dynamic Capabilities and Entrepreneurial Management in Large Organizations: Toward a Theory the (Entrepreneurial) Firm," *European Economic Review*, 86, 201-216.

Terjesen, S.A., Z.J. Acs, and D.B. Audretsch (2010), "International Business, Entrepreneurship and the Global Economy," in D.B. Audretsch (eds.), *Handbook of Entrepreneurship Research: An Interdisciplinary Survey and Introduction*, New York: Springer. 431-456.

Tervo, H. and H. Niittykangas (1994), "The Impact of Unemployment on New Firm Formation in Finland," *International Small Business Journal*, 13, 38-53.

Tervo, H. (2006), "Regional Unemployment, Self-Employment, and Family Background," *Applied Economics*, 38, 1055-1062.

Tesfom, G., C. Lutz, and P. Ghauri (2004), "Comparing Export Marketing Channels: Developed and Developing Countries," *International Marketing Review*, 21(4-5). 409-422.

Therin, F. (ed.) (2007), *Handbook of Research on Techno-Entrepreneurship*, Northampton, MA: Edward Elgar.

Thurik, A.R., M.A. Carree, A. van Stel, and D.B. Audretsch (2008), "Does Self-Employment Reduce Unemployment?," *Journal of Business Venturing*, 23, 673-686.

Timmons, A. and S. Spinelli, Jr (2009), *New Venture Creation*, Boston: McGraw-Hill.

Tollison, R.D. (1997), "Rent Seeking," in D. C. Muller (ed.), *Perspective on Public Choice*, Cambridge: Cambridge University Press, 506-525.

Turcan, R.V., L. Gaillard, and M. Makela (2004), "International Entrepreneurship and the Resource-Based View of the Firm," Paper presented at Babson-Kauffman Entrepreneurship Research Conference, Boston, United States.

Urban, B. (ed.) (2010), *Frontiers in Entrepreneurship*, New York: Springer.

Valdes, Z. (2011), *The Entrepreneurship: How Race, Class, and Gender Shape American Enterprise*, Stanford: Stanford University Press.

van Stel, A. (2005), "COMPENDIA: Harmonizing Business Ownership Data across Countries and over Time," *International Entrepreneurship and Management Journal*, 1(1), 105-123.

van Stel, A., D.J. Storey, and A.R. Thirick (2007), "The Effect of Business Regulations on Nascent and Young Business Entrepreneurship," *Small Business Economics*, 28 (2-3), 171-186.

van Stel, A., M. Carree, A.R. Thurik (2005), "The Effect of Entrepreneurial Activity on National Economics Growth," *Small Business Economics*, 24, 311-321.

Varian, H.R. (2010), *Intermediate Microeconomics: A Modern Approach*, 8th Edition, New York: Norton & Company.

Venkataraman, S. (1997), "The Distinctive Domain of Entrepreneurship Research: An Editor's Perspective," in J. Katzand J. Brockhaus (eds.), *Advances in Entrepreneurship, Firm Emergence, and Growth*, Greenwich CT: JAI Press, 119-138.

Verheul, I., S. Wennekers, D. Audretsch, and A.R. Thirick (2001), "An Eclectic Theory of Entrepreneurship: Policies, Institutions, & Culture," Paper presented at the Timbergen Institute Papers.

Vernon, R. (1966), "International Investment and International Trade in the Product Cycle," *Quarterly Journal of Economics*, 80, 190-207.

Vinig T. and J. de Kluijver (2008), "Does Globalization Impact Entrepreneurship? Comparative Study of County Level Indicators," *All Sprouts Content*, Paper 194, Association for Information Systems Electronic Library.

Vivarelli, M. and D. B. Audretsch (1998), "The Link between the Entry Decision and Post-entry Performance: Evidence from Italy," *Industrial and Corporate Change*, 7, 485-500.

von Greiff, J. (2009), "Displacement and Self-Employment Entry," *Labour Economics*, 16, 556-565

Weber, M. (1930), *The Protestant Ethic and the Spirit of Capitalism*, New York: Scribner.

Wennekers, S., A. van Stel, R. Thurik, and P. Reynolds (2005), "Nascent Entrepreneurship and the Level of Economic Development," *Small Business Economics*, 24(3), 293-3-9.

Wennekers, S., L.M. Uhlaner, and R. Thurik (2002), "Entrepreneurship and its Conditions: a

Macro Perspective," *International Journal of Entrepreneurship Education*, 1(1), 25-65.

Wernerfelt, B. (1984), "A Resource-based View of the Firm," *Strategic Management Journal*, 5(2), 171-180.

White, L.J. (1982), "The Determinants of the Relative Importance of Small Business," *Review of Economics and Statistics*, 64, 42-49.

Wolcott, R.W. and M.J. Lippitz (2007), "The Four Models of Corporate Entrepreneurship," *MIT Sloan Management Review*, 49(1), 75-82.

Wright, R.W. and D.A. Ricks (1994), "Trends in International Business Research: Twenty-five Years Later," *Journal of International Business Studies*, 25, 687-701.

Wuebker, R., Z.J. Acs, and R. Florida (2010), "Globalization of Innovation and Entrepreneurial Talent," in D. B. Audretsch et al. (eds.), *Handbook of Entrepreneurship Research: An Interdisciplinary Survey and Introduction*, New York: Springer, 457-485.

Yeung, H.W. (2002), "Entrepreneurship in International Business: An Institutional Perspective," *Asia Pacific Journal of Management*, 19(1), 26-61.

Zahra, S.A. and J.G. Covin (1995), "Contextual Influences on the Corporate Entrepreneurship-Performance Relationship: A Longitudinal Analysis," *Journal of Business Venturing*, 10(1), 43-58.

Zhao, F. (2005), "Exploring the Synergy between Entrepreneurship and Innovation," *International Journal of Entrepreneurial Behavior & Research*, 11(1), 25-41.

찾아보기

ㄹ

ㅁ

ㅂ

ㅅ

ㅊ

저자 약력

성태경

서강대학교 경제학과 졸업(경제학사)
서강대학교 대학원(경제학 석사 · 박사)
아주대학교 경제학과 강사
대우경제연구소 산업경영본부 연구위원
Case Western Reserve University, Visiting Professor
Seattle University, Fulbright Visiting Professor
Marquis Who's Who in the World(2012, 29th Edition) 등재
State University of New York(Stony Brook) & aSSIST 공동학위과정 외래교수
현, 전주대학교 경영학과 교수
중앙대학교 행정대학원 융 · 복합표준정책학과 외래교수

기업가정신: 이론과 실제

초판 발행 2022년 8월 10일

지은이 성태경
펴낸이 김중용
편 집 심성보
펴낸곳 도서출판 정독
경기도 고양시 일산서구 하이파크로 113, 102-204
등록 제406-2014-000093호

전 화 031)924-7203 팩 스 02)718-8554
홈페이지 www.jeongdok.co.kr 이메일 admin@jeongdok.co.kr
ISBN 979-11-6858-063-3 93320

정 가 20,000원